학습의 재발견

학습의 재발견

무엇이든 더 빠르게 배우는 사람들의 비밀

Get Better at Anything

스콧 영 지음

정지현 옮김

비즈니스북스

옮긴이 | **정지현**

충남대학교 자치행정과를 졸업한 후 현재 전문 번역가로 활동하고 있다. 주요 역서로 《5년 후
나에게》,《타이탄의 도구들》,《위로의 책》,《우리는 모두 죽는다는 것을 기억하라》,《진짜 좋아
하는 일만 하고 사는 법》등 다수가 있다.

학습의 재발견

1판 1쇄 발행   2024년 12월 17일
1판 3쇄 발행   2025년 1월 16일

지은이 | 스콧 영
옮긴이 | 정지현
발행인 | 홍영태
편집인 | 김미란
발행처 | (주)비즈니스북스
등 록 | 제2000-000225호(2000년 2월 28일)
주 소 | 03991 서울시 마포구 월드컵북로6길 3 이노베이스빌딩 7층
전 화 | (02)338-9449
팩 스 | (02)338-6543
대표메일 | bb@businessbooks.co.kr
홈페이지 | http://www.businessbooks.co.kr
블로그 | http://blog.naver.com/biz_books
페이스북 | thebizbooks
인스타그램 | bizbooks_kr
ISBN 979-11-6254-401-3   03190

* 잘못된 책은 구입하신 서점에서 바꾸어 드립니다.
* 책값은 뒤표지에 있습니다.
* 비즈니스북스에 대한 더 많은 정보가 필요하신 분은 홈페이지를 방문해 주시기 바랍니다.

비즈니스북스는 독자 여러분의 소중한 아이디어와 원고 투고를 기다리고 있습니다.
원고가 있으신 분은 ms1@businessbooks.co.kr로 간단한 개요와 취지, 연락처 등을 보내 주세요.

토머스와 줄리아에게

이 책의 핵심 내용은

- 마음은 근육이 아니다. 그래서 학습 전이가 어렵다.
- 능력은 수많은 작은 부분이 합해 이루어진다.
- 다양한 순서로 많은 예시로 새로운 표현을 훈련하자.
- 전문성을 획득하려면 실수와 오개념에서 벗어나 새로운 개념을 유 연하게 만들자.
- 피드백은 판단을 교정해 준다.
- 우리는 실패가 아닌 작은 성공의 축적에서 배운다.

　스콧 영이 전작 《울트라러닝, 세계 0.1%가 지식을 얻는 비밀》로 학 습의 새로운 방식을 제시했다면 이 책은 베스트셀러인 전작보다 학습 에 대해 더 좋은 책이다.

― 박문호, 《뇌, 생각의 출현》 저자

당신은 무엇이든 더 잘 배우고, 더 잘할 수 있다

우리 삶은 학습에 의존한다. 십여 년 넘게 학교에서 교육을 받고, 일에서도 끊임없이 배워나가며 더 능숙해지기를 원한다. 최고가 되면 다양한 이점이 따르고, 어떤 기술을 완전히 통달하면 자부심을 느낄 수 있다. 취미에서도 더 잘할 수 있다고 느끼면 더 많은 부분을 즐길 수 있다.

하지만 학습은 많은 측면에서 수수께끼에 둘러싸여 있다. 때로는 이사 온 동네 지리를 빠르게 익히거나 새로운 직장 업무를 파악하는 것처럼 별다른 노력을 들이지 않고 이루어지기도 한다. 반면 엄청나게 힘들고 오래 걸릴 때도 있다. 기말고사를 앞두고 도서관에서 몇 시간씩 공부해도 별로 진전이 없다. 회사나 업종, 직업 자체를 바꾸고 싶지만 그렇게 큰 변화를 이루어 낼 능력이 없다고 느낄 수도 있다. 자동차 운전이나 컴퓨터로 타이핑하는 일, 테니스 서브 넣기를 수십 년 해도 실력이 그다지 나아지지 않기도 한다. 이처럼 개선에는 일관성이 없고, 아예 개선되지 않을 수도 있다.

당신의 목표가 궁극적인 숙달이든 약간의 향상이든, 학습 원리를 이해하면 도움이 된다. 다시 말해 어떤 상황에서 발전이 쉽게 이루어지는지, 또 어떤 상황에서는 전혀 발전하지 않아서 좌절감을 느끼는지를 설명하는 단순한 원리가 분명 존재한다. 이를 알아보기 위해 세계적인 수준으로 실력 향상이 일어난 놀라운 이야기를 살펴보자. 테트리스 게임이 처음 인기를 얻은 지 30년이 지난 후에 갑자기 플레이어들의 실력이 어떻게 일취월장했는지 들려주겠다.

테트리스를 점점 더 잘하는 사람들

•

2020년 2월 15일, 조지프 세일리Joseph Saelee는 평소처럼 열성적으로 테트리스 게임을 했다.[1] 누구에게나 익숙한 알록달록한 사각형 블록들이 약 1초에 하나씩 떨어지기 시작했다. 웬만한 아케이드 게임 애호가라도 식은땀을 흘릴 만한 속도였지만 세일리는 전혀 개의치 않는 듯했다. 오히려 온라인 스트리밍 플랫폼 트위치Twitch에서 생중계로 게임하는 자신을 보러 온 팔로워들과 잡담까지 나눴다. 어느덧 19레벨이 되자 대화 속도가 느려졌다. 이제 세일리는 블록이 바닥에 닿는 데 걸리는 약 0.7초 동안 가장 좋은 자리를 찾아 이동시켜야 했다. 그는 블록이 떨어지기도 전에 다음 블록을 힐끗 봤다. 이는 어떤 모양이 나올지 전혀 예측할 수 없는 상황을 벗어나는 유일한 방법이었다. 이후 엄청난 속도로 아홉 개의 레벨을 넘기자 게임 속도가 다시 두 배로 빨라졌고, 눈 깜빡할 사이에 블록이 나와서 바닥에 쌓였다. 세일리가 이 레벨을 완료한 순간 카운터에 결함이 생긴 듯하더니 숫자 '29'가 '00'으로 바뀌었다. 게임 개발자들이 설마 여기까지 도달할 사람은 없을 거라고 생각했던 것이다. 세일리는 무아지경에 빠진 듯 손가락을 움직이며 게임기의 버튼을 초당 10회 이상 눌렀다. 그는 모든 블록을 완벽한 장소에 놓아 새로운 블록이 계속 쌓이지 않도록 빠르게 공간을 정리했다. 그리고 몇 분 후, 처음으로 실수를 했다. 가지런히 맞춘 줄 위로 블록 하나가 삐죽 잘못 놓은 것이다. 금세 블록이 우수수 쌓이며 화면을 채우더니 게임이 끝나 버렸다. 그런데도 세일리는 웃고 있었다. 패배는 불가피했을지 모르지만 34레벨에 도달했다.[2] 세상에서 가장 인기 있는 게임 중 하나인 테트리스의 30년 역사에서 누구도 이루지 못한 업적이었다. 당시 그는 고작 열여덟 살이었다.

세일리는 분명 테트리스에 능숙하다. 놀라운 것은 이 게임에 매료되었던 1세대 플레이어들보다 월등하게 뛰어난 그의 실력이다. 29레벨은 오래전부터 불가능하다고 여겨졌다. 블록이 움직이는 속도가 너무 빨라서 플레이어가 화면의 가장자리로 옮기기도 전에 떨어져 버렸기 때문이다. 그래서 29레벨은 절대로 끝낼 수 없다는 뜻에서 '킬스크린'killscreen(흔히 오래된 비디오 게임에서 일정 레벨 이후로 더 진행될 수 없도록 임의로 오류 화면을 띄우는 현상을 가리키는 용어—옮긴이)이라는 별명이 붙었다. 한 번 할 때 최고 점수 999,999점에 도달하는 것도 초기 플레이어들이 오랫동안 추구해 온 목표였다. 이 점수는 게임이 출시된 지 20년이 지나서야 해리 홍Harry Hong이 최초로 달성했다.[3] 반면 세일리는 2020년 싱글 토너먼트 경기에서 무려 열두 번이나 최고 점수에 도달했다. 심지어 같은 대회에서 그 말고도 최고 점수에 도달한 이들이 마흔 명이나 되었다.[4] 이미 오래전에 전성기가 지난 게임인데 이전보다 훨씬 실력이 뛰어난 플레이어들이 계속 나오는 이유가 무엇일까?[5]

오늘날 테트리스는 아주 오래된 게임처럼 느껴져서 처음 등장했을 때 얼마나 큰 반향을 일으켰는지 잊기 쉽다. 러시아 컴퓨터공학자 알렉세이 파지노프Alexey Pajitnov가 1984년에 발명한 이 게임은 구소련의 황혼기에 플로피 디스크를 통해 퍼졌다.[6] 그 후 많은 사무직 직장인이 그러했듯 파지노프도 자신의 발명품에 푹 빠져서 일은 뒷전으로 미뤄둔 채 테트리스 삼매경에 빠지곤 했다. 그의 심리학자 친구 블라디미르 포킬코Vladimir Pokhilko는 테트리스 게임이 너무 매력적이라 중독에 관한 연구에 사용해도 되겠다고 생각할 정도였다. 팀원들까지 일은 하지 않고 게임에만 빠져 있자, 파지노프는 결국 게임 사본을 전부 파기할 수밖에 없었다. 나중에 소프트웨어 중개업자 로버트 스타인Robert Stein이 헝가리 여행 중에 우연히 이 사본을 손에 넣었고, 서양 내 배급권을 놓고 치열한 다툼이 벌어졌다. 결국 승리는 닌텐도에 돌아갔고, 정식으로 출시된 게임은 수백만 장이 팔렸으며 열성 팬들도 탄생했다.

대부분의 사람들에게 테트리스는 그저 재미있는 취미거리였지만 집착에 가까울 정도로 푹 빠져버린 사람들도 있었다. 초창기의 신기록 보유자 벤 뮬런Ben Mullen은 점수를 최적화하기 위해 숨겨진 패턴을 찾으려고 게임할 때마다 통계를 자세히 기록했다. 그는 "커피를 마시고 정확히 30분 후에 테트리스를 해야만 가장 잘할 수 있다는 사실을 발견했죠."라고 말했다.[7] 해리 홍도 테트리스를 너무 많이 해서 물집이 생기는 것을 막기 위해 엄지손가락과 게임기 손잡이 사이에 천 자락을 놓아 두었다. 또 게임을 너무 많이 한 나머지, 눈앞에서 블록이 떨어지는 환영을 보는 사람들까지 생겨났다.[8] 이런 모습들은 '테트리스 효과'라고 불렸다. 하지만 초기 플레이어들이 아무리 게임에 헌신적이었다고 한들, 세일리 같은 요즘 플레이어들이 너무도 쉽게 보여주는 수준의 실력에 근접한 사람은 아무도 없었다.

더 뛰어난 실력을 갖게 된 '진짜' 비밀

●

테트리스 플레이어들의 성적이 세상에 알려진 방식을 살펴보면 숙련도의 극명한 변화를 이해할 수 있는 단서가 발견된다. 초기에는 비디오 게임 데이터베이스 회사인 트윈 갤럭시즈Twin Galaxies가 공식 점수 기록을 관리했다. 플레이어들이 특정 방식의 인증과 함께 자신의 높은 점수를 제출하면 관계자들이 그 자료를 검증한 후 웹사이트에 있는 순위판에 점수를 게시했다. 사실 이 과정은 꽤 번거로웠다. 특히 플레이어들이 점수 기록을 제대로 인증하지 못할 수도 있었다. 요나스 노이바워Jonas Neubauer와 토르 아커룬드Thor Aackerlund가 그런 운명을 맞이했다. 그들은 해리 홍보다 먼저 최고 점수에 도달했다고 주장했지만 증명하지 못했다. 그럼에도 오랫동안 다른 선택지가 없었다. 최고의 테트리스 고수로 알려지고 싶으면 트윈 갤럭시즈를 통해 인증 받는 방법밖에 없었다.

하지만 유튜브로 인해 변화가 찾아왔다. 플레이어들이 자유롭게 영상을 게시하면서 중간자를 통하지 않고 직접 신기록을 공유할 수 있게 된 것이다. 덕분에 새로운 최고 점수를 내놓기가 훨씬 쉬워졌고, 중대한 부수 효과도 따랐다. 세계 신기록을 달성한 게임 영상을 올리면 플레이어가 어떤 식으로 해냈는지 모든 사람이 볼 수 있었다. 이전의 트윈 갤럭시즈는 신기록 점수만 게재할 뿐 그 기록을 확인하는 데 사용된 인증 자료는 함께 공개하지 않았다. 그런데 이제 테트리스 플레이어들은 최고 플레이어들의 기록에 감탄만 하는 게 아니라 그 기록을 어떻게 달성했는지도 볼 수 있게 되었다.

유튜브가 엄청난 투명성을 제공했지만, 이러한 기록의 비공식적인 특성은 속임수의 유혹을 일으켰다. 흔히 테트리스처럼 오래된 게임들은 에뮬레이터emulator, 즉 콘솔 게임을 개인 컴퓨터에서 이용 가능하게 만드는 소프트웨어로 실행할 수 있다. 이를 통해 플레이어는 게임의 실행 속도를 늦추거나 되감기해서 실수를 되돌릴 수 있었다. 물론 이런 방식으로 달성한 점수는 자세히 조사하면 명백한 사기 증거가 드러났다. 그래서 진정한 플레이어들은 자신의 점수가 진짜임을 인증하는 방법에 투자하기 시작했다. 게임 화면뿐 아니라 자신의 손까지 보여주는 방식이 유행했다. 고수들의 플레이를 실시간으로 시청할 수 있는 데다 부정행위를 거의 불가능하게 만드는 라이브 스트리밍live streaming 방식이 진정성을 높였다.

손의 움직임을 관찰할 수 있게 되자 혁신적인 버튼 누르기 기술을 누구나 '모방'할 수 있게 되었다. 플레이어들이 엄지손가락을 떨어 방향 버튼을 1초에 10회 이상 누르는 하이퍼 탭핑hyper tapping 기술이 29레벨의 장벽을 뚫는 열쇠였다. 놀랍게도 이 기술을 발명한 것은 초창기 최고의 선수였던 토르 아커룬드였다.[9] 당시 그의 기술을 목격하고 모방할 수 있는 사람이 거의 없었기 때문에 20년 동안 어느 누구도 사용하지 못했던 것이다. 생중계 방식은 해설도 장려했다. 훌륭한 플레이어들은 적극적으로 시청자들과 소통하면서 자신의 플레이에 대한 생각을 실시간으로 공유했다. 이렇게 고수들이 전략을 공유하고, 시청자들은 그들의 실수를 즉석에서 면밀하게 관찰하면서 토론이 양방향으로 이루어졌다. 이전의 고수들이 경쟁력을 높이는 자신만의 비밀 전략을 갈망했다면, 지금의 플레이어들은 버튼 하나를 누를 때마다 온 세상이 볼 수 있으니 근본적으로 투명한 방식을 취해야 했다.

소위 '온라인 포럼'은 학습 네트워크를 크게 확장했다. 1990년대에는 실력 향상에 활용할 수 있는 자원이 주변 친구들로 한정되었다. 우연히 주변에 테트리스를 아주 잘하는 친구가 있으면 몇 가지 기술을 배울 수 있었다. 그런 존재가 없으면 아무리 몇 년 동안 게임을 하더라도 미묘한 기술을 알지 못했다. 2010년 한 다큐멘터리에서 해리 홍은 화면의 오른쪽에 블록을 쌓아 왼쪽에 공백을 남겨 두는 전략을 선호한다고 밝혔다.[10] 그러나 이는 오늘날 탁월하지 못한 전략으로 여겨진다. 테트리스 게임의 특이한 회전 알고리즘이 아주 중요한 막대기 모양의 블록을 회전시켜 반대쪽으로 이동하는 것을 쉽게 해주기 때문이다. 초기의 최고 플레이어였던 데이나 윌콕스Dana Wilcox는 블록을 양방향으로 회전시킬 수 있다는 사실을 알지도 못했다. 이러한 지식의 차이 때문에 당연히 윌콕스는 T자 모양의 블록을 가능한 한 마지막 순간에 회전해 쉽지 않은 위치에 끼우는 까다로운 기술을 실행할 수 없었다.[11] 반면 오늘날의 플레이어들은 비록 숙련자 수준에 이르기까지 상당한 연습이 필요하지만 최고의 전략을 쉽게 접할 수 있다.

　결론적으로 요즘 테트리스 플레이어들의 실력이 훨씬 더 뛰어난 이유는 '환경' 덕분이다. 비디오 호스팅 서비스를 통해 최고의 플레이가 상세히 담긴 영상이 널리 방송된다. 또 온라인 포럼은 비공식적인 대화를 영구적인 지식의 저장고로 바꾼다. 라이브 스트리밍은 최고의 기술에 관한 지식을 갖춘 시청자들이 거의 실시간으로 피드백을 제공하고 그 내용이 널리 실천될 수 있도록 장려한다. 세일리처럼 차별화되는 플레이어들도 있지만, 테트리스 이야기는 한 개인에 관한 것이 아니다. 게임 자체에 대한 이야기이자 게임을 플레이하는 방식이 어떻게 발전을 가속화했는지에 관한 이야기다.

무엇이든 더 잘할 수 있는 3가지 요소

테트리스 이야기가 보여주듯, 실력 향상은 단순히 재능이나 끈기에 달린 일이 아니다. 우리가 얼마나 더 많이 배울 수 있는가를 결정하는, 즉 무엇이든 더 잘할 수 있게 만드는 세 가지 요소가 존재한다.

　1. **보기**See: 지식은 대부분 남에게서 얻는다. 다른 사람이 하는 바를 보면서 쉽게 배울 수 있는 환경이어야 실력이 빠르게 향상된다.

　2. **연습하기**Do: 숙달되려면 연습이 필요하다. 하지만 모든 연습이 다 똑같지는 않다. 우리 뇌는 힘든 노력을 줄이는 기계와도 같다. 이 사실은 학습에서 엄청난 이점이자 저주가 될 수 있다.

3. 피드백 받기 Feedback: 발전하려면 반복적인 조정이 필요하다. 피드백은 시험지를 빨간펜으로 채점하는 것처럼 점수를 매기는 일이 아니라 자신이 영향력을 발휘하고자 하는 현실과 접촉하는 것을 뜻한다.

다른 사람들을 보면서 배우고, 광범위하게 연습하고, 신뢰할 수 있는 피드백을 얻는 환경이 갖춰지면 빠른 실력 향상이 이루어진다. 그러나 만일 이 세 가지 요소 중 하나라도 놓친다면 불가능하다.

우리는 대부분 학습의 가능성이 최대치이거나 거의 없는 양극단 사이의 환경에 처해 있다. 따라서 기회와 장애물이 모두 존재한다. 적절한 환경과 멘토, 연습 방법, 과제를 찾으면 발전을 가속화할 수 있다. 가장 어려운 점은 무엇을 찾아야 하는지 정확히 아는 것이다.

보기: 다른 사람을 통해 배워라

우리는 다른 사람들을 통해 가장 잘 배운다. 인간이 서로를 관찰하면서 배우는 능력은 혼자 문제를 해결하는 능력을 크게 앞지른다. 테트리스 플레이어들의 실력 향상은 높은 레벨에 필요한 기술을 누구나 접할 수 있게 되면서 가속도가 붙었다. 이에 대해 하버드대학교 인류학자 조지프 헨릭Joseph Henrich은 "인류의 성공 비결은 선천적인 지능이나 특별한 정신 능력에 있지 않다."라고 말하면서[12] 인간의 뛰어난 능력은 타인의 혁신에서 배움을 쉽게 얻는 능력이라고 주장한다.

똑똑한 동물들의 문제 해결 능력은 인간을 능가하기도 한다. 연구에 따르면 까마귀들은 철사로 갈고리를 만들어 좁은 병에서 음식을 꺼내는 문제를 해결할 수 있다. 이와 똑같은 과제를 변형된 버전으로 5세

아이들에게 제시했을 때 답을 찾는 경우가 10분의 1도 되지 않는다.[13] 이렇게 인간의 문제 해결 능력은 일부 동물보다 아주 조금 더 나은 수준에 불과하지만, 모방 능력만큼은 비교조차 안 될 만큼 탁월하다. 한 실험에서 연구자들은 2.5세 인간 아이와 침팬지, 오랑우탄을 대상으로 인지 테스트를 실시했다. 당연히 인간이 우월하리라는 추측과 달리 아이들과 유인원들은 공간적·양적·인과적 추론과 관련된 퍼즐에서 비슷한 수행 능력을 보였고, 심지어 일부 과제에서는 침팬지가 인간을 근소한 차이로 앞서기까지 했다. 다만 분명한 예외는 '사회적 학습'에서 나타났다.[14] 아이들은 시범을 보여주면 문제를 쉽게 해결할 수 있는 반면, 유인원들은 전혀 그러지 못했다. 어린아이들은 경험이 전혀 없는 문제를 해결하는 데에 까마귀와 침팬지보다 뛰어나지 않을 수 있지만 읽기, 쓰기, 말하기, 더하기, 곱하기, 그리기, 노래하기, 텔레비전 리모컨 사용하기를 제대로 배운다. 다른 동물들은 시도조차 할 수 없는 일들이다. 흔히 무의식적인 학습을 '원숭이는 보고 그대로 한다'Monkey see, monkey do라는 말로 표현하는데, 사실은 완전히 정반대다. 모방이야말로 인간의 창의성을 이루는 토대다.

　다른 사람에게 배우는 일에는 단점이 하나 있다. 배움을 줄 사람들에게 접근할 수 없으면 좀처럼 발전이 이루어지지 않는다. 초기의 열정적인 테트리스 플레이어들은 서로 고립되어 있었다. 그들은 혼자서 또는 소수의 친한 친구들과 함께 게임을 했다. 최고의 게임 기술이 전파되지 못했기 때문에 각자 자기만의 기술을 발전시켜야 했다. 비록 드물지만 비디오 게임 신동 토르 아커룬드처럼 크게 성공하는 경우도 간혹 있었다. 하지만 대부분은 인간이 발휘할 수 있는 잠재력에 훨씬 미치지 못

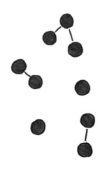 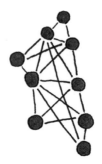

테트리스 플레이어들의 확장된 연결성은 혁신이 쉽게 퍼져 나갈 수 있음을 뜻한다. 오른쪽 네트워크의 구성원들은 왼쪽보다 다른 사람들에게 배울 기회가 더 많다.

했다. 이후 동영상 플랫폼, 라이브 스트리밍, 온라인 포럼 같은 신기술이 등장하며 성공적인 게임 기술들이 빠르게 퍼져나갔다. 이제 더 이상 테트리스가 세계에서 가장 인기 있는 게임은 아닐지라도 요즘 플레이어들은 훨씬 더 서로 연결되어 있다.

누군가에게 배울 때는 본보기의 질도 매우 중요하다. 연금술에서 출발해 과학이라는 학문으로 자리 잡은 화학이 좋은 예다. 초기 연금술사들은 비금속을 금으로 만들 수 있다는 잘못된 신념이 있었을지 몰라도 신뢰할 만한 화학적 지식을 가지고 있었다. 많은 연금술사가 물질의 이론을 발전시키기 위해 노력했고, 대조군이 있는 실험을 하기도 했다.[15] 하지만 그들은 소수만 아는 전문 기술이 외부인들의 손에 들어가지 않기를 바라는 마음에서 일부러 그들이 발견한 사실을 애매하게 만들었다. 과학기술사학자이자 화학자 로런스 프린시프Lawrence Principe는 이렇게 지적했다. "연금술 자료를 보면 의도적인 비밀 유지와 기괴한 언어, 모호한 생각, 이상한 이미지가 무시무시하게 얽혀 있다. 연금술사들은 그들이 하는 일을 다른 사람이 쉽게 이해하지 못하게 했다."[16] 실제로 연금술사들은 특정 물질의 정체를 감추기 위해 암호명Decknamen을 사용했다. 제조법을 기상천외한 우화로 포장해 암호를 해독해야만 이해할 수 있도록 했다. 또 단계를 생략하거나 바꾸거나 불필요한 단계를 추가하여 비非전문 독자들을 혼란에 빠뜨렸다. 덕분에 지식을 소수의 특권으로만 제한하는 데에는 확실히 성공했지만 믿을 만한 지식이 쌓이지 못했다. 연금술사 지망생들은 이전에 이루어진 실험을 수없이 반복해야 했다. 이때 실패했다고 제조법이 틀렸다는 뜻은 아니었다. 암호를 제대로 해독하지 못했을 가능성이 항상 존재했다. 심지어 아이작 뉴턴 같은 위대한 사상가도 막다른 골목인 줄 모르고 연금술의 구전 지식을 쫓는 데 많은 시간을 허비했다. 반면 로버트 보일Robert Boyle의 공기 펌프를 이용한 실험(이는 오늘날 우리가 화학 시간에 배우는 '보일의 법칙' 발견으로 이어진다)은 문서로 상세히 기록되었는데[17] 실험 장치나 그가 얻은 측정값에 대한 수십 개의 삽화도 담겨 있다. 혼란스러운 설명과 단계의 생략은 연금술 자료에서만 볼 수 있는 것이 아니다. 우리는 종종 어떤 자료가 제대로 설계되지 않아서 개념을 이해하거나 과정을 숙달하는 데 필요 이상으로 많은 노력이 필요할 경우, 학습에 어려움을 겪는다.

지식은 고르게 분배되지 않는다. 인터넷 시대에도 세계에 존재하는 지식은 대부분 기록되어 있지 않으며 자유롭게 이용할 수 없다. 많은 지식이 전문가들의 머릿속에 갇혀 있고 대개 그들은 자신이 아는 것을 분명하게 설명하기 어려워한다. 또한 지식은 개인의 머릿속에 들어 있기보다는 집단에 널리 퍼진 관행으로 구현되는 경우가 많다. 1980년에 나온 다큐멘터리에서 경제학자 밀턴 프리드먼Milton Friedman은 레너드 리드Leonard Read의 초기 논문에 나오는 나무 연필을 예로 이렇게 말했다. "세상에 이 연필을 혼자 만들 수 있는 사람은 단 한 명도 없습니다. 충격적인 발언일까요? 전혀 그렇지 않습니다."[18] 그는 나무를 자르려면 톱이 필요하고, 톱을 만들려면 강철이 필요하고, 강철은 철광석이 필요하다고 설명했다. 고무, 페인트, 접착제, 흑연을 제조하려면 모두 엄청나게 복잡한 공급망이 필요하다. 연필처럼 단순한 물건을 만드는 지식조차도 한 개인이 가지고 있는 것이 아니라 공동의 목적을 위해 함께 일하는 집단들이 가지고 있다. 과학과 기술이 발전하고, 어려운 문제를 해결하는 데 필요한 지식을 하나로 모을 때 필요한 집단이 더욱더 분산되면서, 개인의 성취도 점점 더 드물어지고 있다. 인공지능이 발전하여 책에 담긴 지식의 접근성이 커지면서 이러한 추세가 가속화되지만, 어떤 분야에 대한 암묵적인 이해는 여전히 외부 세계와 격리된 전문가 공동체에 존재한다. 말하자면 지식이 존재하는 환경에 대한 접근성이 무언가를 숙달하는 데 커다란 난관으로 작용하는 경우가 많다.

연습하기: 연습을 통해 배워라

다른 사람을 보면서 배우는 환경 조건은 첫 단계일 뿐이다. 기술을 익히려면 단순한 관찰이 아닌 연습이 필요하다. 연습은 학습에서 여러 중요한 역할을 한다. 우선 반복적인 연습은 작업을 수행하는 정신적 노력을 줄인다. 테트리스 플레이어들이 게임하는 동안 fMRI(자기공명영상)로 그들의 뇌 활동을 관찰한 연구가 있다.[19] 성과가 뛰어날수록 뇌를 더 많이 사용할 것이라는 예상과 달리, 플레이어들이 게임하는 횟수가 늘어날수록 뇌의 신경 활동은 감소했다. 이는 우리가 반복적인 수행을 통해 신경계를 더 효율적으로 쓸 수 있게 된다는 주장을 뒷받침한다. 면허를 따고 몇 년간 차를 운전해 본 사람이라면 비슷한 사실을 알아차렸을 것이다. 이전에는 운전에 온 정신을 집중해야 했지만 지금은 별다른 생각 없이도 능숙하게 해낸다. 운전하면서 손과 발을 움직이는 동안 다른 생각에 빠질 수도 있다. 이처럼 기술의 구성 요소를 '자동화하는 능력'은 대부분의 복잡한 과제를 수행하기 위해 꼭 필요하다. 단순히 다른 사람을 관찰하는 것만으로는 과제를 전문가 수준으로 수행할 수 없는 이유이기도 하다.

연습이 필요한 또 다른 이유는 기억 인출memory retrieval의 중요성 때문이다. 대개는 다른 사람이 기술을 수행하는 모습을 보는 것만으로 방법을 파악하기에 충분하다. 하지만 스스로 해볼 때 항상 답을 얻을 수 있다면 깊이 기억하지 못할 수도 있다. 예를 들어, 휴대폰이 등장하기 이전 시대에 사람들은 자주 쓰는 몇십 개의 전화번호를 외우곤 했다. 그러나 요즘은 통화 버튼을 누를 때마다 번호를 보는데도 자신의 번호 외에는 단 하나도 외우기 힘든 경우가 태반이다. 차이점은 휴대폰에 전화번호를 저장하기 전에는 전화를 걸 때마다 우리의 기억에서 번호를 인출해야만 했다는 것이다. 기억 인출은 다시 보기보다 기억력 강화에 훨씬 더 효과적이다.[20]

마지막으로 인간의 매우 뛰어난 모방 능력에도 불구하고 기술에는 모방할 수 없는 부분이 많다. 테니스 서브에서 팔의 움직임이나 붓놀림에서 손목의 움직임 같은 것은 물론 쉽게 관찰할 수 있다. 하지만 사람마다 근육이 다르므로 관찰은 자신이 직접 수행할 때 필요한 기술의 근사치에 불과할 뿐이다. 엑스레이x-ray 패턴을 식별하거나 골프공이 굴러가는 경로를 예측하는 것 같은 지각 기술에는 아무리 상대가 인내심 강한 스승이라도 의사소통만으로 쉽게 전달할 수 없는 암묵적인 요소가 존재한다. 책으로 배울 수 없는 기술의 측면을 숙달하기 위해서는 직접 연습이 필수적이다.

학습에서 연습의 필요성은 그 자체로 장애물이다. 수동적으로 영상을 보는 것보다 능동적으로 연습하는 것이 더 힘들기 때문에 대부분 직접 연습하기보다 감상하기를 선택하기 쉽다. 기술을 실제로 수행할 수 있는 환경에 대한 접근성도 제한적일 수 있다. 말하자면 조종사가 비행기 없이, 영화감독이 카메라 없이 실력을 키우기 힘든 것과 마찬가지다. 그리고 복잡한 기술일수록 다른 사람에게 배우기와 직접 연습하기의 균형을 찾는 일이 쉽지 않다. 도움이 너무 적으면 학습에 좌절과 시행착오가 따른다. 반면 도움이 너무 많아도 해롭기는 마찬가지다. 학습 패턴을 볼 때 기억 인출 능력이 뒤로 밀려나기 때문이다. 이 선택이 항상 정확하게 이루어지는 것은 아니다. 연구에 따르면 성적이 낮은 학생들은 구조화된 환경에서 아직 기억에 존재하지 않는 문제 해결 패턴을 배우는 것이 효과적인 반면, 성적이 높은 학생들에게는 좀 더 현실적인 연습을 할 수 있고 이미 가지고 있는 지식을 인출해야만 하는 덜 구조화된 환경이 좋다. 하지만 실제로 학생들은 자신에게 비효율적인 학습 방법을 선호한다![21] 성적이 낮은 학생들은 구조화된 접근 방식에 따르는 요구에 큰 부담을 느껴서 엄격한 기준을 충족하는 것을 피하기 위해 유연성을 선택하는 경향이 있다. 한편 성적이 높은 학생들은 만들어진 구조가 더 쉽게 느껴지므로 스스로 정답을 만들어내기보다 정해진 방법을 따르는 것을 선호한다. 이런 비뚤어진 경향은 학습에 부단한 노력이 필요하며 우리 뇌가 노력을 아끼려고 애쓰는 이유를 설명해 준다. 어려움을 미세 조정하는 것은 학습에 대단히 중요한데도 우리는 이 점을 정확하게 해내지 못한다.

피드백 받기: 경험을 통해 배워라

반복적인 연습만으로는 충분하지 않다. 대개 피드백이 없으면 실력 향상이 불가능하다. 일찍이 1931년에 미국의 심리학자 에드워드 손다이크Edward Thorndike는 실험 참가자들에게 특정한 길이의 선을 그리는 연습을 시켰다. 놀랍게도 피험자들은 그 기술을 3,000번이나 연습했는데도 아무런 진전을 이루지 못했다(분명 이 실험은 세간의 관심을 끌었을 것이다).[22] 전문성을 다루는 심리학자 안데르스 에릭슨Anders Ericsson은 음악, 체스, 운동, 의학 분야에서 뛰어난 능력자들이 어떻게 최고 수준에 도달할 수 있었는지를 설명하는 '의도적 연습'deliberate practice이라는 개념을 고안했다.[23] 그가 밝힌 바에 따르면 '즉각적인 피드백'이 핵심이었다. 양질의 즉각적인 피드백은 우수한 운동선수와 음악가가 기술을 심화하는 토대가 된다. 피드백이 부재할 경우 실력이 나빠지는 원인이 된다. 체계적인 검토 연구에 따르면 경력이 오래된 의사일수록 의료의 질이 떨어지는 경향이 발견됐다.[24] 환자의 예후는 의사가 개입한 정도에 따라 부분적으로만 달라지며, 치료에서 모범 사례와 구식 기술을 적용한 경우의 차이는 대조군이 신중하게 설계된 실험에서만 발견됐다. 이 고르지 않은 피드백은 에릭슨이 지속적인 숙달에 핵심적이라고 주장한 의도적 연습을 실행하기 어려울 수 있음을 뜻한다.

좋은 피드백 시스템이 있으면 실력 향상 속도가 빨라진다. 베트남 전쟁 당시 미 해군과 공군은 두 대의 적기가 격추될 때마다 전투기 한 대를 잃었다. 해군은 이 상황을 개선하기 위해 해군 전투기 무기 학교Navy Fighter Weapons School를 만들었다. 일명 '탑건'Top Gun이라고도 알려진 이 교육 프로그램에는 훈련생들이 출격해 최고의 조종사들과 맞붙어 비행하는 모의 훈련이 포함되었다. 비행 훈련 이후에는 반드시 성과를 심도 있게 검토하고 사후 보고서에서 결론을 논의했다. 결과적으로 공군이 계속 적기를 두 대 격추할 때마다 전투기 한 대를 잃은 반면, 해군은 열두 대당 한 대 비율로 손실을 무려 여섯 배나 줄일 정도로 개선되었다.[25] 에릭슨에 따르면, 한 유럽 은행의 외환 거래자들을 대상으로 한 실험에서도 경쟁 시뮬레이션과 사후 피드백을 통해 비슷한 성과 향상이 나타났다.[26] 실력 향상을 위한 노력에 유익한 피드백도 설계해서 넣는 순간, 발전과 정체의 차이가 나타난다.

기술의 시대, 학습은 더 중요하다

●

실력 향상이 가능한지에 대한 걱정과는 별개로, 학습이 곧 쓸모없어질 수 있다는 걱정도 존재한다. 지금 이 책을 쓰는 시점에 정교한 컴퓨터 프로그램은 이제 시를 쓰고, 양자역학을 설명하며, 원하는 예술적 스타일로 그림도 그릴 수 있다. 이러한 기술 진보가 계속되리라고 가정한다면 우리가 실리콘 칩을 통해 간단하게 수행할 수 있는 기술을 숙달하고자 애써 노력해야 할 필요가 과연 있을까? 하지만 기술의 변화는 기존에 사용하던 능력을 약화할 가능성만큼이나 새로운 학습에 대한 수요를 창출할 가능성도 크다. 과거 소크라테스는 종이의 발명이 기억력을 떨어뜨렸다고 매도했지만[27] 결과적으로는 개인이 평생 기억할 수 없을 정도로 지식이 폭발적으로 증가했다. 정보 기술은 일부 직업을 거의 쓸모없게 만들었지만 이전에는 존재하지 않던 새로운 직업을 창출하기도 했다. MIT 경제학자 데이비드 오토David Autor와 동료들이 발표한 논문에 따르면 2018년에 존재하는 직업의 약 60퍼센트가 1940년에는 없었다.[28] 기술은 타자원과 전화교환원의 수요를 감소시켰지만, 소프트웨어 개발자와 비즈니스 분석가에 대한 폭발적인 수요도 만들어냈다. 이러한 과거의 동향을 토대로 합리적으로 추론해 보자면, 인공지능의 발전으로 학습의 요구는 줄어드는 것이 아니라 더 커질 것이다. 예측은 본래 어렵지만 미래에 대한 예측은 특히나 그렇다. 그러니 정확히 어떤 기술과 지식이 미래세대에게 필수적일지 추측하는 일은 삼가겠다. 하지만 학습의 과정에 대한 통찰이나 학습의 성공률을 높이는 방법에 대한 통찰은 앞으로 더욱더 중요해질 것이다.

나는 오래전부터 학습에 매료되었다. 전작 《울트라러닝, 세계 0.1퍼센트가 지식을 얻는 비밀》에서 강박적인 독학자들의 세계를 다루었고 외국어와 프로그래밍, 미술을 배운 개인적인 경험을 들려주었다. 하지만 호기심은 참 이상한 욕구다. 배고픔이나 갈증과 달리 호기심은 많이 배울수록 충족되지 않고 오히려 불붙는다. 그래서 나는 수년 동안 새로운 기술을 배우고 기술 개발에 관한 학문적 연구를 이해하려고 애썼다. 하지만 결국 답을 찾지 못하고 의문을 해결하기 위해 새로운 탐구를 시작했다. 수백 권의 책과 수백 편의 학술 논문을 탐독한 끝에 퍼즐의 만족스러운 해법을 발견할 수 있었다. 하지만 탐구로 호기심을 따라잡을 때마다 새로운 질문이 배로 늘어났다. 여러 측면에서 이 책은 학습에 관해 내가 찾은 것들을 이해하려는 노력의 결과물이다.

이 책은 두 가지 유형의 독자를 염두에 두고 썼다. 첫째, 학습자의 관점에서 쓰고자 했다. '무언가를 더 잘하고 싶다면 어떻게 해야 할까?', '어떤 본보기를 찾아야 할까?', '어떤 연습이 가장 효과적일까?', '기술을 빠르게 숙달할지 아니면 정체기에 도달할지에 영향을 미치는 것은 무엇인가?' 이런 질문들에 답을 찾고자 했다.

둘째, 교사나 코치, 부모와 같이 조직 구성원의 학습을 좌우하는 사람들을 염두에 뒀다. 그들이 실력 향상을 촉진하는 방법을 알아보고 싶었기 때문이다. 나는 호기심 많은 두 자녀를 가진 후로 아이들이 최고의 잠재력을 펼칠 수 있도록 아버지로서 어떻게 이끌어 주어야 하는지에 큰 관심이 생겼다. 좋은 스승은 흔하지 않고, 기술 개발을 성공적으로 이끄는 과학적 원리는 널리 알려져 있지 않다. 그래서 무엇보다 나 같은 사람들을 위해 이 책을 썼다. 무언가를 더 잘하고 싶지만 가장 효과적인 방법을 몰라서 헤매는 사람들 말이다.

이 책에서 기대할 수 있는 것

●

열두 개의 장에서 우리는 보기, 연습하기, 피드백 받기의 세 가지 주제를 깊이 파고들 것이다. 실력 향상이 항상 쉽게 이루어지지는 않지만 현명하게 배우는 방법은 분명히 있다. 각 장은 격언을 활용한 법칙으로 이름 지었다. 각각에서 살펴본 연구의 세부 사항들은 시간이 지나서 기억이 희미해지더라도 단순하지만 확실한 열두 가지의 법칙이 핵심 원리를 떠올리게 하고, 또 비록 완벽하지는 않더라도 유용한 요약 역할을 할 것이다.

먼저 제1~4장은 보기의 힘을 다룬다.

제1장 문제 해결은 탐색이다. 3세기 이상 풀리지 않은 수학 문제로 이야기를 시작한다. 이 문제를 풀어내는 획기적인 문제 해결 이론은 우리가 해결책을 이해하도록 돕는다. 일상적인 습관과 창의적인 사고의 차이는 무엇인지, 또 다른 사람에게서 배우는 일이 우리가 해결해야 할 문제의 복잡성에 어떻게 영향을 끼치는지 알아본다.

제2장 창의성은 모방에서 시작한다. 르네상스 시대의 미술 세계를 살펴본다. 모방(절대로 창의성의 정반대가 아니다)은 독창적인 작품의 씨앗이다. 마음의 병목 현상에 대해 살펴보고, 지식을 습득하는 최선의 전략이 새로운 아이디어를 떠올리기 위해 사용되는 과정과 어떻게 다른지도 살펴본다.

제3장 성공은 최고의 스승이다. 정교한 기술은 제대로 된 토대를 갖추고 있는가에 좌우된다. 기본적인 구성 요소가 없으면 학습은 느리게 진행되고 결국 좌절된다. 학습 과정 초기에 제대로 된 성공을 경험할 때 저절로 동기부여가 강해진다.

제4장 경험은 때로는 지식의 적이다. 지식의 저주에 대해 살펴본다. 전문성은 자신의 숙련도를 이루는 토대에 대한 인식을 약해지게 한다. 전문가의 직관은 강력하지만, 뛰어난 능력자가 자신의 수행 방식에 대해 설명하는 능력을 잃어버리면서 복잡한 기술을 습득하기가 더 어려워지기도 한다. 이 문제를 해결하기 위해 전문가들이 당연하게 여기는 지식을 추출하는 도구들을 살펴본다.

제5~8장은 연습하기, 즉 올바르게 연습하는 방법에 대해 다룬다.

제5장 난이도의 스위트 스폿을 찾아라. 연습이 너무 어렵거나 너무 쉽지 않도록 스위트 스폿Sweet Spot(가장 효과적이고 좋은 성과를 얻을 수 있는 지점을 가리키는 용어—옮긴이)을 찾는 것이 학습의 발전을 좌우한다. 특히 어려운 수준이 적절히 필요한 경우와 그렇지 않은 경우를 알려주는 연구를 살펴볼 것이다. 최고의 작가일수록 작가의 역설, 즉 글이 막히는 벽에 부딪힐 가능성이 큰 이유를 알아본다. 실력 향상을 위해 노력하는 과정에서 난이도를 미세 조정하는 몇 가지 도구를 소개한다. 여기에는 점진적인 문제 해결, 연습 주기 만들기 등이 있다.

제6장 마음은 근육이 아니다. 기술을 연습하면 무엇이 개선되는가? '마음은 근육이다'라는 비유는 널리 사용되지만, 1세기 이상의 연구에서 나타나듯 이는 사실과 완전히 다르다. 학습의 전이에 관한 연구를 통해, 능력이 강화되면 다른 능력에서도 개선이 이루어진다는 사실을 이해할 수 있을 것이다.

제7장 반복 후에 변화가 중요하다. 재즈 음악가들의 즉흥 연주 실력이 어떻게 발달하는지 살펴본다. 그들은 어떻게 반복적이지 않은 복잡한 연주를 즉석에서 해낼 수 있을까? 이 질문의 답을 알아보기 위해 연습의 가변성이 어떻게 더 유연한 기술로 이어지는지 보여주는 연구 결과를 살펴본다.

제8장 질은 양에서 나온다. 천재는 다작한다. 이 장에서는 '창의성이 곧 생산성'임을 보여주는 연구를 살펴본다. 최고의 작품을 내놓는 사람은 가장 많은 작품을 만드는 사람이다. 이 사실이 기술의 실력 향상과 어떤 관계가 있는지 알아본다.

제9~12장은 피드백의 역할을 보여준다.

제9장 경험이 많다고 전문가는 아니다. 연습만으로는 완벽해질 수 없다. 올바른 피드백이 없으면 연습을 해도 심지어 별로 나아지지 않는다. 이 장에서는 불확실한 환경에서의 학습에 대해 살펴본다. 비록 운의 영향은 크지만, 복잡한 포커 게임을 통달한 플레이어들과 수십 년의 경험에도 예측 능력이 평범한 수준에 불과한 일반적인 전문가들의 경우를 비교해 볼 것이다. 이 차이점을 바탕으로 비우호적인 학습 환경을 길들이는 방법을 제안한다.

제10장 연습은 현실과 맞닿아야 한다. 이 장에서는 역사상 최악의 항공 참사를 일으킨, 정확하지 않은 계산이 낳은 사건을 살펴볼 것이다.

이론과 실제의 관계는 매우 복잡하다. 진정한 숙달을 위해서는 기술이 실제로 사용되는 물리적·사회적 환경과의 접촉이 반드시 필요하다.

제11장 개선의 길은 직선이 아니다. 무언가를 더 잘하려면 우선 더 못해야 한다. 어떤 기술을 연습하든 과학적으로 증명된 이론과 전혀 다른 직관이 생기게 마련이다. 하지만 실력이 나아질수록 오개념과 비효율성, 실수를 없애는 것이 개선을 좌우한다.

제12장 두려움은 마주할수록 약해진다. 마지막 장에서는 학습에 종종 따라오는 불안을 살펴본다. 두려움을 극복하게 해주는 노출 치료의 놀라운 효과를 알아보고, 우리 뇌가 불안에 대처하기 위해 취하는 직관적인 전략이 대개 역효과를 일으키는 이유도 살펴본다. 숙달에 이르려면 영리함뿐 아니라 용기도 필수다.

모든 장을 끝으로, '나오며'에서는 각종 연구에 담긴 정보를 실제 연습에 활용하는 방법에 대해 이야기한다. 시험공부를 하거나 직장에서 필요한 새로운 업무 기술을 익히거나 무엇이든 관심 분야를 더 잘하고 싶을 때 이러한 제안이 어떻게 하면 더 잘할 수 있을지 생각하는 시작점이 되어줄 것이다.

자, 이제 문제 해결의 과학을 살펴보는 것에서부터 출발해 보자!

제2부

연습하기 Do : 연습을 통해 배워라

제3부

피드백 받기 Feedback : 경험을 통해 배워라

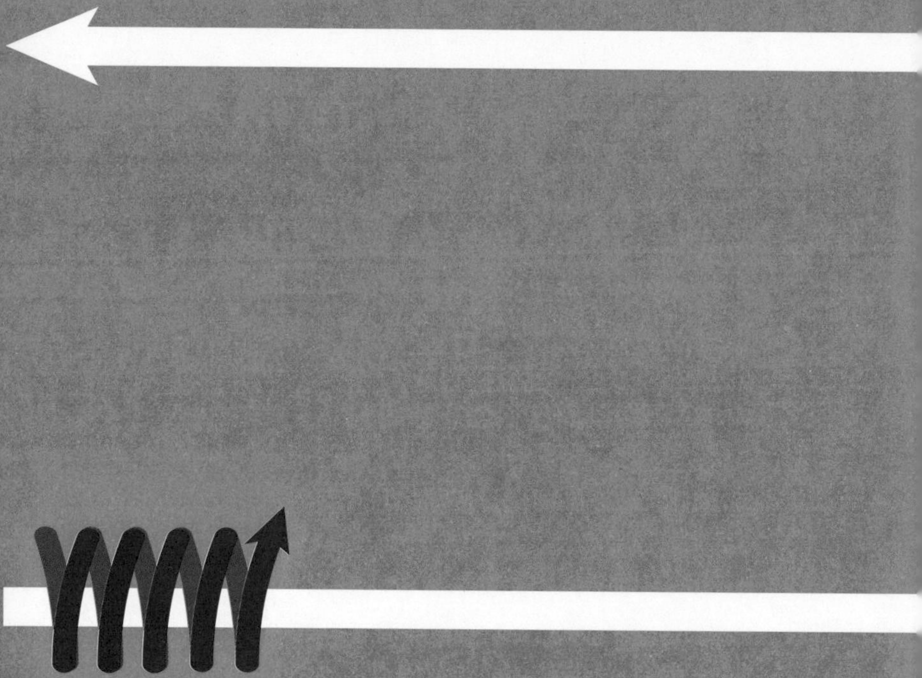

제1부

보기see

: 다른 사람을 통해 배워라

제1장

문제 해결은 탐색이다

어떤 상황에서 단순히 행동만으로 원하는 상황을 이룰 수 없을 때는 생각하려는 의
지가 있어야 한다. _카를 던커Karl Duncker , 심리학자[1]

- 어려운 문제는 어떻게 해결하는가?
- 어떤 문제에든 적용할 수 있는 일반적인 방법이 있는가?
- 누구도 해결하지 못한 문제는 어떻게 풀어야 하는가?

"나는 이 문제를 증명하는 놀라운 방법을 알고 있지만 여백이 부족하여
여기에 적지 않는다." 수학자 피에르 드 페르마Pierre de Fermat는 이 한 문
장과 함께 수학자들이 3세기 동안이나 풀지 못한 난제를 남겼다. 그 문
제는 위대한 수학자 레온하르트 오일러Leonhard Euler를 쩔쩔매게 했다.
그는 페르마가 세상을 떠난 지 거의 100년이 지난 즈음에 한 가닥의 단
서라도 남아 있기를 바라는 마음으로 페르마가 살던 집을 뒤져봐 달라
고 친구에게 간곡히 부탁했을 정도였다.[2] 수학자 오귀스탱 코시Augustin
Cauchy와 가브리엘 라메Gabriel Lame도 그 난제를 자신들이 풀었다고 착각

했다.[3] 하지만 이내 그들의 논리에 치명적인 결함이 있다는 사실을 발견했다. 독일 기업가 파울 볼프스켈Paul Wolfskehl은 문제를 푸는 사람에게 10만 마르크를 상금으로 주겠다고까지 했다.[4] 이렇게 치열한 노력에도 페르마의 마지막 정리는 증명되지 않은 채 남아 있었다.

페르마의 마지막 정리는 증명이 쉽지 않지만 이해하기는 그리 어렵지 않다. 피타고라스의 정리에 따르면, 직각 삼각형은 $a^2 + b^2 = c^2$ 이라는 조건을 충족한다. 다시 말해 직각 삼각형의 빗변을 한 변으로 하는 정사각형의 넓이는 나머지 두 변을 각각 한 변으로 하는 두 정사각형의 넓이의 합과 같다. 살짝만 대입해 보면 이 공식을 만족하는 자연수를 찾을 수 있다. 이를테면 숫자 3, 4, 5가 그렇다(9+16=25). 5, 12, 13도

그림 2

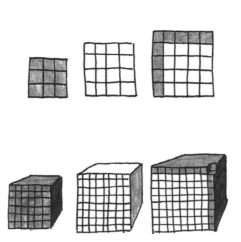

두 개의 정사각형을 더하면 다른 정사각형을 만들 수 있다. 그림 위쪽에 그려진 정사각형을 보면 $3^2 + 4^2 = 5^2$이 성립하는 것을 알 수 있다. 하지만 두 개의 정육면체를 더해서 다른 완벽한 정육면체를 만들 수 없다. 그림 아래쪽에 그려진 정육면체를 보면 $6^3 + 8^3 = 9^3 - 1$이 된다.

마찬가지다(25+144=169). 사실 이 공식의 세 쌍(a, b, c)을 만족하는 자연수는 무한하다. 고대 그리스 학자가 그 무한성을 이미 증명했다. 하지만 이 방정식을 바꾸어 정사각형 대신 정육면체를 넣으면 어떻게 될까? 이 패턴에 맞는 세 개의 자연수를 찾을 수 있을까? 페르마는 '불가능하다'라고 했다. 그는 2보다 큰 지수를 선택하는 경우 언제나 실패한다고 주장했다. 수학적으로 표현하자면, 페르마는 방정식 $a^n + b^n = c^n$에 대해 2보다 큰 정수해는 없다고 단언했다.

영국 수학자 앤드루 와일스Andrew Wiles 가 페르마의 마지막 정리를 처음 알게 된 것은 열 살 때였다. 그는 그 난제를 처음 접한 순간에 대해 이렇게 말했다. "무척 간단해 보이는데도 역사적으로 위대한 수학자들이 계속 풀지 못한 문제였다. 그 문제를 처음 알게 됐을 때 도저히 그냥 넘길 수 없다는 걸 알았다."[5] 와일스는 케임브리지대학교를 졸업했으며 타원 곡선이라고 불리는 수학 분야를 전공했다. 경력을 이루는 내내 페르마의 마지막 정리는 언제나 그의 머릿속에 자리했다. 하지만 이미 수 세기 동안 수많은 수학자가 증명에 실패한 데다 그 또한 답에 이르는 길을 찾을 수 없었다.

1984년, 변화가 찾아왔다. 독일 수학자 게르하르트 프라이Gerhard Frey 가 페르마의 마지막 정리와 일본의 유명한 타니야마—시무라 추론 Taniyama-Shimura Conjecture을 연결한 것이다.[6] 일본 수학자 타니야마 유타카谷山 豊와 시무라 고로志村 五郎는 수학이라는 나무에서 멀리 떨어져 있는 것처럼 보이는 두 가지가 실제로는 서로 얽혀 있다고 주장했다. 모든 타원 방정식은 모듈러 형식이라는 주장이었다. 이에 수학자들은 열정적으로 바쁘게 움직였고, 타니야마—시무라 추론을 잠정적인 결론으로 제시하는 논문이 많이 등장했다. 하지만 아직은 여전히 가설에 불과했다. 프라이의 기여는 더 놀라운 연관성을 제시한 것이었다. 그는 만약 타니야마-시무라 추론이 사실이라면 페르마의 마지막 정리도 마찬가지라고 주장했다. 이에 따라 타원 곡선 전문가였던 와일스는 마침내 어린 시절의 꿈에 이르는 길을 찾았다. 타니야마-시무라 추론을 증명하기만 하면 페르마의 마지막 정리를 풀 수 있었다.

와일스는 이 난제를 혼자 극비리에 연구하는 쪽을 선택했다. 다른 주제들을 다룬 논문을 미리 작성해 놓고 조금씩 발표하면서 다른 연구에 매진하는 것처럼 보이도록 위장했다. 학회에도 참석하지 않았고 강의도 최소한으로 줄였다. 일하거나 가족과 보내는 시간을 제외하고는 무조건 이 난제의 연구에만 몰두했다. 사실 동료들의 도움 없이 자신을 고립시키는 것은 다소 위험한 전략이었다. 훗날 와일스는 혼자 연구한 덕분에 집중력이 더 올라갔다고 말했지만, 아마도 그는 혼자 연구할 경우 정말로 난제를 푸는 데 성공한다면 다른 이들과 영광을 나눌 필요가 없다는 점도 의식했을 것이다.

와일스는 연구를 시작하고 처음 18개월 동안은 도서관에서 모듈러 형식과 타원 곡선 관련 수학 이론을 모조리 공부하면서 보냈다. 미지의 정글을 헤매는 탐험가로서 모든 만약의 경우를 대비한 장비를 갖출 필요가 있었다. 이렇게 필수적인 부분에 완전히 통달한 후에 그는 스스로 수학을 탐구하며 답에 이르는 길을 암시할 수도 있는 패턴들을 찾기 시작했다. 그렇게 홀로 연구한 지 2년 만에 첫 돌파구가 보였다. 모든 모듈러 형식의 첫 번째 요소가 모든 타원 곡선의 첫 번째 요소와 연결되어 있음을 증명하는 방법을 발견한 것이다. 하지만 남겨진 무한한 요소들도 증명해야만 하는 어려움이 있었다.

교착 상태에 빠진 그는 자신이 몰두하고 있는 진짜 연구가 무엇인지 드러나지 않도록 조심하면서 동료들에게 도움을 청했다. 아직 발표되지 않아 그의 레이더망에 들어오지 않은 수학 이론들을 아는지 물었다. 와일스의 스승이었던 존 코츠John Coates 는 그의 다른 제자 마테우스 플라흐Matheus Flach가 러시아 수학자 빅토르 콜리바긴Victor Kolyvagin의 기술을 확장하고 있다는 사실을 언급했다. 와일스는 "좀 더 발전시킬 필요는 있었지만 콜리바긴-플라흐 방식은 나에게 필요한 바로 그것이었다."라고 말했다.[7] 분명 답이 멀리 있지 않았지만, 그는 "내게 익숙하지 않은 정교한 요소들이 많이 개입되었다. 어려운 대수학 요소도 많아서 새로운 수학 분야를 공부할 필요가 있었다."라고 당시 상황을 설명했다.[8] 그래서 결국 그는 침묵을 깨기로 결심했다. 친구이자 동료 수학자인 닉 카츠Nick Katz 에게 비밀을 털어놓고 증명을 끝낼 수 있는 조언을 얻었다.

7년의 노력 끝에 드디어 그는 300년 넘게 그 어떤 수학자도 해결하지 못한 문제를 푸는 데 성공했다. 와일스는 BBC 다큐멘터리에서 그가 거둔 쾌거에 대해 이렇게 말했다. "내 경력에서 가장 중요한 순간이었다. 앞으로 내가 무슨 일을 하든, 그 무엇도 페르마의 마지막 정리를 증명한 것만큼 큰 의미가 있지는 않을 것이다."[9]

물론 페르마의 마지막 정리만큼 까다로운 문제는 흔하지 않다. 하지만 와일스의 이야기는 어려운 문제를 해결하는 원리에 대해 많은 것을 알려준다.

미로를 탐색하듯 문제 공간을 탐색하라

●

1972년 인지과학자 허버트 사이먼Herbert Simon과 앨런 뉴얼Allen Newell이
문제 해결의 정신적 과정을 살펴보는 역사적인 책《인간 문제 해결》
Human Problem Solving을 펴냈다. 그들은 피험자들에게 문제를 풀며 무슨
생각을 했는지 공유해 달라고 요청했고, 그들의 성과를 자신들의 연구
모델에 비교하면서 사람들이 까다로운 문제를 어떻게 푸는지 철저하게
관찰했다. 이들의 발견을 시작으로 수십 년 동안 같은 주제의 연구가
이루어졌고 체스, 글쓰기, 과학, 수학, 의학 등 다양한 분야에 적용되
었다.

사이먼과 뉴얼 이론의 핵심은 문제 해결이 '문제 공간'problem space(특
정 문제를 해결하려고 시도하는 동안 발생할 수 있는 모든 가능한 상태나 동
작, 전략들의 집합을 가리키는 개념—옮긴이)의 탐색이라는 점이다. 문제
공간이란 일종의 미로다. 미로에서 당신은 지금 어디에 있는지, 목적지
에 도착했는지를 알 수 있다. 하지만 그 과정에서 당신의 움직임은 벽
때문에 제한된다. 미로를 빠져나가기가 힘든 이유는 도착 지점까지 곧
장 걸어갈 수 없고, 이리저리 꼬인 길에서 출구에 이르는 경로를 찾아
야만 하기 때문이다.

미로에서 문제 공간은 물리적인 공간이다. 하지만 일반적으로 문제
공간은 추상적이다. 루빅큐브를 맞춘다고 생각해보자. 시작할 때는 한
면의 색깔이 제각각 뒤섞여 있지만 완성했을 때는 똑같은 색깔로 맞춰
져 있다. 당신이 취할 수 있는 움직임은 큐브를 뒤틀어 회전시키는 일
뿐이다. 여기서 문제 공간은 말 그대로 공간이 아니라 구성의 공간이

다. 큐브를 돌릴 때마다 문제의 상태가 답과 가깝게 바뀐다. 미로와 마찬가지로, 목표는 이 추상적인 공간을 탐색하고 처음부터 끝까지 가는 것이다.

페르마의 마지막 정리를 증명하는 것도 문제 공간을 탐색하는 일이었다. 와일스는 이전에 증명된 수학적 정리라는 시작점을 선택해야 했다. 그의 최종 목표는 방정식 $a^n + b^n = c^n$이 2보다 큰 n에 대한 해를 갖지 않는다는 진술을 작성하는 것이었다. 하지만 문제 공간에서의 모든 움직임은 이전 결과에서 나온 유효한 추론이어야 한다는 필수 조건이 그 과제를 어렵게 만들었다. 논리의 제약이 미로의 벽처럼 작용해서 아무 진술이나 마음대로 쓸 수 없었다. 와일스는 페르마가 옳았음을 확인하는 진술에 도달하기 위해 구불구불한 수학의 통로를 헤쳐 나가야만 했다.

일단 익숙해지기만 한다면 어느 영역에서든 문제 공간을 쉽게 발견할 수 있다. 흔히 과학자들은 새로운 법칙을 발견하기 위해 문제 공간을 뒤진다.[10] 출발점은 혼란스러운 데이터의 집합이고, 도착점은 데이터를 설명하는 이론이다. 문제 해결을 위해서는 데이터를 설명할 수 있는 가설 공간과 이론을 시험할 수 있는 실험 공간을 모두 탐색해야 한다. 건축가는 건물을 설계할 때 가능한 디자인의 문제 공간을 탐색하면서 비용과 공간, 건축 법규의 제약 조건에 들어맞는 디자인을 찾는 동시에 기능적·미적 가치를 최적화하기 위해 노력한다.

내가 이 장을 쓰는 일도 문제 해결 과정이었다. 출발점은 빈 문서였고 최종 목표는 내가 제시하고자 하는 아이디어를 설명하는 장을 완성하는 것이었다.

어려운 문제는 어떻게 다룰 수 있을까?

●

사이먼과 뉴얼의 연구에서 도출된 문제 해결 이론은 곧장 이런 결론을 내린다. 대부분의 문제는 해결할 수 없다고 말이다. 가능성의 공간이 너무 커서 해결책을 찾을 수 없다는 것이다. 영리한 방식을 쓰지 않고 무작위적으로 추측하는 것은 결코 효과가 없다. 쉽게 말해서 루빅큐브가 돌아가면서 생기는 조합은 무려 4,300경 개가 넘는다.[11] 이 모든 조합을 단 1초 만에 하나하나 탐색한다고 해도 우주의 나이보다 5,000배나 많은 시간이 필요하다는 의미다. 하지만 와일스의 과제는 이와 비교도 안 될 정도로 광활한 바다에서 항로를 정하는 일이었다. 루빅큐브를 맞추는 일은 컴퓨터 프로그램을 만들어 기계적으로 해결할 수 있지만, 수학 추론을 증명해 낼 장치를 만드는 일은 이론적으로 불가능하다. 그래서 와일스는 안전하게 반대편 해안으로 도착할 수 있다는 어떠한 보장도 없이 유한한 지식만 가지고 무한한 바다를 항해해야만 했다. 그 자신도 실패 가능성을 아주 잘 알고 있었다. 그는 "이 증명을 완료하는 데 필요한 방법은 100년 후에야 발명될 것이다. 내가 문제를 해결하는 올바른 길을 가고 있더라도 나는 잘못된 시대에 살고 있을 수 있다."라고 말하기도 했다.[12]

대부분의 문제 공간이 탐색하기에는 너무 크다면 우리는 어떻게 대처해야 할까? 사이먼의 대답은 '만족하기'다. 최선의 해결책을 찾으려고 고군분투하는 대신, 어느 정도 좋은 해결책을 선택하고 만족하는 것이다. 흔히 리더는 시급한 비즈니스 의사결정을 내리기 전에 모든 가능성과 정보를 탐색하지 않는다. 시간과 관심이 제한적이므로 어느 정도 괜찮은 선택지를 찾을 때까지만 탐색한다. 하지만 이렇게 최소한의 기준에 만족하는 선택에는 두 가지 단점이 있다. 첫 번째는 그럭저럭 좋은 대안을 선택하면 더 나은 대안을 결코 알 수 없다는 것이다. 문제가 예외적인 경우라면 그나마 괜찮을 수 있다. 하지만 똑같은 문제가 반복적으로 나타나는 경우, 그때그때 일시적인 해결책을 선택하면 결국 발전이 가로막힐 것이다. 독수리 타법으로 키보드를 입력하는 사람은 맡은 일을 그럭저럭 처리할 수는 있겠지만, 키보드를 보지 않고 가장 효율적이고 빠르게 입력하는 정석적인 타법을 배우기는 힘들어진다. 두 번째 단점은 그럭저럭 괜찮은 해결책을 찾는 일조차 꽤 어려울 수 있다는 것이다. 와일스는 증명의 우아함이나 분량은 어느 정도 타협할 용의가 있었지만 당연히 수학적 엄격성만큼은 그렇지 않았다. 투박하거나 장황한 정리는 그런대로 괜찮지만, 논리의 규칙에 어긋나는 정리는 절대로 용인되지 않기 때문이다.

기준을 낮추는 것 말고도 문제 해결의 어려움을 줄이는 또 다른 방법은 지식을 써서 다른 방향으로의 문제 해결 탐색 횟수를 제한하는 것이다. 이는 극단적인 경우에 문제 해결 자체를 완전히 제거해 버린다. 예를 들어 5 더하기 7의 답을 찾으려고 문제 해결을 위한 탐색 과정을 실행할 필요가 없다. 답이 12임을 기억해 내면 된다. 마찬가지로 우리가 일상생활의 대부분을 문제없이 지내는 것은 해결책을 기억 속에 저장해두었기 때문이다. 차를 운전하고, 병원 진료를 예약하고, 빨래를 하는 것 따위는 대부분의 성인에게 문제가 아니다. 해결책으로 가는 길을 기억하기 때문이다. 하지만 세탁기 사용법을 알아내는 것이 수수께끼를 푸는 것처럼 느껴졌던 적도 분명 있으리라. '세제를 어디에 넣어야 하지?', '어떤 옷을 같이 세탁하고, 어떤 옷을 따로 분류해야 하지?' 경험은 문제를 일상적인 습관으로 바꾼다.

어떤 경우에는 기억이 답을 제공할 수 없더라도 해결 방법을 제공할 수 있다. 우리는 128 더하기 47의 답을 직접적으로 기억하지는 못하지만 초등학교 때 배운 덧셈법을 써서 답이 175라는 것을 쉽게 알아낼 수 있다. 물론 모든 문제가 이렇게 편리한 알고리즘을 가지고 있는 것은 아니다. 수학자들은 이 사실을 예상하지 못했다. 1900년에 독일 수학자 데이비드 힐버트David Hilbert는 20세기에 해결해야 할 스물세 개의 수학 난제를 제시했다. 그중 하나가 페르마의 마지막 정리와 같이 방정식이 정수해를 갖는지를 판별하는 알고리즘을 제시하라는 문제였다. 70년 후, 수학자들은 그런 알고리즘이 존재하지 않는다는 사실을 증명했다![13] 힐버트가 엄선한 다른 문제들의 경우, 해결책을 확실히 찾을 수 있는 방법이 있지만 사실상 그것은 단순히 모든 가능성을 일일이 시험해보는 전략에 지나지 않았다. 스도쿠, 체스, 심지어 테트리스도 모두 이런 유형의 문제에 속하는 것으로 밝혀졌다.[14] 따라서 우리가 학교에서 배운 것은 사실이 아닐 수도 있다. 현실의 문제들은 대부분 정답을 보장하는 해결 방식이 존재하지 않기 때문이다.

어떤 해결 방식이 반드시 답을 보장하지 못해도 탐색의 양은 줄일 수 있다. 휴리스틱Heuristics(과거의 경험으로 문제를 다루는 실질적인 방법을 찾아내는 문제 해결 방식—옮긴이)의 경우, 완벽히는 아니지만 대체로 효과적이다. 기술적인 문제에 직면했을 때 장치를 껐다가 다시 켜는 것도 휴리스틱이다. 이 방법은 100퍼센트는 아니어도 놀라운 비율로 문제를 해결해 준다. 와일스에게는 적용할 수 있는 교과서적인 알고리즘이 없었다. 힐버트의 열 번째 문제가 해결되면서 그 사실이 분명해졌다. 하지만 와일스는 오랫동안 수학 과제를 연습하고 수행한 경험에서 얻은 휴리스틱을 많이 가지고 있었다. 예를 들어, 귀납법을 통한 증명은 어떤 속성이 무한대로 적용된다는 사실을 증명하고자 할 때 일반적으로 사용되는 수학 전략이다. 일단 어떤 속성이 하나의 명제에 사실임을 증명한 다음에 다른 명제에 적용해도 그 속성이 변하지 않는다는 것을 보여주면 된다. 이 방법은 실제로 무한한 확인을 거치지 않고도 마치 도미노를 넘어뜨리듯 모든 경우에 일괄 적용되는 사실임을 증명해 준다. 이 휴리스틱은 와일스의 증명에서 타원 곡선의 각 요소와 모듈 형태의 각 요소를 연결하는 데 필수적이었다.

또 다른 일반적인 수학적 휴리스틱은 불변량invariant을 찾는 것이다. 어떤 문제에서 변하지 않는 요소를 찾으면 그 문제를 어떻게 수정하든 기나긴 탐색 과정을 피할 수 있다. '훼손된 체스판' 문제를 생각해 보자 (다음 페이지 그림 3 참조).[15] 이 문제는 체스판의 왼쪽 맨 위 칸과 오른쪽 맨 아래 칸이 제거된 상태에서 도미노를 써서 그 위를 완전히 덮을 수 있도록 놓는 것이다. 두 칸이 빠진 체스판에는 총 62개의 칸이 남아 있고, 각각의 도미노가 두 칸을 덮으므로 언뜻 이 문제는 많은 탐색이 필요한 것처럼 보인다. 31개 도미노에 대해 아주 많은 조합을 시도해야 할 수도 있다. 만일 당신이 영리하다면 이 문제에서 불변량을 발견할 수 있다. 바로 각각의 도미노가 어떻게 배치되든 무조건 흰색 칸 하나와 검은색 칸 하나를 차지한다는 것이다. 제거된 칸 두 개가 모두 흰색 칸이라는 사실을 알아차렸다면 체스판 전체에 절대로 도미노를 놓을 수 없는 이유가 확실해진다. 즉 도미노 하나를 두 개의 검은색 칸에

그림 3

훼손된 체스판을 도미노로 완전히 덮는 일이 가능할까?

놓아야 한다는 뜻인데 방금 그것이 불가능하다는 사실이 증명된 것이다. 올바른 휴리스틱을 적용한 덕분에 기나긴 탐색을 불필요하게 하지 않을 수 있다.

귀납법을 통한 증명과 불변량의 탐색은 수학과 논리 분야 전체에 사용된다. 그러나 살면서 우리가 실제로 마주하는 문제들을 생각하면 그러한 해결 방식들은 매우 좁은 범위의 문제에만 효과적이다. 귀납법을 이해한다고 해서 초상화를 그리거나 마케팅 전략을 세우는 데 큰 도움이 되지 않는다. 심리학자들은 이런 식으로 제한된 범위의 문제에만 적용되는 방법을 '영역 특수적'domain-specific이라고 부른다. 그러면 여기서 흥미로운 질문이 떠오른다. 여러 종류의 문제에 효과적인 휴리스틱이나 전략이 과연 존재할까?

모든 종류의 문제에 통하는 전략이 있을까?

●

사이먼과 뉴얼은 사람들이 다양한 문제에 적용하는 포괄적인 문제 해결 전략을 다수 발견했다. 그들은 사람들이 구체적인 방법이 없는 경우에 대체 수단으로 그런 전략들을 사용한다고 주장하며, 이를 '약한 방법'weak method이라고 칭했다.[16] 문제 해결을 위한 탐색을 대폭 줄여주는 보장된 알고리즘이나 영역별 휴리스틱의 강한 방법들과 대조를 이룬다는 뜻이었다. 약한 방법에는 시행착오법, 수단-목표 분석, 계획, 언덕 오르기가 있다.

약한 방법① 시행착오법

사이먼과 뉴얼이 관찰한 결과, 피험자들이 가장 기본적으로 사용하는 문제 전략은 단순히 무언가를 시도하고 효과가 있는지 확인하는 방법이었다. 만약 로그인하려는 계정의 비밀번호를 까먹으면 대부분 과거에 사용한 적 있는 대여섯 개의 비밀번호를 쭉 입력해 본다. 운이 좋아서 그중 하나가 들어맞으면 비밀번호 재설정을 위한 더 광범위한 문제 해결 과정을 거칠 필요가 없다. 마찬가지로 열쇠를 찾을 수 없을 때는 먼저 열쇠를 놓아두었을 법한 장소를 몇 군데 무작위로 찾아본 후에 자신의 행적을 되짚어 본다. 에세이를 쓴다면 일단 아무렇게나 쓴 다음에 다듬으면서 글이 막히는 문제를 극복할 수 있다. 물론 무작위로 뱉어낸 내용이 아주 좋은 글은 될 수 없겠지만, 가장 먼저 떠오르는 소재라면 자신에게 꽤 익숙한 내용일 테니 결과물이 엄청나게 형편없지는 않을 것이다. 시행착오법의 명백한 단점은 문제 공간이 넓어지면 참사가 일어난다는 것이다. 시행착오법은 문제가 이미 통제된 영역이거나 추측을 통해 합리적인 답이 나올 수 있을 만큼 익숙한 문제일 때만 효과가 있다.

약한 방법② 수단-목표 분석

다른 보편적인 문제 해결 전략은 수단-목표 분석이다. 먼저 문제 공간에서 간극을 찾은 후, 그 차이를 줄일 수 있는 움직임을 찾는 것으로 시작하는 전후 추론 전략이다. 사이먼과 뉴얼이 제시한 다음의 예를 보자.

나는 아들을 유치원에 데려가고 싶다. 내가 가진 것과 원하는 것의 차이는 무엇인가? 거리이다. 무엇이 거리를 바꾸는가? 자동차다. 내 차는 시동이 걸리지 않는다. 차가 작동하려면 무엇이 필요한가? 새 배터리이다. 새 배터리는 어디에 있는가? 자동차 정비소에 있다. 나는 정비소에서 배터리를 교체해 주기를 원한다. 하지만 정비소는 내게 새 배터리가 필요하다는 사실을 모른다. 문제는 무엇인가? 의사소통이다. 무엇이 소통을 가능하게 하는가? 전화 등이다.[17]

수단-목표 분석은 목표와 문제를 오가면서 현재 상태와 목표 상태 사이의 차이를 관찰한 다음, 그 간격을 좁히는 적절한 방법을 찾는 방식으로 작동한다. 사이먼과 뉴얼의 예시가 보여주듯이 이 방법은 재귀적으로 반복될 수 있다.

약한 방법③ 계획

사람들이 문제 해결에 사용하는 또 다른 기본 도구는 계획이다. 계획은 더 단순한 문제 공간에서 문제를 새롭게 표현하는 것처럼 보일 수 있다. 더 단순한 공간에서 문제를 푼 다음에 그 접근법을 실제 문제로 일반화하는 것이다. 예를 들어, 나는 에세이를 쓸 때 개요를 작성하는 일에서 시작한다. 개요는 말하려는 요점만 포함하고 세부 사항은 전부 무시하므로 에세이의 단순 버전이라고 할 수 있다. 일단 계획하는 공간에서 문제가 만족스럽게 해결되면 나는 이를 참고해 본격적으로 에세이를 쓰는, 더 넓은 공간을 탐색할 수 있다.

약한 방법④ 언덕 오르기

안개에 둘러싸인 널따란 환경에서 가장 높은 지점을 찾는다고 가정해보자. 한 가지 전략은 가장 가파른 방향으로 걷는 것이다. 언덕 오르기는 이 개념을 문제 해결에 적용한다. 아무리 형편없더라도 잠정적인 해결책에서 시작한 다음, 시작점을 가장 많이 개선할 수 있는 방향으로 조금씩 조정하는 것이다. 어떤 유형의 문제는 가장 좋은 개선 방향을 따라가는 것만으로도 결국 최적의 지점에 도달할 수 있다. 앞에서 예로 든 에세이 쓰기에서 편집 과정이 바로 언덕 오르기에 해당한다. 글의 전체적인 품질을 개선하는 방향으로 계속 수정해 나가기 때문이다. 만약 루빅큐브를 맞출 때 언덕 오르기 방법을 쓴다면 큐브를 돌릴 때마다 각 면으로 분리되는 색깔의 수가 늘어나게 해야 할 것이다. 따라서 이 방법은 루빅큐브 문제에서는 실패하지만, 평소 우리가 자주 사용한다는 사실을 볼 때 내재적인 휴리스틱으로 작용한다는 것을 알 수 있다.

여기서 주의해야 할 사실이 있다. 이러한 약한 방법들은 널리 사용되지만 대부분 실패한다는 점이다. 시행착오법은 방대한 문제 공간에서 실패하고, 수단-목표 분석은 목표를 늘려서 문제를 추적하는 데 더 어려울 수 있다. 또 계획은 문제를 지나치게 단순화하기 때문에 이론상 효과적이지만 실제로는 실패하는 해결책을 가져올 수 있다. 그리고 언덕 오르기는 문제가 개선되기 전에 먼저 악화될 필요가 있는 상황에서는 실패한다. 우리가 퍼즐이라고 부르는 난제들은 약한 방법으로는 실패할 수밖에 없어서 휴리스틱의 유혹을 무시하는 것만이 유일한 해결 방법인 문제 유형이라고 할 수 있다. 예를 들어 '하노이 탑'은 막대 기둥 사이로 원반을 이동시키는 퍼즐이다(그림 4 참조). 모든 문제 공간은 스물일곱 가지 상태밖에 없으므로 시행착오법을 사용해도 괜찮을 것이다. 하지만 해결책에 도달하려면 약간의 연습이 필요하다. 원하는 최종 상태에 도달하려면 원반을 목적지에서 멀리 움직여야 하는 데다(이는

그림 4

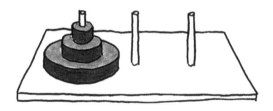

하노이 탑 퍼즐의 목표는 모든 원반을 맨 왼쪽 기둥에서 맨 오른쪽 기둥으로 이동하는 것이다. 원반은 한 번에 하나씩만 이동할 수 있고, 작은 원반 위에 큰 원반을 올릴 수 없다.

언덕 오르기 해결 방법을 위반한다) 다수의 중첩된 하위 목표가 필요하기 때문이다(따라서 수단-목표 분석이 더 복잡해진다).

약한 방법에 대한 좀 더 심오한 질문은 그 방법이 선천적인가, 후천적인가의 여부다. 심리학자 앙드레 트리코André Tricot와 존 스웰러John Sweller는 약한 방법을 학습하는 가능성에 대한 증거가 거의 없으며, 이는 사람들이 수단-목표 분석이나 언덕 오르기를 '본능적으로' 사용하는 경향이 있음을 보여준다고 주장한다.[18] 이 견해에 따르면, 일반적인 문제 해결 능력은 학습하거나 연습할 수 있는 것이 아니다. 따라서 우리는 일반적으로 문제를 다루는 더 나은 방법을 배울 수는 없지만 여러 상황에 적용하는 특정한 기술과 방법의 더 큰 총체를 습득할 수 있다. 말하자면 와일스가 페르마의 마지막 정리를 증명할 수 있었던 것은 그가 약한 방법을 광범위하게 실행했기 때문이 아니라 문제 공간을 확실하게 줄여주는 강한 방법의 방대한 집합체를 가지고 있었기 때문이었다. 하지만 페르마의 마지막 정리를 증명하게 해준 지식은 자동차 수리나 세금 신고에는 별로 도움 되지 않을 것이다.

거인들의 전략 위에 서라

문제 해결에서 우리는 두 가지 유형의 난관에 직면한다. 첫 번째 난관은 너무 어려워서 쩔쩔매는 문제가 다른 사람에게는 일상적인 수준에 불과할 때 발생한다. 이것이 바로 타인에게 배우는 어려움이다. 강한 방법에 능통한 전문가들이 문제를 쉽게 해결하기 위해 사용하는 방법은 무엇인가? 이러한 지식이 없으면 문제를 해결하는 과정은 길어지고, 실패 확률도 높을 수밖에 없다. 만약 자신이 가진 해결 능력에서 너무 멀리 벗어나지 않은 문제라면 약간의 노력으로 답을 찾을 수 있을지도 모른다. 하지만 문제 공간이 너무 넓을 경우, 절대로 최선의 접근법에 닿을 수 없다.

두 번째 난관은 세상 모든 개인의 문제 해결 능력을 초월하는 미지의 개척지로 들어갈 때 발생한다. 이것이 바로 와일스가 페르마의 마지막 정리를 증명하려고 했을 때 마주한 난관이었다. 그는 3세기가 넘도록 그 어떤 수학자도 발견하지 못한 문제의 해결책을 찾아야 했다. 와일스가 방대한 문제 공간을 헤쳐나가 결국 답에 이르는 길을 찾을 수 있었다는 사실로 보아 어쩌면 페르마 자신도 정확한 증명을 알지 못했을 가능성이 커 보인다. 혹은 코시나 라메처럼 미처 오류를 발견하지 못한 채 증명해 냈다고 착각했을 수도 있다. 아니면 페르마의 증명법이 너무 획기적이고 창의적이어서 내로라하는 현대 수학자들조차 몇 백 년 동안 밝히지 못했는지도 모른다. 어느 쪽이든 그 지식은 페르마와 함께 죽었기에 와일스는 그의 수학적 항로를 찾기 위해 미지의 세계로 들어가야만 했다.

보통 사람들은 와일스가 풀어야 했던 수준의 어려운 문제를 마주할 일은 없을 것이다. 하지만 모든 상황은 고유하므로 문제 해결의 필요성은 여전히 존재한다. 인류 역사상 한 번도 언급된 적 없는 무언가를 쓴다면 당신에게 필요한 것은 한두 문장뿐일 것이다. 지금까지 세상에 나온 에세이와 노래, 건물들은 모두 새로운 문제로, 과거의 해결책에서 단순히 복사해 낼 수 있는 것들이 아니다. 그러나 대다수의 문제가 새로운 것일지라도 그 문제를 해결하는 최선의 지식은 그렇지 않다. 문제 공간을 더 멀리까지 바라보고 탐색하기 위해서 우리는 앞서 나아갔던 거인들의 강한 방법 위에 서야 한다.

올바른 탐색을 위한 3가지 교훈

•

많은 심리학자가 일반적인 능력으로서의 문제 해결이 학습이나 연습이 가능한가에 대해 부정적인 시선을 보낸다. 약한 방법은 보편적인 행동 으로 보이지만, 숙달하기 위해서는 전문가의 특정한 지식과 방식을 습 득할 필요가 있다. 일반적으로 문제 해결 능력은 나아질 수 없지만, 지 금까지 발견된 문제 해결 이론이 제시하는 몇 가지 실용적인 교훈을 소 개하고자 한다.

교훈① 우선 문제를 올바르게 표현하라

문제 해결의 어려움에서 탐색은 절반에 불과하다. 나머지 절반은 살 펴봐야 할 최적의 문제 공간이 무엇인지 알 수 있도록 문제를 올바르게 표현할 방법을 찾는 것이다. 사이먼과 뉴얼의 획기적인 연구 이전에 게 슈탈트 심리학자들도 문제 해결을 주제로 탐구했다.[19] 하지만 그들의 초점은 피험자들이 어떻게 문제를 인식하고, 또 그 인식이 통찰력 있는 해결책을 이끄는가, 혹은 억제하는가로 향했다. 예를 들어, 유명한 아 홉 개 점 퍼즐을 생각해 보자(다음 페이지 그림 5 참조). 연필을 떼지 않 고 종이 위에 그려진 아홉 개의 점을 모두 연결하는 네 개의 직선을 그

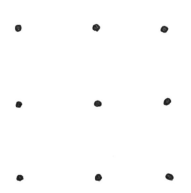

아홉 개의 점 퍼즐. 연필을 떼지 않은 채 네 개의 직선만으로 아홉 개의 점을 모두 연결한다.

리는 것이다(풀이의 답은 318쪽에 있다).[20]

　이 퍼즐을 푸는 데 성공했는가? 기억하라. 핵심은 문제 공간을 어떻게 탐색하는가가 아니라 어떻게 표현하는가다. 만약 초기에 실수로 성공적인 답이 가능성에서 제외된다면 아무리 철저하게 탐색해도 답을 놓칠 것이다. 혼란스러운 실생활에서의 문제 해결은, 문제 공간을 탐색하는 것과 다루기 쉬운 새로운 문제 표현 방법을 찾는 것 사이를 오가는 일이 포함된다. 새로운 프로젝트를 시작할 때는 유능한 사람들이 그 문제를 어떻게 생각하는지부터 살펴보라. 그들은 무엇을 문제 공간으로 보는가? 문제 해결을 위해 당신이 선택할 수 있는 중요한 움직임은 무엇인가? 문제에 대해 생각하는 법을 안다고 반드시 해결책을 찾을 수 있는 것은 아니지만, 필수적인 첫 단계다.

교훈② 해결 가능성 있는 문제를 찾아라

해결할 수 없는 문제가 많다는 사실이 알려주는 깨달음이 있다. 바로 불가능한 문제에 뛰어들지 말라는 것이다. 안타깝지만 해결할 수 있는 문제가 무엇인지 알아내는 일조차 해결할 수 없는 문제다! 해결책은 바로 코앞에 있을 수도 있고 100년간 아무 보람 없이 애쓰기만 할 수도 있다. 어떤 문제가 정말로 해결 불가능한지 정확히 알 수는 없지만 경험을 통해 더 나은 추측을 할 수 있다. 와일스가 페르마의 마지막 정리를 증명하려는 노력을 시작한 것은 프라이가 타니야마–시무라 추론을 언급했을 때였다. 그때 문제가 해결될 시기가 무르익었다고 판단한 것이다. 기업가나 과학자, 발명가는 모두 가까운 미래의 기술 발전 수준을 예측할 때 철저히 계산된 도박을 한다. 문제 공간 속 미지의 영역으로 얼마나 멀리 나아가야 할지 정확히 알지 못하더라도 말이다.

해결 가능성 있는 문제를 발견하는 가장 좋은 방법은 최전방에서 적극적으로 도전하는 사람들과 함께 일하는 것이다. 회사나 연구소, 또는 어떤 분야에서 새롭게 기여하고 있는 집단과 함께 일할 때 얻을 수 있는 이점이 있다. 문제 공간에서 무엇이 탐구하기에 무르익었고, 또 무엇이 즉각적인 성과를 거둬들일 가능성이 낮은지에 대해 강력한 힌트를 발견할 수 있다는 점이다.

교훈③ 문제 공간은 한 번에 하나씩 탐색하라

와일스는 자신이 수학에 접근하는 방법을 이렇게 설명했다.

수학에 관한 내 경험을 가장 잘 표현하는 말은 캄캄한 저택에 들어가는 일과 같다는 것이다. 첫 번째 방에 들어가면 완전히 캄캄하다. 그 안에서 가구에 부딪혀 비틀거리기도 하지만 서서히 모든 가구의 위치를 알게 된다. 6개월 정도 지나면 조명 스위치까지 찾을 수 있다. 조명을 켜면 갑자기 사방이 환해지고, 내가 있는 곳이 정확하게 보인다.[21]

다음 장에서 자세히 살펴보겠지만, 주변에 보고 배울 사람이 전혀 없고 익숙하지 않은 문제 공간에서 길을 찾아야 할 때는 먼저 문제를 해결하려고 시도하기보다 공간을 탐색하는 것이 도움이 된다. 와일스는 낯선 수학 분야에 접근하기 위해 다른 이들이 발견한 수학 도구로 자신을 무장했고, 그 도구가 자신의 풀이 방식에서 익숙하게 자리 잡을 때까지 상당한 시간을 들여 적용했다.

문제 공간의 탐색은 특정 목표에 도달하려는 의도 없이 단순히 무언가를 시도하고 관찰하는 일로 시작한다. 이때 목표는 구체적인 무언가를 이루는 것이 아니라 새로운 강한 방법들로 이어질 수 있는 패턴에 주의를 기울이는 것이다. 만약 화가가 판매할 작품을 그리기 위해서가 아니라 그저 '어떤 일이 일어나는지 보기 위해' 다양한 기법을 시도한다면 형편없는 작품이 많이 나올 것이다. 하지만 그렇게 하다 보면 가끔은 작품에 독특한 느낌을 살려주는 기법을 우연히 발견할 수도 있다.

문제 해결 원리를 아는 것이 먼저다

●

사이먼과 뉴얼의 초기 연구는 사람들이 어려운 문제를 해결하는 방법에 초점을 맞추었다. 그들은 문제를 어떻게 해결하는가를 이해하는 것이 문제 해결 방법을 어떻게 배울 수 있는가를 이해하기 위한 전제 조건이라고 보았다. 즉 기술을 수행하는 방식을 알아야 기술을 배우는 방법을 알아낼 희망이 있다고 본 것이다.[22] 제2장에서는 우리가 문제를 어떻게 해결하는가에서 문제 해결을 어떻게 배우는가로 넘어간다. 인간 심리의 별난 성질이 이 과정의 가장 중요한 한계로 작용한다는 사실을 알게 될 것이다.

제2장

창의성은 모방에서 시작한다

규칙은 천재의 족쇄가 아니다. 그것은 천재가 아닌 사람들의 족쇄다. _조슈아 레이놀즈 Joshua Reynolds, 화가[1]

- 해결 방법을 배우지 않고 문제를 해결할 수 있는가?
- 창의성은 타인의 아이디어를 빌리는 일에 얼마나 좌우되는가?
- 모방은 얕은 이해로 이어지는가?

2017년 11월, 레오나르도 다빈치의 〈살바토르 문디〉가 4억 5,000만 달러 이상의 금액에 팔리면서 역대 가장 비싸게 팔린 작품이라는 신기록을 세웠다. 이는 2015년에 1억 8,000만 달러가 조금 안 되는 금액에 팔린 파블로 피카소의 〈알제의 여인들〉보다 두 배가 넘는 금액이었다.[2] 다빈치의 작품이 천문학적인 금액에 팔렸다는 건 놀라운 일이 아니다. 그가 평생 남긴 완성작이 워낙 많지 않기 때문이다. 루브르박물관에서 매일 엄청나게 많은 관객을 끌어들이는 〈모나리자〉부터 불가사의한 묘사가 돋보이는 〈최후의 만찬〉까지, 현존하는 그의 완성작들은 걸작으로 널리 인정받고 있다. 열정적으로 숭배받는 미술가는 다빈치만이 아니다. 보티첼리, 라파엘로, 티치아노, 카라바조와 미켈란젤로 모두 거장 화가라는 지위를 누릴 자격이 있다. 사람들은 그들의 천재성에 주목하지만 나는 그들의 훈련 방식에 관심을 기울이고자 한다.

르네상스 시대의 미술 교육은 도제 모델을 따랐다. 초보자들이 12∼13세의 나이에 대가의 작업실에 들어갔다. 이탈리아 화가 첸니노 첸니니Cennino Cennini는 15세기로 접어드는 시기에 도제 시스템을 다음과 같이 묘사했다.

> 배움에 이보다 더 적은 시간을 할애해서는 안 된다. 처음 1년 동안은 상점의 심부름꾼으로 시작하고, 작은 널빤지에 그림 그리는 연습을 한다. 그다음에는 장인 밑에서 일하며 직업과 관련된 모든 영역의 작업을 6년이라는 긴 시간 동안 배운다. (…) 그리고 다음 6년간 그림에 대한 경험을 쌓으면서 매염제로 장식하고, 금을 써서 천을 만들고, 벽에 작업하는 연습을 한다. 휴일이든 평일이든 쉬지 않고 항상 그림을 그린다. 이렇게 많은 연습을 통해 재능이 진짜 능력으로 발전한다.[3]

도제들은 주제와 매체의 체계적인 순서를 따라가면서 서서히 해당 기술을 익혔다. 우선 명작을 베꼈다.[4] 이를 통해 초보자는 숙련자가 빛과 형태를 얼마나 능숙하게 옮겼는지 면밀히 연구할 수 있었다. 그다음에는 조각상의 석고 모형을 보고 그렸다. 3차원의 물질을 2차원으로 표현하는 어려움이 더해졌지만 앉아 있는 동안 움직일 수 있는 실제 모델을 그리는 데 따르는 어려움을 피할 수 있었다. 주변의 사물을 보고 그릴 때쯤에는 도제들은 이미 기본을 충분히 숙달한 상태에서 자세나 표정 같은 미묘한 부분에 주의를 기울일 수 있었다. 예술적 매체도 비슷한 변화 과정을 거쳤다. 목탄화로 시작해 흑백의 음영을 써서 그리는 그리자유grisaille, 마지막으로 유화나 템페라 물감으로 채색한 그림으로 나아갔다.

명작을 모방하는 것은 미술 교육의 중추를 이루었다. 다빈치도 제대로 된 순서대로 공부해야 한다며 이렇게 주장했다. "그림 그리는 법을 배우는 순서는 먼저 대가들의 드로잉을 따라 그리는 일에서 시작해야 하고, 그 기술을 습득한 뒤에는 스승의 비평 아래서 부조를 이용해 사물을 훌륭하게 그리는 연습을 해야 한다."[5] 모방에 많은 시간을 들인다는 관점 자체가 예술적 훈련에 대한 현대의 인식과는 상반되는 것처럼 보인다. 예술가들은 독창성의 원천이어야 하고, 반복적인 훈련은 창조적인 정신을 죽인다고 여기는 인식 말이다. 하지만 모방 훈련이 널리 퍼져 있었던 시대의 예술가들이 오히려 놀랍도록 독창적인 작품을 내놓은 경우가 많다. 르네상스 시대의 훈련법은 분명 성공적이었지만, 오늘날에는 시대에 뒤떨어진 방법이다. 그 이유를 이해하려면 예술적 훈련 방법이 거쳐온 역사를 간단히 살펴볼 필요가 있다.

학습 vs. 창의성, 무엇이 우선인가
•

서양 미술 교육의 역사는 그리스에서 시작된다. 고대 그리스인들은 예술을 칭송했으나 예술가는 찬양의 대상이 아니었다. 시각예술은 귀족 사회를 지탱했던 노예보다 살짝 높은 장인 계급이 속한 분야였다. 시와 철학은 엘리트 구성원을 위한 학문이었지만[6] 그림은 그렇지 않았다. 이러한 태도는 예술적 생산이 길드 체제로 통제되었던 중세 시대까지 계속되었다. 다빈치와 미켈란젤로 같은 화가들이 등장한 르네상스 시대에 이르러서야 미술가의 지위가 단순한 공예 노동자보다 높아졌다. 이러한 인식 변화에 중요한 역할을 한 사람이 르네상스 화가이자 미술사학자 조르조 바사리Giorgio Vasari다. 그의 저서 《뛰어난 화가, 조각가, 건축가들의 생애》Lives of the Most Excellent Painters, Sculptors and Architects는 미술가의 이미지를 학자나 철학자와 동등한 지식인으로 창조했다. 이를 실현하기 위해 1561년에 바사리는 코시모 데 메디치Cosimo de' Medici를 설득하여 피렌체에 최초의 미술 아카데미를 설립했다.

하지만 미술가의 지위 상승은 미술 분야에 역설적인 영향을 미쳤다. 이에 대해 미술교육사학자 아서 이플랜드Arthur Efland는 이렇게 밝혔다. "미술가가 천재의 지위에 오르자 교육에 관한 새로운 질문이 제기되었다. '천재를 어떻게 가르칠 것인가?', '잠재적 천재를 한낱 도제처럼 교육하는 것이 과연 적절한가?'"[7] 이러한 갈등은 낭만주의 운동 시기에 더욱 커졌다. 철학자 장 자크 루소는 미술 훈련 방법을 제안하며 이렇게 말했다. "나는 그림 선생을 제공하지 않을 것이다. 그들은 복제본을 베끼고, 다른 그림을 보고 따라 그리는 일밖에 시키지 않을 것이다. 오직 자연이 유일한 스승이어야 하고, 사물이 유일한 모델이어야 한다."[8] 이러한 태도는 19세기 오스트리아 빈의 미술교육자이자 창조적 자기표현 운동의 옹호자인 프란츠 치젝Franz Cižek에 의해 더욱더 과장되었다. 이플랜드는 "치젝은 어른의 영향을 피해야 한다는 측면에서 루소와 비숫하다고 여겨졌지만, 다른 측면에서는 더 극단적이었다. 다시 말해 루소는 어른의 지도가 어느 정도 필요하다고 인정한 반면, 치젝의 수업은 일반적인 교수법을 전혀 따르지 않았다."라고 지적했다.[9] 다빈치의 시대에는 거의 없던 창의성과 장인정신의 이러한 갈등은 오늘날까지도 계속되고 있다. 예술가이자 교육자인 줄리엣 아리스티데스Juliette Aristides가 이 상황을 이렇게 설명한다. "오늘날 예술 분야에서 역사 교육과 예술 훈련을 천재성과 정반대의 영역으로 여기는 경우가 많다. 떠오르는 예술가들은 종종 역사와 노동에서 단절된 채 천상의 지식을 직접 펼쳐낼 것으로 기대된다. 그러나 개인의 본능이 교육보다 더 우선시되면 예술가는 그의 열정이 수행 능력보다 더 앞서는 청소년기에 영원히 갇힐 수 있다."[10]

독창적인 작품을 만들기 전에 인내심을 가지고 본보기를 통해 배우는 것은 고전적인 미술 교육의 핵심이었다. 이러한 본보기의 중요성은 미술 분야의 기술에서만 국한되는 것이 아니다. 놀랍게도 인지심리학자들은 본보기 연구가 혼자 문제를 해결하는 것보다 더 유용한 기술로 이어질 수 있다는 사실을 발견했다.

문제를 혼자 무작정 풀면 안 된다

•

미국 심리학자 스키너가 남긴 유명한 말이 있다. "과학적 방법론자들이 인정하지 않는 첫 번째 원칙은 흥미로운 대상을 마주쳤을 때 만사를 제쳐 두고 그것을 연구하라는 것이다."[11] 1980년대 초, 심리학자 존 스웰러가 실험에서 이상한 결과를 마주했을 때 이 격언을 떠올렸을지도 모르겠다. 그는 당시의 상황을 이렇게 회상했다. "학부생들을 대상으로 문제 해결에 관한 실험을 했다. 피험자들은 문제에 주어진 숫자를 목표 숫자로 바꿔야 했다. 이때 3을 곱하거나 29를 빼는 두 가지 행동만 허락되었다."[12] 예를 들어, 숫자 15는 16으로 만들 수 있다. 처음에 15에 3을 곱하면 45가 되고, 그다음에 29를 빼면 16이 된다. 스웰러는 해당 실험 결과를 설명했다. "모든 문제에는 가능한 해결책이 하나밖에 없고, 그 해결책은 3을 곱하고 29를 빼는 행동을 특정 횟수만큼 번갈아가면서 하는 것이었다. 학부생들은 이 문제를 매우 적은 실패로 비교적 쉽게 풀 수 있다고 생각했는데, 그들이 찾은 해결책에는 무언가 이상한 점이 있었다. 모든 문제는 이 교대 순서로 풀어야 해결되는데 그 규칙을 깨달은 학생이 극소수뿐이었다. 즉 학부생들이 어떻게 문제를 해결했든, 이는 교대 순서 규칙을 학습한 덕분은 아니었다."

어떻게 학생들은 문제를 풀었음에도 그들이 문제 해결에 사용한 방식을 배우지 못했을까? 마침 이 실험은 사이먼과 뉴얼의 문제 해결 연구 논문이 발표된 직후에 시행됐고, 스웰러가 그 연구를 토대로 조사한 결과 가장 의심스러운 범인을 발견했다. 바로 수단-목표 분석이었다. 이것은 사이먼과 뉴얼이 많은 연구에서 발견한 약한 방법 중 하나였다. 현재 위치와 달성하려는 목표 사이를 왔다 갔다 하면서 격차를 줄이는 수단을 찾는 것이다. 이 전략은 효과적이지만 문제의 여러 측면을 동시에 계속 신경 써야 한다. 이처럼 정신적인 간접비용이 들다 보니 미래에 비슷한 문제를 해결하기 위한 절차를 일반화하는 데 쓸 능력이 충분히 남지 않을 수도 있다. 이에 스웰러는 "학생들이 학업의 맥락에서 문제를 풀 때도 같은 과정이 적용될 수 있다. 어쩌면 학생들에게 스스로 문제를 풀게 하지 말고, 문제를 푸는 방법을 보여주는 편이 더 낫지 않을까?"라고 지적했다.[13]

그래서 그는 시도해 볼 만한 실험 하나를 떠올렸다. 만약 문제를 푸는 과정에서 수단-목표 분석을 억제할 수 있다면 학생들이 인지 능력에 여유가 생겨서 자신의 행동에서 배움을 얻을 수 있다고 예상했다. 그와 동료들은 그 예상이 사실인지 확인해 보기 위해 삼각법 퍼즐을 포함한 일련의 실험을 진행했다.[14] 각도와 선의 길이가 포함된 퍼즐들에는 일반적으로 몇 개의 미지수가 있다. 초보자에게 심리적인 부담도 매우 크다. 빠진 수치를 찾으려면 수단-목표 분석이 많이 필요했다. 스웰러는 우선 학생들을 두 그룹으로 나누었다. 한 그룹에는 일반적인 각도 구하기 문제가 주어졌다. 나머지 그룹도 똑같은 퍼즐을 받았지만 미지수를 최대한 많이 찾으라는 요청이 함께 주어졌다. 문제 공간에서 너무 멀리 떨어진 목표가 없기에 학생들은 더 이상 수단-목표 분석을 사용할 필요가 없었고, 덕분에 문제 공간을 자유롭게 탐색할 수 있었다. 간단한 연습 시간 이후 스웰러는 학생들에게 새로운 문제를 주었다. 도표에서 빠진 각도를 구하는 대신, 사인sines과 코사인cosines의 값을 제시하고 도표를 그리도록 했다. 학생들이 단순히 답을 암기하는 것이 아니라 삼각법 퍼즐의 패턴을 얼마나 잘 이해했는지 알아보려는 것이었다. 그러자 완전히 다른 결과가 나왔다.[15] 목표가 없는 조건에서 학생 열 명 중 여덟 명이 새 기하학 문제를 풀었다. 전통적인 문제 해결에서는 단 세 명만 풀었는데 말이다.

무목표 문제Goal-free problems는 수단-목표 분석이 우리의 인지 능력에 부과하는 부담을 없애주지만 확실한 단점도 있다. 문제 공간이 너무 넓으면 쉽게 길을 잃는다는 것이다. 스웰러는 해결된 예제worked example 형태로 된 대안을 발견했다. 해결된 예제는 답이 있는 문제를 말한다. 해결자가 답에 이르기까지 거친 중간 단계가 다 담겨 있다. 스웰러는 다시 그의 직감을 시험했다. 이번에는 대수학 문제를 사용했다. 실험의 한 그룹은 답이 나온 대수학 문제의 해결된 예제를 연구했고 같은 유형의 문제가 주어졌다. 다른 그룹은 해결된 예제 없이 스스로 문제를 풀었다. 후자의 그룹, 즉 문제 해결 그룹에서 5분이 지나도 답을 찾는 데 실패한 학생들에게는 전자의 그룹처럼 해결된 예제를 보여주었다. 덕분에 문제 해결 그룹은 해결된 예제를 학습한 그룹처럼 많은 답을 찾을 필요가 없어져서 저조한 성적이 나오지 않을 수 있었다. 유사한 문제 시험에서 두 그룹은 거의 비슷한 결과를 보였다. 하지만 새로운 문제 형식이 제시되었을 때는 해결된 예제를 학습한 그룹의 75퍼센트가 풀 수 있었던 반면, 문제 해결 그룹은 단 한 명도 풀지 못했다.[16] 문제 해결 그룹이 훈련에 세 배나 많은 시간을 쏟았는데도 더 저조한 결과가 나온 것이다.

스웰러의 실험에서 무목표 문제와 해결된 예제 효과가 반복적으로 나타났는데 이는 당시의 일반적인 직관에 어긋나는 결과였다. 그래서 그는 "그때는 문제 해결이 학습 방법으로 효율적인가에 의문을 제기하는 논문을 발표하기에는 최악의 타이밍이었다."라고 말했다. 사이먼과 뉴얼의 연구 이후로 문제 해결 연구는 심리학과 인공지능 분야에서 새로운 정점에 이르렀다. 스웰러는 이와 관련하여 이렇게 설명했다. "대부분의 분야가 문제 해결의 유행에 편승했다. 반면 해결된 예제 연구는 적대적인 대우를 받았다. 더 정확하게 말하자면 무시되었다. 그런 상황은 약 20년 동안 계속되었다."[17]

  스웰러의 연구가 처음에는 논란이 되었을지 몰라도, 이 연구 결과의 토대를 이루는 인간의 정신적 특징은 그렇지 않았다. 많은 연구자가 우리 정신이 한꺼번에 보유할 수 있는 정보의 양이 매우 제한적이라는 사실을 20세기 내내 알고 있었다. 마음의 병목 현상을 어떻게 이해해왔는가에 대한 역사는 '7±2'에서 시작된다.

인간의 머리가 소화할 수 있는 용량

하버드대학교 심리학자 조지 밀러George Miller는 1956년에 발표한 유명한 논문의 첫머리에 이렇게 적었다. "정수는 나를 괴롭혔다. 이 숫자는 다양한 모습으로 위장한다. 평소보다 클 때도 있고 작을 때도 있지만, 알아볼 수 없을 정도로 변하는 경우는 절대로 없다."[18] 밀러는 얼핏 서로 관련이 없어 보이는 다양한 실험을 제시하며 마법의 숫자 7±2를 소개한다. 이를테면 음높이에 따라 음을 구분하는 실험에서, 사람들은 보통 두세 개의 음이 있을 때는 잘 구분하지만 여섯 개가 넘어가면 실수가 크게 늘었다. 음량 역시 약 다섯 개 정도의 음량만 잘 구분했다. 하지만 이 마법의 숫자는 소리를 구분할 때만 나타나는 것이 아니다. 이 숫자는 미각 테스트에서 물의 염분을 판단하거나, 시각적으로 인식되는 사각형의 면적을 파악하거나, 색깔 변화를 인식하는 실험에서도 나타났다. 또 마법의 숫자는 지각 구분에서만 적용되는 것도 아니다. 기억 실험에서도 숫자든 단어든, 일곱 가지 이상의 항목을 기억해야 할 때 마찬가지로 피험자들의 수행 능력이 낮아지는 모습이 관찰됐다. 밀러는 이 마법의 숫자가 절대 우연이 아니며 인간이 한꺼번에 기억할 수 있는 양은 근본적으로 한계가 있다고 지적했다. 즉 인간의 생각에는 병목 현상이 있다는 것이다. 밀러는 병목의 용량에 대한 증거도 제시했다(심리학자 넬슨 코완Nelson Cowan은 〈마법의 숫자 4〉The Magical Number 4라는 논문에서, 밀러가 숫자 7을 제시했으나 이는 과장된 수치일 수 있다고 주장했다. 현대 심리학자들이 신중하게 측정한 데이터에 따르면 마법의 숫자는 4에 더 가깝다).

밀러의 발견과 같은 견해들은 인간의 정신이 정보를 처리하는 방법에 대한 수많은 이론으로 이어졌다. 이를테면 1968년 심리학자 리처드 앳킨슨Richard Atkinson과 리처드 시프린Richard Shiffrin이 제안한 이론이 있는데, 일명 '인간 기억의 모달 모델'modal model of human memory이다.[19] 이 모델에 따르면 인간은 감각 정보(눈에 보이는 모습, 귀에 들리는 소리, 몸에서 느껴지는 감각)를 동시에 처리하는데, 이 모든 다양한 정보가 생각에서 활성화되려면 좁은 병목 지점을 통과해야만 한다. 이 단기 저장소는 장기 기억과 연결되어 있다. 장기 기억이란 우리가 그 내용을 적극적으로 떠올리기 전까지 휴면 상태에 머무르는 평생 지식과 경험의 저장소이다. 나중에 심리학자 앨런 배들리Alan Baddeley와 그레이엄 히치Graham Hitch는 모달 모델의 단기 기억과 그 내용을 조작하고 변형하는 능력을 합쳐서 작업기억working memory 이론을 제안했다. 말하자면 모든 생각은 이 좁은 의식의 창에서 일어나고, 외부의 감각 정보와 오래된 과거 경험은 대부분 걸러낸다는 것이다.

생각이 이렇게 제한적으로 이뤄진다면 실제로 어떻게 기능하는 것일까? 밀러는 논문에서 제약이 느슨해질 수 있는 한 가지 가능성을 지적했다. 그는 실험에서 병목 현상이 정보의 양이 아니라 항목의 가짓수에 국한된다는 사실을 발견했다. 예를 들어 알파벳 N, U, F, H, S, B, L, A, I를 기억해야 한다고 해보자. 대부분의 사람은 한꺼번에 다 기억하기가 힘들 것이다. 하지만 이 알파벳들을 FBI, USA, NHL로 재구성하면 미연방조사국, 미국, 북미아이스하키리그를 기억하는 데는 큰 어려움이 없다. 두 가지 표현 모두 똑같은 알파벳이 들어 있지만 후자는 의미 있는 덩어리들로 재구성되었다. 과거의 경험을 활용해 묶은 이 덩어리들은 밀러의 마법의 숫자 상한값인 아홉 개의 알파벳을 쉽게 기억할 수 있게 돕는다. 이처럼 우리는 복잡한 패턴의 정보를 조합해서 제한된 작업기억을 극복할 수 있다. 각각의 패턴은 하나의 문제 공간만 필요로 하므로 정확히 똑같은 문제와 해결 방식에 대해서도 전문가가 느끼는 작업기억의 부담은 초보자가 느끼는 수준과 전혀 다르다.

1995년에 심리학자 안데르스 에릭슨과 월터 킨치Walter Kintsch는 인간 마음의 병목 현상을 해결하는 또 다른 방법을 제안했다.[20] 단기 과제를 다룰 때는 경험이 장기 기억을 더 효율적으로 쓸 수 있도록 돕는다는 것이다. 앳킨슨과 시프린의 모델에서 장기 기억은 삶의 모든 기억이 저장된 무한대에 가까운 저장소다. 작업 기억의 병목 현상과 달리 장기 기억은 거대한 저장고다. 하지만 장기 기억은 대부분 비활성화 상태에 머물러 있다. 우리는 기억 어딘가에 문제에 대한 답을 가지고 있을 수 있지만, 이를 적절한 시기에 불러내지 못한다면 존재하지 않는 것이나 마찬가지다. 에릭슨과 킨치는 일상적인 과제를 통해 우리는 병목 현상이 보통 허용하는 것보다 더 많은 정보를 기억하게 해주는 인출 신호를 만드는 법을 배운다고 주장했다. 킨치는 이야기의 이해력을 그 증거로 제시했다.

그 내용을 살펴보면 피실험자들이 증기기관의 개발에 대한 이야기를 읽는다.[21] 이때 한 문장마다 주의를 산만하게 하는 문장이 삽입되어 있다. 의미 없는 단어나 숫자를 사용하는 전통적인 기억 실험에서는 그런 방해물들이 우리가 기억하려고 하는 것을 빠르게 지워버릴 것이다. 그래서 전화번호를 외울 때는 번호를 누르기 전에 끊임없이 되뇌어야 한다. 덩어리가 아닌 정보 패턴은 그 어떤 방해에도 쉽게 지워져 버릴 수 있기 때문이다. 하지만 이야기 조건에서 정보를 취한 피험자들은 최소한의 방해 속에서 내용을 기억할 수 있었다. 이는 그들이 이야기의 일부를 영구적인 기억으로 바꾸고, 끊긴 곳에서 다시 시작할 수 있는 기억 인출 신호를 만들어냈음을 뜻했다.

밀러의 정보 덩어리화 방식과 에릭슨과 킨치의 이론은 모두 중대한 한계가 있다. 광범위한 연습이 선행되어야 실행 가능하다는 것이다. 우선 정보 덩어리가 조립되어야 한다. 우리가 태어날 때부터 FBI나 USA 같은 약어를 알고 있는 것은 아니며 북미 거주자가 아닌 사람들은 NHL을 모를 수도 있다. 효율적인 정보 덩어리가 없는 초보자는 전문가보다 더 많은 작업기억의 항목을 이리저리 탐색해야만 한다. 마찬가지로 능숙한 독서가들은 초보자와 달리 책의 내용을 추적할 수 있는 메커니즘을 가지고 있다. 스웰러의 연구처럼 초보자들은 이미 숙련된 사람들보다 작업기억의 제약이 더 심하다.

정보의 과부하를 경계하라

•

스웰러의 초기 실험 이후 40년 동안 다양한 연구자가 작업기억이 학습에 미치는 또 다른 영향을 연구했다. 이 연구들이 합쳐져 인지 부하 이론cognitive load theory이 되었다. 이는 작업기억 공간의 최적화가 교육자와 학습자 모두에게 핵심 사안이라고 주장하는 내용이다.

인지 부하 이론의 핵심적 구분은 내재적 인지 부하와 외재적 인지 부하다.[22] 내재적 인지 부하는 학습에 수반되는 필수적인 정신적 노력을 말한다. 학생들은 해결된 예제를 활용하려면 그 내용을 공부할 필요가 있고, 이 정신적 개입에는 당연히 정신적 에너지가 필요하다. 반면 외재적 인지 부하는 학습과 직접적으로 관련 없는 모든 정신적 노력을 말한다. 목적지에 도달하기 위해 목표와 방법을 조율해야 하는 수단—목표 분석은 문제 해결에 유용한 휴리스틱이다. 하지만 학습에는 별로 유용하지 않을 수 있다. 작업기억에 추가적인 부담을 더해서 문제 해결에 사용되는 기본 패턴을 관찰할 여유를 줄이기 때문이다.

모든 외재적 인지 부하가 문제 해결과 연관 있는 것은 아니다. 분산—주의 효과split-attention effect는 학습자가 문제를 이해하기 위해 학습 자료의 정보를 이리저리 이동시켜서 생기는 추가적인 부담을 가리킨다. 그림 6에 제시된 두 다이어그램을 한번 살펴보자. 왼쪽의 다이어그램은 신체 기관의 명칭과 각각에 해당하는 장소가 따로 떨어져 있어서 올바른 위치와 명칭을 일치시킬 별도의 기호가 필요하다. 정보를 학습하는 데 필수적이지 않은 이 정신적 저글링이 외재적 인지 부하를 늘리는 원인이 된다. 반면 오른쪽 다이어그램은 해당 위치에 직접 명칭이

그림 6

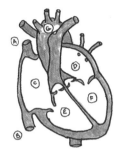
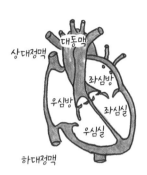

Ⓐ 상대정맥
Ⓑ 하대정맥
Ⓒ 우심방
Ⓓ 좌심방
Ⓔ 우심실
Ⓕ 좌심실
Ⓖ 대동맥

심장의 구조를 설명하는 두 개의 다이어그램. 왼쪽 다이어그램에서는 명칭과 위치가 따로 떨어져 있다. 이로 인해 다이어그램을 해석하는 데 인지 작업이 더 많이 필요하고, 분산-주의 효과 때문에 학습하기에 더 어렵다.

표시되어 있어 분산-주의 효과와 관련된 추가적인 인지 부하가 일어나지 않는다.

중복 효과redundancy effect는 중복된 정보가 놀라울 정도로 학습을 방해한다는 사실을 알려준다. 시각적으로든 글자로든 똑같은 정보를 제시하는 다이어그램이 둘 중 하나만 제공하는 다이어그램보다 학습 효과가 떨어진다. 화면에 적힌 내용을 똑같이 큰소리를 내어 읽는 중복 정보도 작업기억에 추가적인 부담을 지운다. 상관없는 정보를 걸러내느라 보는 이들의 주의가 산만해지기 때문이다. 스웰러는 이렇게 주장했다. "대부분은 학습자들에게 추가 정보를 제공하는 것이 전혀 해롭지 않으며 오히려 도움이 될 수 있다고 생각한다. 그러나 중복은 해롭지 않은 것과는 거리가 멀다. 불필요한 정보 제공은 교육 실패의 주된 원인일 수 있다."[23]

인지 부하 이론의 기원은 대수학, 기하학 같은 영역이지만, 최근에는 덜 추상적인 영역으로 연구가 확장되었다. 시선 추적 프로그램을 이용한 연구는 학생들이 전문가(교육자)들의 눈 움직임을 따라갈 때 더 많이 배운다는 사실을 보여준다.[24] 본능적으로 우리는 무엇에 주의를 기울여야 할지에 대한 지침으로써 상대방의 시선을 따르는 듯하다. 이는 복잡한 장면이 주어져 무엇이 중요한지 확신할 수 없을 때 인지 부하를 더욱 줄여준다. 이 효과는 르네상스 시대에 대가의 작업실이 성공적인 교육 장소였던 이유를 설명해 준다. 거장이 일하는 모습을 관찰하면서 그들의 기술이나 방법뿐 아니라 예술적 문제를 보는 눈도 배울 수 있었던 것이다.

스스로 답을 찾는 것이 더 도움 될까?

●

해결된 예제를 비판하는 사람들은 그 방법이 더 얕은 이해를 일으킨다고 주장한다. 스위스 심리학자 장 피아제Jean Piaget가 언급한 유명한 말이 있다. "아이가 답을 스스로 발견하기 전에 너무 일찍 가르칠 때마다 아이는 혼자서 답을 만들어내지 못하므로 온전히 이해할 기회를 잃는다."[25] 이 추측대로라면 문제 해결 방법을 알려주는 것은 혼자 문제를 해결하는 것보다 근본적으로 더 얕은 경험이다. 이것이 사실인지 확인하기 위해, 학생들을 대상으로 그들이 배운 방법을 다른 환경과 문제 유형에 어떻게 적용하는지 살펴본다. 만약 예시를 통한 학습이 단순히 '시험을 위한 학습'이라면 분명 표시가 난다. 다른 시험 문제를 냈을 때 이론을 피상적으로 이해한 학생들은 분명 실패할 것이기 때문이다.

심리학자 데이비드 클라르David Klahr와 밀레나 니검Milena Nigam이 과학실험 방법을 배우는 맥락에서 이 사실을 조사했다.[26] 실험의 가장 큰 목적은 무언가가 다른 것에 영향을 끼치는가를 알아보기 위함이었다. 예를 들어, 경사로의 각도가 그 위를 굴러가는 공의 속도에 어떻게 영향을 끼치는지 알고 싶을 수 있다. 이것을 알아보는 가장 좋은 방법은 각도만 다른 두 개의 경사로를 비교해 보는 것이다. 경사로의 표면, 공의 종류 등은 전부 동일해야 한다. 클라르와 니검은 실험에서 한 번에 한 가지에만 변화를 주는 전략에 대한 명확한 지침과 예시를 받은 학생들이, 스스로 실험을 통해 전략을 발견한 학생들보다 새로운 상황에 그 전략을 적용할 확률이 낮은지 알아보고자 했다.

우선 3~4학년 학생 112명을 두 그룹으로 나누었다. 한 그룹에는 전략을 제공하고 해결 과정의 예시를 보여주었다. 다른 그룹에는 아무것도 알려주지 않고 스스로 원리를 발견할 기회를 제공했다. 그 결과를 살펴보면, 지시받은 그룹이 과세 수행에서 훨씬 좋은 성적을 보였다. 이 그룹의 77퍼센트는 교란 변수가 없는 네 가지 실험에서 적어도 세 가지를 실행한 반면, 스스로 탐구한 그룹의 성공률은 33퍼센트에 불과했다. 놀라운 일은 아니었다. 스스로 깨우치는 것보다 누군가를 통해 배우는 것이 훨씬 쉽기 때문이다. 더 흥미로운 결과는 따로 있었다. 어떻게 배웠는가에 상관없이 최초의 시험에서 좋은 성적을 보인 학생들일수록 실제 다른 과학 경시대회에서 그 전략을 더욱 잘 적용했다. 이는 예시를 통한 학습이 더 많은 학생에게 효과적일 뿐 아니라 지식을 다양한 상황에 적용하는 능력을 방해하지 않는다는 점을 암시한다.

하지만 예시만으로 충분하지 않다. 연구에 따르면 해결된 예제를 하위 목표로 나눌 때[27] 문제 해결의 원리를 보여주어서 학생들이 스스로 예제를 설명하도록 독려하므로 이해가 더 깊어진다.[28] 또한 해결된 예제는 단계가 생략되면 따르기가 어렵다. 쉽게 말해서 르네상스 시대에 거장의 완성된 그림을 보는 것만으로 똑같이 그릴 수 있는 초보자는 거의 없었다. 그림을 그리는 과정 자체를 관찰하는 것도 중요했다. 앞으로 제4장에서 살펴보겠지만 전문가들은 해결책에 이르는 정신적 과정을 생략하고 설명할 때가 많다. 추상적이거나 지적인 분야라면 전문가의 신체적 행동을 지켜보는 것만으로 기술의 원리를 이해하려면 상당한 훈련이 필요할 것이다. 하지만 클라르와 니검의 실험은 인지 부하 이론가들의 연구와 마찬가지로, 예시를 보면서 습득한 지식이 직접 경험을 통해 습득한 지식보다 본질적으로 이해 정도가 더 얕다는 가정에 반박한다.

모방 이후에 직접 움직여야 한다

마음의 병목 현상은 학습 실패의 이유를 보여준다. 복잡한 주제와 기술이 단순한 부분들로 나뉘지 않았기 때문이다. 초보자들은 혼란스러운 상황에 마주하면 문제 해결을 위하여 수단–목표 분석처럼 많은 노력이 필요한 탐색 과정에 의존해야 한다. 답에 도달하려면 문제를 해결하기 위한 정신적 투자가 필요하고, 미래의 과제에 적용할 수 있는 패턴을 학습하고 일반화하는 데 사용되는 인지 능력은 활성화되지 못한다. 따라서 해결된 예제, 무목표 탐색, 분산-주의 및 중복 효과를 최소화하도록 자료를 구성해야 학습의 효과가 높아진다.

학습의 복잡성을 생각할 때, 인지 부하 이론은 문제를 해결하거나 개념을 이해하기 위해 여러 낯선 정보를 동시에 통합해야 할 때 가장 적절하다. 미술 작품을 제작할 때가 확실히 그렇다. 회화에서 모든 붓놀림은 색조, 채도, 명암이 동시에 고려되어야 한다. 또 그림의 각 요소는 원근법, 조명, 크기를 고려해야 한다. 다빈치의 노트에는 신체 비율에 대한 경험적인 휴리스틱과 골격 및 근육 구조에 대한 자세한 해부학적 연구가 가득하다.[29] 특히 사실적인 묘사에는 기하학 퍼즐보다 훨씬 더 많은 정보를 통합해야 한다. 수많은 연습 없이 그러한 묘사를 완성해 낼 수 있는 학생이 거의 없는 이유다.

그러나 학습의 모든 문제가 복잡성만 띠는 것은 아니다. 외국어를 배울 때 문법과 어휘 학습을 비교해 보자. 외국어 문법은 우리를 정신적으로 무척 힘들게 한다. 영어를 쓰는 사람이 일본어를 배울 때 익숙한 주어-동사-목적이 순시(예를 들어 '개가 문다 남자를'Dog bites man)에서 일본어의 주어-목적어-동사 순서('개가 사람을 문다'Dog man bites)로 생각을 전환하는 정신적 저글링을 해야만 한다. 문장이 길수록 그 정신적 저글링이 인지 능력에 쓰일 에너지를 거의 소모해 버릴 수 있다. 그래서 교과서의 명확한 예시와 연습 문제를 통한 학습이 매우 큰 도움이 된다. 반면 어휘 학습은 인지 부하가 비교적 낮다. 단어를 그냥 외우기만 하면 되므로 대화에 몰두해 폭넓은 어휘를 습득할 수 있는 가능성이 크다. 다른 영역을 살펴봐도, 화학에는 복잡한 개념(양자역학적 전자 궤도의 이해)과 단순한 개념(주기율표의 질량 암기)이 포함되고, 자동차 운전에도 운전대와 가속 페달, 브레이크를 동시에 조작하는 복잡한 과정과 교통표지판의 의미를 숙지하는 간단한 절차가 각각 있다.

복잡한 문제도 경험이 쌓이면 단순해지므로 전문성이 발달할수록 인지 부하 이론의 효과들이 대부분 사라지거나 심지어 역전되기도 한다. 이 전문성 역전 효과expertise-reversal effect는 초보 학습자들에게 해결된 예제를 공부하는 것보다 직접적인 문제 해결이 종종 효과적이지 않은 반면, 학생들의 숙련도가 올라가면 이 현상이 뒤집힐 수 있음을 보여준다.[30] 즉, 문제 해결 패턴이 기억 속에 안착해 있으면 학생들은 단순히 보는 것보다 연습을 통해 더 큰 이익을 얻는다. 실제로 그림을 그리지 않고 절대로 숙련된 화가가 될 수 없는 것처럼, 숙달에는 관찰뿐 아니라 연습이 필요하다. 해결된 예제를 통한 학습은 문제 해결의 패턴이 아직 낯설 때 가장 효과가 크다. 이것은 다빈치가 처음에는 모방으로 시작하고, 기술이 발달할수록 자연에서 직접 배우는 방식을 강력하게 옹호한 이유이기도 하다. 창조성이 꽃을 피우려면 모방은 독창적인 관찰로 대체되어야 한다.

초보자와 경험이 쌓인 숙련자에게 각각 효과적인 학습 전략이 다르게 존재한다는 사실은 미술 학습법을 둘러싼 갈등의 일부를 설명해준다. 경력이 있는 미술가들은 부연 설명보다 직접 문제 해결을 통해 더 많은 이익을 얻기 때문에, 새로운 예술을 창조할 때 자신이 사용하는 정신적 과정이 경험이 풍부하지 않은 초보자들을 가르칠 때도 가장 효과적인 방법이라고 잘못 생각할 수도 있다. 심리학자 폴 키르슈너Paul Kirschner는 이것을 '인식론을 교육학으로 혼동하는 오류'라고 부른다.[31] 이는 전문가들이 새로운 아이디어와 지식을 만드는 방식이 꼭 초보자들에게 해당 기술을 가르치는 최고의 교육법은 아니라는 것을 뜻한다. 기존의 정보를 적용할 때보다 새로운 정보를 배울 때 마음의 병목 현상이 더 제한적으로 일어나므로, 과거의 경험에 따라 문제가 사소하게 보일 수도 있고 심각하게 보일 수도 있다. 학습은 그 간극을 지나도록 도와주는 기억 속 패턴을 습득하는 과정이다.

새로운 것을 효과적으로 배우는 방법

인지 부하 이론은 새로운 기술과 주제를 효율적으로 배우는 단계를 다음과 같이 제안한다.

① 해결된 예제를 찾아라

복잡성이 있는 새로운 주제나 과제를 마주할 때마다 해결된 예제에서 많은 자원을 찾는 것이 좋다. 그리면 초기에 문제 해결 패턴을 빠르게 이해할 수 있다. 학습이 진행될수록 오답을 가려 연습하는 기회로 삼을 수 있다.

② 혼란스러운 자료를 재구성하라

정신적 조작을 최소화하도록 학습 자료를 재구성하여 분산─주의 효과를 방지한다. 다이어그램이 시선을 왔다 갔다 하면서 파악하도록 구성되었다면 명칭과 지칭 대상을 나란히 위치시킨다. 모든 변수의 뜻을 문맥에 맞게 쉬운 말로 다시 적으면 공식을 더 잘 이해할 수 있다.

③ 사전 훈련의 힘을 활용하라

복잡한 기술을 학습하기 전에 먼저 어렵게 느껴지는 구성 요소가 있는지 확인한다. 그 요소들을 미리 연습해서 기억에 저장해두면 나중에 기술을 수행할 때 필요한 정신적 용량을 확보할 수 있다. 빨리 넘길 수 있는 플래시 카드 형식으로 외국어 단어를 외우면 유창하게 말하기 문제는 해결되지 않아도 말할 때 생각해야 할 것이 하나 줄어든다. 마찬가지로 그림을 그리기 전에 색상의 조합이나 그림자에 따른 빛의 변화, 원근법 등을 이해하면 기술적인 문제 때문에 실수하지 않고 심상을 표현하는 데 집중할 수 있다.

④ 복잡성을 서서히 늘려가라

기술을 쓸 때 작업기억을 활용하는 일은 경험이 쌓일수록 감소하므로 단순한 문제에서 시작해 점점 더 복잡한 문제로 단계를 늘리며 학습을 해야 하는 근거가 된다. 비디오 게임 디자이너들은 이 사실을 탁월하게 활용한다. 사전 학습 단계에 게임 기능을 몇 가지 포함시켜서 플레이어가 무목표 탐색을 통해 어려운 설명 없이 게임 방법을 배우도록 한다. 학습을 진행할수록 꾸준히 새로운 복잡성을 추가하라.

⑤ 창의성보다 기교를 우선시하라

독창성은 한 번도 마주한 적 없는 문제 공간의 영역을 탐험하는 것이다. 기술적 기교와 혁신적인 창의성은 엄연히 다르다. 이 둘은 상호보완적인데도 대립적인 관계로 보는 관점이 지배적이다. 우선 기술을 숙달하면 문제 공간을 더 멀리까지 볼 수 있다. 기억하라. 깨뜨려도 되는 것이 무엇인지 알아야만 법칙도 깨뜨릴 수 있다.

앞선 사람들의 방식을 연구하라

●

다빈치의 시대 이후로 많은 것이 변했다. 사진이나 기계를 이용한 미술 작품의 재현은 실제를 세밀하게 표현하는 것이 이제 더 이상 대단한 기술이 아님을 의미한다. 아방가르드 미술은 개념을 향해 이동하며 르네상스의 기교에서 더욱 멀어졌다. 그러므로 초보 화가라면 무조건 수 세기 전에 유행한 방식으로 훈련해야 한다는 것은 어리석은 주장이다. 미술은 변화하고, 그와 함께 위대한 화가들의 기교도 변화한다.

그러나 훈련 방법이 고정적일 수 없듯이, 과거에 효과적이었던 원칙들을 버리지 않는 것도 중요하다. 명암법을 사용한 르네상스 시대의 울적한 느낌이 담긴 초상화를 그리든, 인상파 화가들의 프리마 묘법을 이용한 풍경화를 그리든, 혹은 추상 미술의 대담한 배열이든, 아름다운 것을 창조하는 데는 독창성만 필요한 것이 아니다. 심상을 구체적인 표현으로 바꾸는 수단과 방법도 필요하다. 우리보다 앞선 사람들의 방식을 연구하는 것은 독창성을 해치는 것이 아니라 절대로 무시하면 안 되는 독창성의 필수 구성 요소다.

다음 장에서는 기초를 쌓는 것이 일시적으로 인지 부하를 줄일 뿐 아니라 동기부여와 장기적인 숙달을 위해서도 중요한 이유에 대해 알아보자.

성공은 최고의 스승이다

스승에게서 모든 것을 끄집어내는 것이 학생의 의무이고, 학생에게서 모든 것을 끄
집어내는 것은 스승의 의무다. _케빈 켈리Kevin Kelly, 《와이어드》 창립 편집장 [1]

- 초기 성공이 앞으로의 동기부여에 연료를 제공하는가?
- 지능을 높이는 기술이 있는가?
- 배움이 실패하는 것은 지능 혹은 기초 부족 때문인가?

헬렌 켈러는 해마다 두 번의 생일을 기념했다.[2] 첫 번째 생일은 실제 태
어난 날이고, 두 번째 생일은 '영혼의 생일'이다. 사랑하는 앤 설리번
선생님이 앨라배마주 터스컴비아에 있는 그녀의 집에 처음 온 날을 기
념한 것이다. 켈러는 생후 19개월밖에 안 되었을 때 당시 의사들이 '뇌
열'이라고 생각한(실제로는 성홍열이나 뇌막염일 가능성이 크다) 병에 걸
렸고,[3] 회복은 했으나 청각과 시각을 완전히 잃고 말았다. 시청각 장애
인이 된 그녀의 의사소통은 몇십 가지의 즉흥적인 손동작을 통해 요구
사항을 표현하는 방식으로 제한되었다. 대개는 한바탕 성질을 부리는

식이었다. 훗날 그녀는 자서전에 이렇게 적었다. "가끔 나는 두 사람 사이에 서서 그들의 입술을 만졌다. 이해할 수가 없어서 짜증이 났다. 입술을 움직이며 미친 듯이 손짓을 했지만 아무런 소용이 없었다. 너무 화가 나서 기진맥진해질 때까지 발로 차고 소리를 질렀다."[4] 여섯 살 무렵에는 거의 매시간 분노를 표출했다. 지친 켈러의 어머니가 우연히 시청각 장애인이지만 교육을 받았다는 로라 브리지먼Laura Bridgman의 이야기를 접했다. 자신의 딸도 그렇게 교육받을 수 있기를 바라는 마음으로 퍼킨스시각장애인연구소의 마이클 아나그노스Michael Anagnos에게 연락했고, 앤 설리번을 추천받았다.

훗날 켈러는 이렇게 말했다. "내가 기억하는 인생의 가장 중요한 날은 앤 맨스필드 설리번 선생님이 나에게 온 날이다."[5] 설리번은 처음 만난 켈러에게 가지고 놀 인형을 주었다. 켈러가 잠시 인형을 잡고 있게 한 후 그녀의 손을 잡고 손바닥에 d, o, l, l(인형)이라고 썼다. 켈러가 당시를 회상했다. "그 손가락 놀이는 곧 내 흥미를 끌었고, 나는 그걸 따라 하려고 했다. 마침내 글자를 정확하게 따라 그리는 데 성공했을 때 지극히 어린아이다운 기쁨과 자부심으로 얼굴이 빨개졌다. 아래층의 어머니에게 달려가 손을 들어 올리고 인형이라는 글자를 그렸다."[6] 그 후 몇 주 동안 설리번은 수십 개의 새로운 물건과 철자를 가르쳤다. 각각의 손짓이 단어를 나타낸다는 것을 아직 깨닫지 못한 켈러에게 그 활동은 여전히 놀이에 불과했다. 그녀가 머그잔과 물이라는 단어를 혼동하자 설리번은 켈러를 우물집으로 데려가 손에 물이 흐르게 했다. 윌리엄 깁슨William Gibson의 1957년 연극 〈기적의 일꾼〉The Miracle Worker에 묘사되며 불후의 명성을 얻은 그 순간은 켈러에게 계시와도 같았다. 켈러는 이렇게 말했다. "그 순간 나는 'w, a, t, e, r'가 내 손에 흐르는 멋지고 시원한 무언가를 뜻한다는 것을 알았다. 그 살아 있는 단어가 내 영혼을 일깨웠다. 나는 우물집을 떠나면서 배움에 대한 열망으로 불타올랐다. 모든 것에는 이름이 있고, 각각의 이름은 새로운 생각을 낳았다."[7]

그 후 80년 동안 켈러는 하버드대학교 래드클리프 칼리지를 졸업하고, 열두 권의 책을 썼으며 라틴어, 프랑스어, 독일어를 통달하고 여성 참정권과 평화주의, 사회주의, 장애인 권리를 옹호하는 적극적인 정치 운동가로 살았다. 교육이 가져온 변화로 볼 때, 실제로 그녀의 삶을 가로막은 것은 시청각 장애가 아니라 사회의 인식이었다. 그녀는 젊은 시절에 누군가와 결혼을 약속한 적도 있었지만 시청각 장애인 여자가 결혼하는 것이 부적절하다는 시선 때문에 얼마 안 가 약혼을 취소했다. 마찬가지로 그녀가 평생 유감스러워했던 사실은 보거나 들을 수 없는 문제가 아니라 사람들이 이해하기 쉽도록 분명하게 말할 수가 없어서 수화 문자를 아는 사람들의 통역에 의존해야 한다는 사실이었다. 그녀의 활동 이후로 켈러에게 허용되었던 것보다 더 멀리 나아간 시청각 장애인들도 있었다. 일례로 레너드 다우디Leonard Dowdy는 결혼도 했을 뿐 아니라 30년 동안 유급으로 고용되어 일하다가 은퇴했으며,[8] 하벤 기르마Haben Girma는 하버드대학교 법학대학을 졸업한 최초의 시청각 장애 여성이다.[9] 켈러의 유산은 그녀가 어디까지 나아갈 수 있었는지가 아니라 다른 사람들이 더 멀리까지 나아가도록 본보기가 되었다는 데 있다.

올바른 토대가 학습 가능성을 키운다

●

헬렌 켈러의 이야기는 교육의 극적인 가능성을 잘 보여준다. 그녀는 수화 문자를 배운 덕분에 단어를 배우고 의사소통을 할 수 있었다. 이를 토대로 삼아 읽고, 쓰고, 지적인 삶을 적극적으로 살아가는 법을 배웠다. 어린 시절 초기의 기회가 없었다면 평생 완전한 고립 상태로 살았을지도 모른다. 그렇게 어린 나이에 시각과 청각을 완전히 잃는 것은 비교적 드문 일이지만(20세기 동안 아주 어린 나이에 청각과 시력을 다 잃은 경우는 50명 정도로 지극히 드문 일로 추정된다)[10] 더 많은 기술을 습득하기 위해 중요한 기본 기술을 놓치는 현상은 매우 흔하다.

독서에 대해 생각해 보자. 독서 능력이 없으면 대부분의 지식에 접근할 수 없다. 많은 연구에 따르면 바로 이 이유에서 읽기 능력은 지성의 발달과 밀접하게 연관되어 있다.[11] 심리학자 스튜어트 리치Stuart Ritchie와 그의 동료들은 일란성 쌍둥이 아이들의 7세, 9세, 10세, 12세, 16세 때의 읽기 능력과 지능 점수를 측정했다.[12] 어릴 때는 읽기 능력과 지능의 상관성이 그리 크지 않았다. 그러나 연구자들은 쌍둥이 중 한 명이 이른 시기에 더 뛰어난 읽기 능력을 가졌을 경우, 나중에 지능 점수가 더 높게 나타나는 사실과 상관성이 있음을 발견했다. 이 연구는 뛰어난 읽기 능력이 다른 지식과 기술의 습득을 쉽게 만들어 궁극적으로 지능을 강화한다는 사실을 나타낸다. 더 흥미로운 결과는 읽기가 지능에 주는 이점이 언어적 지능 점수에 국한되지 않는다는 사실이다. 이는 강력한 읽기 능력이 단순히 책을 통해 지식을 넓히는 것을 넘어 더 광범위한 이점이 있음을 시사한다.

읽기는 매우 중요하지만 잘 읽지 못하는 사람들이 많다. 2013년 기준으로 국제성인역량조사PIAAC 자료에 따르면, 미국 성인 다섯 명 중 한 명꼴로 '정보의 비교와 대조, 바꿔 말하기, 낮은 수준의 추론이 필요한 작업을 완료하기 위한' 읽기 능력이 부족한 것으로 나타났다.[13] 또한 성인의 거의 10퍼센트가 '기능적 문맹'이다. 게다가 이 문제는 가장 낮은 수준의 읽기 능력 부진에 국한되지 않는다. 동일한 조사에서 문해력 영역의 가장 높은 레벨 4와 레벨 5에 도달한 이들은 전체의 15퍼센트가 채 되지 않았다.[14] 해당 레벨들의 테스트 항목에는 이메일과 신문 기사에서 각각 어떤 제품에 대해 똑같이 비판하는 내용의 문장을 골라 내거나 운동 장비 표를 검토하여 특정한 운동 기구에 가장 효과적으로 운동이 이루어지는 근육을 식별하는 것 등이 포함되었다. 대다수의 성인도 고급 문해력의 수준이 낮은 것으로 볼 때, 책을 거의 읽지 않는 성인들이 많다는 사실은 전혀 놀라운 일이 아니다. 갤럽의 조사에 따르면, 2021년에 미국인의 평균 독서량은 1999년보다 3분의 1이나 줄어들었다.[15] 소셜 미디어와 인터넷 기사가 그 감소량을 어느 정도 보충하지만, 어떤 생각이나 이야기에 지속적으로 깊이 개입하는 특별함은 오로지 책을 통해서만 가능하다. 이 통계는 독서 능력을 절대로 당연시해서는 안 된다는 것을 보여준다.

그런데 읽는 법을 배우기가 왜 그렇게 어려울까? 미국을 예로, 한 가지 이유는 글쓰기 시스템의 기본이 되는 알파벳 원리가 강력하지만 직관적이지 않기 때문이다. 알파벳을 배우려면 임의의 기호 집합을 광범위하게 암기해야 한다. 대문자와 소문자만 해도 52개나 된다. 기호, 숫자, 대체 글꼴까지 따지면 수백 개에 이른다. 그다음에는 언어의 소리를 의식적으로 분리하여 조작할 수 있는 개별 단위로 떼어내야 한다. 'stink'(고약한 냄새가 나다)라는 단어에서 t가 빠지면 어떤 소리가 나는지 안다거나 욕조, 깔개, 진흙, 콩 중에서 어울리지 않는 단어가 무엇인지 골라내는 능력의 기초가 되는 음운 인식은[16] 초기 독서 능력의 가장 강력한 예측 지표 중 하나다. 안타깝게도 음운 인식은 저절로 이루어지지 않는다. 아이들은 말하고 이해할 수 있는 문장에서 개별적인 소리는 고사하고 개별적인 단어를 자연스럽게 구분할 수 없다(이 사실이 믿어지지 않는다면 아마 당신이 평생 온갖 글자에 노출되어서 말한 문장의 단어 사이에서 침묵을 '듣는' 법을 배웠기 때문이다. 녹음된 말의 파동을 분석해 보면 단어의 경계가 음향적이 아니라 심리적이라는 것을 알 수 있다. 음소의 경계가 특히 그렇다. 아이들은 강하다는 뜻의 단어 strong에서 s, t, r 같은 자음군을 분리하는 것을 특히 어려워한다. 알파벳 원리가 당연하게 느껴지는 이유는 단순히 우리가 알파벳에 매우 익숙하기 때문이다).[17]

그다음에 임의적인 기호들이 새로 발견된 소리의 구성 요소들과 체계적으로 연결되어야 한다. 이것은 스페인어와 이탈리아어처럼 철자법이 매우 규칙적인 언어에서도 중요한 과제이다. 특히 영어에서는 엄청나게 힘든 일인데, 어린아이들이 대단히 불규칙한 철자법을 다룰 수 있어야 하기 때문이다. 수많은 소리−철자 패턴이 있지만 그중에 완전히 일관되게 적용되는 것은 소수에 불과하다. 마지막으로 이 모든 정신적인 작업은 완전히 자동으로 이루어질 때까지 과잉 학습되어야만 한다. 단어를 인식하는 데 필요한 인지 부하가 최소한이 되어야 해석이나 문제 해결, 새로운 개념의 학습처럼 어려운 과제에 쓸 수 있는 인지 용량의 여유분이 확보된다.

읽기 학습의 중요성과 문해력 습득의 어려움을 고려했을 때, 이를 가르치는 가장 좋은 방법은 무엇일까? 심리학자이자 독서 전문가 매릴린 애덤스Marilyn Adams는 포괄적인 문헌 검토 논문에서 이렇게 적었다. "체계적인 파닉스phonics(발음을 배우는 교수법―옮긴이)가 포함된 프로그램들은 단어 인식, 철자, 어휘, 문해력과 관련된 능력을 압도적인 차이로 개선한다."[18] 애덤스가 지적하듯 체계적인 파닉스 프로그램은 기본적인 글자―소리 조합을 명확하게 가르치고 연습한다. 이에 반해 학생들이 전체적인 모양이나 부연된 삽화 또는 이야기가 암시하는 맥락을 통해 낯선 단어의 정체를 추측하도록 권장하는 읽기 방식은 읽기 학습을 더 어렵게 한다.

체계적인 파닉스의 명백한 장점은 기본적으로 학습하는 글자―소리 패턴이 낯선 단어를 발음하는 데 비록 완전하지는 않지만 엄청나게 유용한 도구라는 것이다. 읽기를 처음 배우는 독자들에게 아직 외우지 않은 단어를 이해하는 도구를 제공함으로써, 그들이 눈으로 제한적인 단어만 알아볼 때보다 독립적으로 수행하는 독서에서 더 많은 것을 배울 수 있다. 그러나 단어를 소리내어 말하는 것은 파닉스가 효과적인 가장 중요한 이유가 아닐 수도 있다. 초보 독자가 단어를 구성하는 문자 조합에 체계적으로 주의를 기울이게 하면 자동적인 인식 처리 과정이 촉진되어 독서 경험의 다른 부분에 사용할 자원이 확보된다.[19] 한 연구에 따르면 능숙한 독자는 서툰 독자보다 유사 비단어(블룩bluck이나 스캠페르squimper처럼 영어 철자법을 따르지만 실제로는 존재하지 않는 비단어)를 훨씬 더 잘 발음한다.[20] 이 능력은 힘들게 철자를 적는 것이 아니라 글자―소리의 매끄러운 연상이 기억에 저장되어 있기 때문에 가능하다.

성공적인 초기 경험은 선순환을 일으킨다. 영어의 글자—소리 패턴을 잘 이해하는 초보 독자는 동류 집단보다 더 쉽게 읽을 수 있다. 필요한 노력이 줄어들므로 제대로 된 독서의 가능성도 커진다. 독서를 더 많이 하면서 명확하게 배우지 않은 것을 포함한 글자—소리 패턴에 익숙해진다. 코니 주얼Connie Juel과 다이앤 로퍼슈나이더Diane Roper-Schneider는 한 연구에서 파닉스를 학습한 학생과, 두 가지 다른 책 시리즈 중 하나로 연습한 학생들의 단어 인식 능력을 비교했다.[21] 한 그룹에는 그들이 배우는 파닉스 규칙에 따라 해독할 수 있는 단어를 강조하는 책 시리즈가 주어졌다. 다른 그룹은 자주 사용하는 단어에 집중했다. 한 해가 끝나갈 무렵에 확인한 결과, 파닉스 중심의 프로그램을 학습한 학생들이 사용 빈도가 높은 단어 중심의 프로그램을 학습한 학생들보다 새로운 단어를 인식하는 능력이 더 뛰어났다. 별도의 테스트에서도 파닉스 중심 프로그램으로 학습한 학생들이 명시적으로 배우지 않은 글자—소리 조합을 가진 유사 비단어들을 더 잘 발음했다. 이것은 그들이 파닉스 수업에서 초기에 배운 내용을 새로운 패턴으로 확상했음을 뜻한다. 이러한 선순환은 파닉스 프로그램을 배운 이들이 지속적으로 유리한 이유를 설명한다. 즉 학생들이 성공을 직접 경험하고, 스스로를 독자로 여기고, 연습을 계속함으로써 숙련도를 더욱 강화한다.

읽기 학습이 다른 지식의 기초가 되듯, 영어의 글자—소리 패턴을 익히는 것은 읽기의 기초가 된다. 정신적으로 조숙한 학생들은 이 문제를 스스로 해결하기도 하지만 대다수는 그러지 못한다. 그렇지 못한 이들은 초기 독서에서 많은 좌절을 경험하고 영원히 독서와 거리를 둘지도 모른다.

학교 수업이 일대일 학습처럼 효과적이려면?

●

독서 연구에서 중요한 학습 원리가 나타난다. 어떤 주제에 대한 초기 경험은 기술을 실행하는 인지적 토대를 구축하기 위해서뿐 아니라 장기적인 참여로 이어지도록 흥미를 유지하는 데도 중요하다. 안타깝게도 학교 수업에서 처음에 고전하는 학생들은 뒤처진다. 필수 학습 자료에 숙달하는 데 실패하면 이후의 수업을 따라가기가 더 어려워지고, 숙제 해결도 힘들어서 좌절하고, 배운 기술을 실생활에 적용할 기회가 점점 줄어든다. 이런 부정적인 초기 경험이 오랫동안 지속되면 "난 수학에 소질이 없어", "난 예술성이 부족해.", "난 언어 능력이 떨어져."와 같은 식으로 부정적인 자아 개념으로 굳어지기 쉽다. 그러므로 학습 초기에 숙달하는 경험을 하게 함으로써 학습과 연습에 더 큰 노력을 쏟도록 긍정적인 피드백 고리를 만들어야 한다.

초기 성공이 선순환을 이루어 더 큰 학습 성과로 이어지게 하는 방법으로 일대일 학습이 있다. 헬렌 켈러와 설리번 선생님과의 유대 관계가 대표적인 예다. 설리번은 켈러에게 수화 문자를 통해 읽기와 쓰는 법을 가르쳤을 뿐 아니라 대학교 수업도 함께 수강하며 그녀가 수업을 따라갈 수 있도록 수업 내용을 필기해 주었다. 직접적인 교습 관계는 매우 강력하다. 교습자가 학생의 필요에 맞춰 학습 자료를 빠르게 조정할 수 있기 때문이다. 필요할 때 설명하고 학생이 지식을 스스로 적용하는 연습을 해야 할 때는 옆에서 지켜볼 수 있다.

유명한 논문에서 심리학자 벤저민 블룸Benjamin Bloom은 일대일 학습의 강력한 이점에 대해 논의하면서, 학습 성취도를 일대일 학습을 받지 않은 학생들의 평균값보다 표준편차 2 이상 높일 수 있다고 주장했다.[22] 그는 표준편차를 그리스 문자 σ(시그마)로 나타내는 통계학의 관례에 따라 자신이 밝힌 '2 시그마 문제'를 교육자들에게 도전 과제로 제시했다. 블룸은 개인 지도를 통해 성취도 향상이 가능하다는 사실이 밝혀졌으므로 학생들의 학습 능력이 부족하거나 수업 과목의 내재적 특징 때문에 학습 능력 향상이 불가능하다는 것은 말도 안 된다고 주장했다. 하지만 개인 교습은 돈이 많이 든다. 학교는 한 학생당 교사 한 명을 고용할 형편이 되지 않는다. 따라서 2 시그마 문제는 수십 명의 학생이 있는 교실에서 일대일 지원의 이점을 실현하는 교수법을 찾아야 할 필요성을 촉구했다. 블룸은 완전 학습mastery learning이 바로 그 방법이라고 생각했다.

완전 학습은 교육과정을 지도, 연습, 피드백의 주기로 나눈다.[23] 먼저 학생들에게 특정 단원을 가르치고 시험을 본다. 그러나 교실에서 치러지는 일반 시험과 달리, 이것은 성적을 위한 시험이 아니다. 좋은 성적을 거두지 못해도 벌이 따르지 않는다. 시험은 순전히 학생들이 수업 자료에 숙달했는지 아닌지를 평가할 목적으로 사용한다. 숙달하지 못한 학생들에게는 새로운 설명과 연습을 제공함으로써, 다음 단원으로 넘어가기 전에 시험을 통과할 수 있도록 한다. 처음에 시험을 통과한 학생들에게는 대신 강화 활동이 주어진다. 완전 학습은 처음에는 시간이 많이 걸릴 수 있지만, 옹호론자들의 근거에 따르면 한 학기 전체를 기준으로 보통의 수업 방식보다 조금 더 걸릴 뿐이다. 학생들이 겪는 어려움을 초기에 바로잡으므로 진도가 나갈수록 더 많은 학생이 수업과 숙제를 어려움 없이 따라갈 수 있기 때문이다.

완전 학습은 우리가 교실 학습에서 당연시하는 많은 관습을 뒤집는다. 기본적으로 완전 학습은 한 교실에서 학생의 95퍼센트가 수업 내용을 숙달할 능력이 있다고 가정한다.[24] 이는 상대평가와 대조를 이룬다. 상대평가는 수업 내용을 이해하는 학생들도 있고 그렇지 못한 학생들도 있으며, 통과한 점수는 단순히 다른 이들보다 낮다는 것을 의미할 뿐이다. 이는 학생들에게 가르치는 기술과 지식에 내재적 가치가 없고, 학생들을 타고난 적성으로 구분하기 위한 선별 장치로써만 유용하면 된다는 관점에서는 괜찮을 것이다. 하지만 모든 학생에게 유용한 기술을 가르치는 것이 목표일 때는 매우 형편없는 방법이다. 상대평가는 학생 간의 경쟁을 유발하여 누군가의 이익이 다른 이의 손해가 된다. 그런 환경의 교실에서 학생들이 다른 고군분투하는 학생들을 도와주고 싶어 할 이유가 있을까? 완전 학습 옹호론자들은 학교에서 절대로 상대평가가 이뤄져서는 안 된다고 주장한다. 대신 교사가 먼저 학생들이 어떤 기술과 지식을 수행해야 하는지를 확실히 파악한 후, 모든 학생이 성공을 이루리라 기대되는 환경을 만들어야 한다.

일반적으로 교실에는 학습 초기의 시험 점수를 최종 성적에 포함해야 한다는 가정도 존재한다. 비합리적인 가정은 아니다. 결국 대부분의 교사는 숙제나 중간고사를 완료한 데에 점수를 부여하지 않으면 학생들이 공부를 위한 그 어떤 노력도 하지 않을 수 있다고 주장할 것이다. 하지만 초기에 치르는 간단한 시험을 성적에 포함하면 처음에 고전하는 학생들에게 해로운 영향을 끼친다. 그들은 초기에 경험한 실패로 인해 해당 학문에서의 성공 가능성이 점점 줄어드는 것을 목격한다. 초반에 숙제와 시험에서 실패한 학생은 성적을 C 플러스라도 받아서 그 과목을 통과할 수 있는 유일한 방법이 기말고사에서 만점을 받는 것뿐이라고 생각할 것이다. 거의 말도 안 되는 일이다! 기말고사 범위가 종합적이지 않은 경우를 제외하고, 기말고사에서 만점을 받는 일은 그 과목을 완전히 숙달했다는 뜻이다. 이것은 학습 초기에 문제를 빠르게 바로잡는 방식이 아니라 처벌하는 시스템에 담긴 필연적인 논리다. 반면 완전 학습에서 시험은 수업 내용을 이해하지 못하는 학생들을 벌하기 위해서가 아니라 이해하지 못한 학생들을 찾아서 지원하기 위해 사용된다. 고전하는 학생들에게 빠르게 개입하며 학교 수업에서도 일대일 학습의 마법을 재현할 수 있다.

완전 학습의 또 다른 주요 원칙은 똑같은 방법으로 반복해서 가르치면 안 된다는 것이다. 초반에 수업 내용을 이해하기를 어려워했던 학생에게 똑같이 설명해서는 안 된다. 학생이 어려워했던 단원에 대한 새로운 자료를 제공해 다르게 설명해야 한다. 이전의 학습 경로가 막다른 길이었다면 새로운 예시와 설명, 연습 활동을 통해 학생들에게 대안적인 길을 제공하는 것이다.

이론적으로는 좋게 들리는 완전 학습이 실제로도 효과가 있을까? 체계적인 메타 분석에 따르면 완전 학습은 효과가 큰 교육 개입이다.[25] 효과의 정도를 확인해 보면, 완전 학습은 학생들의 성취도를 0.5에서 1 표준편차 사이로 개선한다. 이 분석들은 완전 학습이 초등학교부터 대학교까지 효과적이며, 특히 학습 능력이 떨어지는 학생들에게 큰 효과가 있음을 보여준다. 다만 학생들의 성취도를 일대일 학습만큼 올리려는 블룸의 원래 목표에 미치는 것은 아니다. 규모가 큰 학생 집단에 수업을 전달해야 하는 제약을 고려할 때, 완전 학습은 지금까지 연구된 것 중에서도 가장 효과가 큰 교육적 개입 중 하나다.

이와 비슷한 직접교수법Direct Instruction은[26] 완전 학습보다 효과가 더 강력할 수 있다. 완전 학습은 학습 초기의 성공을 보장하는 것에 초점을 맞추지만 특정 교수법에 구애받지는 않는다. 반면 직접교수법은 복잡한 기술의 구성 요소를 체계적으로 세분화하고, 교사의 지도 순서를 엄격하게 시험하는 식으로 이루어진다. 최종 결과물은 고도로 각본화된 수업으로 예제와 교사 주도적 연습, 피드백을 빠르게 오간다. 체계적인 파닉스 프로그램을 적용한 읽기 학습의 직접교수법 체제를 다룬 디스타DISTAR는[27] 대규모의 실험에서 읽기 학습에 가장 성공적인 것으로 밝혀졌다. 완전 학습과 직접교수법은 약간의 기술 차이는 있지만 궁극적인 목표와 철학에서 겹치는 부분이 많다. 두 학습법은 재능과 상관없이 학생이라면 누구나 학습 능력이 있다고 가정하며, 면밀한 모니터링이 따르는 예제와 연습, 교정적인 피드백의 원칙으로 모두의 학습을 보장한다.

실패가 아닌 성공이 최고의 동기부여인 이유

동기는 학습에서 중요한 역할을 한다. 어떤 학생들은 적극적인 자세로 학습에 임한다. 반면 그 과목에 대한 혐오를 간직한 채로 임하는 학생들도 있다. 우리는 모두 어떤 과목에 흥미를 느껴 완전히 몰입하거나, 느리게 움직이는 시곗바늘을 지켜보며 수업이 끝나기만을 기다리던 고통스러운 경험을 해본 적 있을 것이다. 동기부여는 매우 중요하지만 합리적인 방법으로는 이해할 수 없는, 불가사의한 가치처럼 느껴지기도 한다.

심리학에서 동기부여 이론의 역사를 살펴보면, 동기의 비합리성을 단호하게 거부한 학자들이 있다. 심리학자 쿠르트 레빈Kurt Lewin과 에드 워드 톨먼Edward Tolman은 동기가 '기대되는 이익의 계산'이라고 각자 주장했다.[28] 노력에 따르는 결과가 가치 있다고 예상될 때만 동기가 부여 된다는 것이다. 그러나 이 이론은 우리의 실제 행동을 고려할 때 안정적이지 못하다. 왜 우리는 통과하지 못하면 어떤 결과가 따르는지 알면서도 중요한 시험을 위해 공부하려는 동기를 느끼지 못하는가? 만약 동기가 순수하게 합리적이라면 옳은 일이 무엇인가에 대한 내적 갈등도, 그 일을 하도록 자신을 밀어붙이지 못하는 경우도 줄어들 것이다. 합리적인 것 그 자체인 미적분학 또한 현실에서 나타나는 동기부여의 다양성과 모순된다. 왜 어떤 학생들은 미적분학을 열심히 공부하고 어떤 학생들은 게으름을 부릴까? 열심히 하려는 일부 학생의 욕구를 설명하고, '성취 동기' 또는 '인지적 욕구'의 측면에서 깊이 생각하는 것은 순환 논법이나 마찬가지다.[29] 말하자면 어떤 사람들이 학습 동기가 더 큰지를 묻는 것이 아니라 왜 그러한가를 물어야 한다.

심리학자 앨버트 밴듀라Albert Bandura는 행동으로 얻게 될 결과에 대한 기대가 동기로 이어지는 것이 아니라 그 행동을 수행하는 자신의 능력에 대한 믿음도 동기로 이어진다고 주장하며 이 문제를 명확히 했다.[30] 즉 '자기효능감'Self-efficacy은 개입의 연결고리를 만든다. 이는 비슷한 환경과 선택권을 가진 두 사람이 어떤 행동을 추구해야 하는지에 대한 동기를 서로 완전히 다르게 느끼는 이유도 설명한다. 어떤 사람이 시험

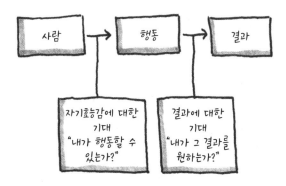

앨버트 밴듀라의 자기효능감은 동기를 두 가지 유형의 기대, 즉 필요한 행동을 수행할 수 있는 가능성(자기효능감에 대한 기대)과 행동이 원하는 결과를 달성할 가능성(결과에 대한 기대)에 연결한다.

공부를 하지 않기로 선택하는 이유는 시험 통과가 중요하다고 생각하지 않아서가 아니다. 그보다는 스스로 학습 자료를 공부할 능력이 없다고 생각해서 동기를 부여받지 못해서일 수 있다.

이렇게 만들어지는 자기효능감은 자아 개념이 자존감 등과는 다르다. 우선 자아 개념은 전체적인 속성으로, 자신에 대한 전체적인 견해를 말한다. 마찬가지로 자존감은 자신의 가치에 대한 평가다. 자존감이 높거나 긍정적인 자아를 가진 사람이라도 특정 과제에 대한 자기효능감이 낮을 수 있다. 즉 나라는 사람에 대해 자신감이 있고, 자신의 운동 신경을 높게 평가하더라도 수학 시험에서 성공하지 못할 거라고 생각할 수 있다. 마찬가지로 스스로 프로그래밍의 천재라고 생각해도 무대에서 발표하는 상상만 하면 위축될 수도 있다. 자기효능감은 개인의 정체성보다 훨씬 다채로운 요소들로 이루어지며 상황과 과제에 따라 달라진다. 하지만 밴듀라의 주장대로 특정 행동에 대한 자기효능감은 그 행동과 관련된 동기의 많은 부분을 설명해 준다.

이렇게 중요한 자기효능감은 어떻게 생길까? 밴듀라는 네 가지 주요 영향이 있고, 그중에서 특히 두 가지가 중요하다고 강조했다. 우선 비교적 사소한 영향력은 신체 상태와 설득이다. 불안이 심한 사람은 손이 떨리고 심장이 쿵쾅거려서 시험을 잘 볼 수 없다고 느낄지도 모른다. 또 언어적 설득은 결승선을 통과할 수 있는 에너지를 주는 응원단의 격려 같은 것을 말한다. 밴듀라는 자기효능감의 이 두 가지 영향 요인보다 훨씬 더 중요한 요인이 두 가지 있다고 주장했다. 바로 대리 경험과 개인적 숙달이다.

대리 경험은 타인이 성공하거나 어떤 상황에 대처하는 모습을 보는 것을 말한다. 이미 살펴보았듯, 타인을 통한 학습은 학습의 기술에서 중요한 인지적 요소를 형성한다. 어떤 기술을 수행하는 가장 좋은 방법을 알아내는 데 필요한 시행착오를 줄여주기 때문에 우리는 스스로 알아내는 것보다 지시와 예시를 통해서 훨씬 더 빨리 배울 수 있다. 밴듀라는 그런 경험이 동기를 부여하는 역할도 수행한다고 주장했다. 누군가의 성공을 목격할 때, 특히 그 성공을 모방할 수 있다고 믿을 만한 이유가 생길 때, 같은 행동을 취하려는 동기가 더 강해진다는 것이다. 역할 모델, 특히 우리가 자신을 대입해 볼 수 있는 사람들의 역할이 매우 중요한 이유다. 그들은 문제를 해결하는 방법이나 올바른 기술을 설명할 뿐 아니라 지켜보는 사람들에게 자기효능감을 심어 주고, 나아가 똑같은 결과를 성취하려는 동기를 준다. 한편 개인적 숙달은 성공을 직접 경험하는 것을 말한다. 이것은 특히 강력한 동기다. 대리 경험으로 하는 성공은 자신과 역할 모델 사이의 인지된 차이점 때문에 무시될 수 있지만, 직접 경험하는 성공만큼 자신감을 크게 높여주는 것은 없다.

밴듀라는 직접적인 성공 경험이 앞으로의 학습에 유리한 조건을 설정하는 역할을 한다며 다음과 같이 요약한다.

> 성과 달성은 개인적인 경험을 바탕으로 하기 때문에 자기효능감을 높이는 데 가장 신뢰할 수 있는 원천이 된다. 성공은 숙달에 대한 기대치를 높인다. 반복적인 실패, 특히 초기에 일찍 발생하는 실패는 그 기대치를 낮춘다. 반복적인 성공을 통해 자기효능감의 기대가 강해지면 가끔의 실패가 끼치는 부정적인 영향이 줄어든다. 오히려 가끔의 실패를 단호한 노력으로 극복하면 아무리 어려운 장애물이라도 지속적인 노력으로 숙달할 수 있다는 경험을 함으로써, 스스로 동기가 부여되고 끈기가 강해진다. 그러므로 실패가 자기효능감에 끼치는 영향은 부분적으로 실패가 발생하는 시기와 경험의 전체적인 패턴에 좌우된다. 자기효능감에 대한 기대가 일단 확립되면, 관련 유사한 상황에 일반화되는 경향이 있다.[31]

기억하라. 실패가 아닌 성공이 최고의 스승이다. 초기의 반복적인 실패 경험은 투지보다는 학습된 무력감이나 회피로 이어질 가능성이 크다. 유용한 실패는 이전의 성공 경험 위에 쌓이는 실패다. 결국 스스로 성공할 수 있다는 믿음이 있어야만 실패를 딛고 끈기 있게 나아가는 일이 타당하다는 생각을 하게 된다. 긴 숙달 과정에서 경험하는 실패는 과신에 대한 교정책으로써나 어려움 속에서도 동기가 더욱 굳건해지는 계기로써는 유용하지만, 반복적이고 지속적인 실패는 동기부여로 이어지기가 어렵다.

지금까지 살펴본 것처럼 초기에 숙달한 경험이 이후의 학습에 주는 이점은 다양하다. 복잡한 기술의 기본적인 구성 요소에 숙달하면 추후 학습을 위한 인지적 토대가 마련된다. 또한 반복적인 연습은 기술을 사용하는 데 필요한 전체적인 노력을 줄여준다. 나아가 내면에서 이루어지는 시행착오 시험을 통과하는 상황의 범위도 넓어지므로 교실 밖에서 기술을 사용하는 일이 더 쉬워진다. 마지막으로 어떤 영역에서 성공한 이력은 자기효능감을 강화해 학습을 계속하는 동기를 부여할 가능성도 높아진다.

이 교훈들을 우리가 학습할 때나 주변 사람이 기술을 함양하도록 이끌 때 적용하는 방법을 몇 가지 알아보자.

① 기초부터 시작하라

녹서 교육이 주는 교훈은 어떤 기술을 익히는 데 어려움을 겪는 원인이 기본적인 구성 요소를 갖추지 않았기 때문이라는 것이다. 안타깝게도 대부분의 교실에는 학습 과정에 필요한 지식이 빠져 있다. 다음 장에서 살펴보겠지만, 사람들은 전문성을 얻으면 기술의 구성 요소를 명확하게 표현하는 능력을 잃는다. 교사들은 그들이 가르치는 과목에 대해 잘 알다 보니 학생들이 무엇을 알거나 모르는지 제대로 가정하기가 어렵다. 하지만 중요한 것은 단순한 지식의 보유가 아니라 과잉 학습된 능숙한 기술이다. 구구단을 외우지 못하면 대수 문제를 풀기가 무척 어렵다. 마찬가지로 글자를 해독하는 데 정신 에너지를 전부 쏟는다면 문학 작품을 분석하는 것은 불가능하다. 먼저 올바른 기초를 갖추고, 광범위한 연습이 뒤따라야 더 복잡한 과제를 처리할 정신적인 자원을 확보할 수 있다. 자신이 소질이 없어서 어떤 기술을 배울 수 없다고 생각하기 전에, 시작할 때 꼭 필요한 요소를 잘 숙달했는지 항상 스스로에게 물어봐야 한다.

② 멘토에게 도움을 얻어라

블룸은 일대일 학습의 장점을 일반적인 강의식 수업에서도 활용할 수 있는 교수법을 찾고자 했다. 하지만 그의 모든 노력은 일대일 학습이 낫다는 사실을 더욱 강력하게 선언한 것이나 마찬가지였다! 모든 분야에서 개인 교사를 고용하기는 어렵겠지만, 특히 적절한 타이밍에 일대일 학습이 이뤄진다면 그만한 투자 가치가 있다. 과외 교사나 코치를 고용하거나 멘토를 찾아 자신이 학습하는 기술이나 지식을 연습하는 모습을 보여주면 큰 도움이 된다. 기술을 제대로 습득하기 전까지는 많은 연습이 필요하므로 코칭을 아주 조금만 받더라도 유익할 것이다.

안타깝게도 일대일 학습은 기술이나 지식을 습득하는 데 고전하는 학생들을 위한 것이라는 오명이 따른다. 그 결과, 어느 정도 뛰어난 학생들은 일대일 학습을 활용하는 것에 부정적인 반응을 보인다. 하지만 이런 관점은 아무런 도움도 되지 않는다. 훌륭한 지식인들에게는 자기 분야의 기술을 숙달하도록 도와준 멘토 같은 존재가 있기 마련이다. 최초의 화학자 중 한 명인 로버트 보일은 조지 스타키George Starkey에게 화학에 관한 광범위한 지도를 받았다.[32] 또 현존하는 가장 위대한 수학자 중 한 명인 테런스 타오Terence Tao는 폴 에르되시Paul Erdös에게 가르침을 받았다.[33] 많은 분야에서 스승과 제자의 지적 혈통이 그 분야의 창시자까지 거슬러 올라가는 경우도 발견된다. 일대일 학습이 모든 상황에 가능한 방법은 아니지만, 만약 가능하다면 그 이점을 기꺼이 활용해야 한다.

③ 자신감은 능숙함에서 나온다

자기효능감이 주는 교훈은 자신감을 끌어올리기 위해 스스로를 심리적으로 단련하거나(예를 들어 실제로 성공할 때까지 성공한 척 행동하기) 가짜 칭찬을 마구 날려야 한다는 것이 아니다. 밴듀라의 연구에서는 신체 상태(각성)와 설득 모두 상대적으로 약한 자기효능감 요인으로 나타났다. 대신 우리는 타인의 성공을 보고, 스스로 성공을 경험할 때 자신감을 얻는다. 자신감이 부족하다면 우선 쉽고 간단한 과제부터 시작해서 긍정적인 경험을 쌓고, 자신이 원하는 능력을 가진 사람들에게 많은 도움을 받는 것이 중요하다는 뜻이다. 이때 불을 붙인다는 것이 좋은 비유다. 불꽃을 일으키려면 바람을 피해야 하고, 쉽게 불이 붙을 만한 재료가 풍부해야 한다. 동기부여가 커지면 도전 수준을 높일 수 있다. 불꽃을 꺼뜨렸던 묵직한 통나무는 이글거리는 불꽃을 피우는 강력한 연료가 될 수 있다.

복잡한 기술의 경우, 이런 조건을 달성하는 가장 좋은 방법은 습득하려는 기술의 기초를 철저하게 배우고, 자신의 능력과 너무 동떨어지지 않은 범위 내의 예제로 연습을 최대한 많이 하고, 수행이 막힐 때마다 많은 지원과 지도를 받는 것이다. 과제의 순서에 집중하고, 단순한 것에서 복잡한 것으로 나아가고, 다음 단계로 넘어가기 전에 단순한 과제에서 높은 수준의 성공을 경험하는 것도 숙련도를 보장하는 좋은 도구가 될 수 있다. 언어 학습의 경우, 이미 배운 어휘가 주로 사용된 단계별 책 시리즈를 읽는 것이 이런 방법에 해당한다. 수학의 경우, 공식을 먼저 익히고 서술형 문제로 넘어가는 것이다. 성공의 기반을 쌓아두면 나중에 훨씬 더 어려운 도전을 만났을 때 이겨낼 가능성이 커진다.

초기의 성공이 전문성이 되는 순간

●

읽기에 관한 연구와 사례들을 통해 살펴보았듯, 연습이 잘된 기술은 너무 자동화되어서 우리가 기술을 수행하기 위해 사용하는 기본 프로세스를 인식조차 하지 않는다. 능숙한 독자에게 모든 단어를 글자의 조합으로 인식한다는 생각은 믿기지 않을 것이다. 우리가 읽는 속도는 너무 빠르니까! 하지만 심리학자들이 발견한 분명한 결과가 있다. 시선을 추적하는 방식으로 수행된 연구에 따르면 전문적인 수준의 독자들은 한 페이지의 거의 모든 단어에 시선을 고정하고, 문자의 패턴을 인식하며 단어들의 정체성을 처리한다.[34] 이러한 인지 작업은 수년간의 독서 경험을 통해 무의식적으로 일어나므로 우리는 실제로 전부 다 읽는 것이 아니라 글의 의미만 인식할 뿐이다.

다음 장에서는 전문성에 관한 연구를 더 깊이 파고들어, 기술을 숙달할수록 기술을 실행하는 방식에 대한 인식이 희미해진다는 사실을 알아본다. 이 사실은 전문가들에게 큰 이점이 될 수 있다. 글의 의미를 분석할 수 있다는 것은 글자 하나하나에 관심을 기울일 필요가 없다는 사실이기 때문이다. 그러나 학습자들이 다른 사람을 보며 배울 때는 불리함으로 작용할 수 있다. 모범 사례로 삼고 싶은 전문가들이 복잡한 기술을 수행하는 방법을 무의식적으로만 알고 설명할 수 없기 때문이다.

제4장

경험은 때로는 지식의 적이다

우리는 우리가 말할 수 있는 것보다 더 많은 것을 알고 있다. _마이클 폴라니Michael
Polanyi , 철학자이자 화학자[1]

- 왜 전문가는 항상 최고의 선생님이 아닌가?
- 전문성은 어떻게 명시적 사고를 암묵적 지식으로 바꾸는가?
- 전문가의 직관을 더 명확하게 만들어서 우리가 그들로부터 배울 수 있을까?

대중의 상상 속에서 DNA 구조보다 더 쉽게 알아볼 수 있는 분자는 없
을 것이다. 회사 로고부터 영화 포스터까지 어디서나 볼 수 있는 그 '비
틀린 사다리'는 생명에 대한 인간의 과학적 이해가 승리했음을 의미한
다. 지금의 명성을 생각하면 1950년까지만 해도 DNA가 어떻게 생겼
는지 아무도 몰랐다는 사실이 놀랍기만 하다. 나선형 계단의 이미지와
그 구조가 우리 자신에 대한 이해에 끼친 영향은 대담한 엑스선 결정학
자 로절린드 프랭클린Rosalind Franklin의 공이 크다. 비록 그녀의 기여는
처음에 인정받지 못했지만, 세계에서 가장 상징적인 분자의 신비를 풀

수 있게 해준 것은 그녀가 찍은 사진이었다.

엑스선 결정학은 특정 유형의 사진을 찍는다. 그 이미지들은 정물화 속 과일이 담긴 그릇에서 반사되는 것처럼 물체에서 반사된 빛이 아니다. 부러진 뼈의 상을 포착할 때 엑스선이 드리우는 그림자 같은 실루엣도 아니다. 그 이미지는 양자역학의 회절 원리에 따라 만들어진다. 모든 빛이 그렇듯 엑스선은 파동으로 이루어진다. 파동이 무언가에 부딪히면 결정 속의 원자처럼 사방으로 흩어진다. 이때 마치 잔잔한 물에 돌을 던진 것처럼 여러 곳에서 잔물결이 일어나 바깥쪽으로 이동하면서 겹쳐진다. 한 파동의 마루crest(파동의 높이가 가장 높은 곳—옮긴이)와 다른 파동의 마루가 만나는 곳에서는 파동이 증폭된다. 그리고 마루가 골trough(파동의 높이가 가장 낮은 곳—옮긴이)을 만나는 곳에서는 그 효과가 상쇄된다. 대부분의 파동은 결정에 닿으면 안에 있는 원자들의 일정한 간격에 정확하게 대응하는 것들을 제외하고 상쇄된다. 빛에 민감한 필름을 그 사이에 넣으면 그 결정을 만든 분자의 구조를 추론할 수 있다. 이미지를 해독하려면 회절 원리에 대한 자세한 이해가 필요할 뿐 아니라 제멋대로인 재료로 선명한 사진을 만드는 실질적인 경험도 필수다.

프랭클린은 이 분야의 전문가였다. 케임브리지대학교에서 물리화학을 공부한 그녀는 석탄의 결정 구조에 대한 최첨단 연구를 통해 엑스선 결정학을 통달했다. 그녀의 연구는 석탄에 열이 가해졌을 때 어떤 조각들은 흑연이 되는 반면 다른 조각들은 그렇지 않은 이유를 설명하는 데 도움을 주었다. 그 주제는 생물학과는 거리가 멀지만 산업에 중요하게 적용할 수 있었고, 결정학 기술에 훌륭한 연습 기회를 제공했다. 석탄은 완벽한 결정이 아니라서 불순물과 불규칙성으로 이미지를 해석하기가 더 어려웠기 때문이다. 그 후 그녀는 킹스칼리지런던의 연구원이 되고, 생물학에서 가장 불가사의한 분자를 연구하라는 요청을 받았다. 그것이 바로 DNA였다.

당시 DNA 같은 생체 분자의 사진을 찍는 것은 쉽지 않은 일이었다. 우선 살아 있는 분자는 젖어 있다. 또 DNA 결정에는 두 가지 형태가 있는데 짧은 'A'형과 좀 더 긴 'B'형으로 일컫는다. 어떤 형태가 우세한가는 표본의 습도에 따라 달라진다. 이전의 사진들은 포착하는 데 걸린 기나긴 시간 동안 표본의 형태가 변해서 번져 있었다. 그래서 DNA를 잘 찍으려면 다루기 쉬운 표본을 찾는 것이 중요하다는 점도 문제를 더 복잡하게 만들었다. 다시 말해서 동물의 장기를 분쇄하고, 추출물을 정제해야만 했다. 과학이 열망하는 정밀성에도 불구하고, 사용 가능한 표본을 생성하는 과정들은 잘 이해되지 않았다.

이런 상황에서 스위스 화학자 루돌프 시그너Rudolf Signer는 분자가 많이 분해되지 않는 표본, 즉 과학자들이 고분자량이라고 부르는 표본을 생성하는 기술을 발견했다. 그러나 다른 DNA 연구자 모리스 윌킨스Maurice Wilkins는 높은 품질의 시그너 샘플에 대해 "콧물 같다!"라고 묘사했다.[2] 분자가 지구상에 모든 살아 있는 세포에 존재하는데도, 시그너의 DNA가 사용 가능한 표본으로 거의 독점적으로 다뤄졌다. 좋은 사진을 얻기 위해서는 DNA 가닥을 조심스럽게 잡아당겨서, 소금 용액을 사용해 이상적으로 젖은 상태를 유지해야 하며, 100시간 이상 엑스선에 노출되는 동안 조사해야 했다.

한편 프랭클린이 만든 이미지들은 정교했다. 영국 결정학자 버널J. D.

Bernal이 "지금까지 촬영된 모든 물질의 엑스선 사진 중에 가장 아름답다."라고 극찬할 정도였다.[3] 특히 그녀는 실험에 대한 재능만큼이나 문제를 공략하는 이론적 통찰도 뛰어났다. 제임스 왓슨James Watson과 프랜시스 크릭Francis Crick이 안쪽과 밑면에 세 개의 인공 돌기가 튀어나온 그들의 첫 DNA 모델을 보여주었을 때 프랭클린은 무엇이 잘못되었는지 바로 알아차렸다. 그들의 표본은 수분이 너무 적었고, 바깥에 놓은 나트륨 이온이 물 분자에 싸여 모델이 예측한 대로 결합이 이뤄지기가 불가능했다.[4]

나중에 세계적으로 유명한 화학자 라이너스 폴링Linus Pauling이 비슷한 삼중 나선 모델로 DNA 촬영 경쟁에 뛰어들었을 때에도 프랭클린은 망설임 없이 그 천재에게 직접 편지를 보내 실수를 지적했다.[5] 그녀는 자신이 직접 찍은 사진을 보고 인산염은 바깥쪽에 있어야 하고, 염기는 중앙에 위치해야 한다는 것을 알았다. 몇 달 동안 그녀는 조수 레이먼드 고슬링Raymond Gosling과 함께 A, B형의 사진을 찍는 작업을 반복하면서 정확한 원자 구조에 조금씩 신중하게 다가갔다.

결국 처음으로 DNA의 수수께끼를 푼 것은 왓슨과 크릭이었는데, 그들은 프랭클린이 찍은 사진을 그녀의 동의 없이 사용했다. 이는 과학계에서 일어난 아주 악명 높은 사건이었다. 왓슨과 크릭은 프랭클린이 찍은 엑스선 사진이 없었더라면 유전자가 세 개의 사슬로 얽힌 구조라는 잘못된 모델에서 벗어나지 못했을 것이다. 마찬가지로 만약 프랭클린에게 자료를 분석할 시간이 몇 달 주어졌더라면 유전자의 정확한 구조를 발견한 사람은 그녀가 되었을 수도 있다. 1962년 왓슨과 크릭이 그 발견으로 노벨상을 받았을 때, 그녀는 이미 4년 전에 암으로 사망한 상태였다. 비록 과학계의 최고 영예인 노벨상을 받지는 못했지만(노벨상은 사후에는 수여되지 않는다) 프랭클린의 연구는 생명의 가장 큰 비밀을 푸는 데 핵심적인 역할을 한 것으로 인정받는다.

설명할 수 없는 지식, '직관'

●

어떻게 프랭클린은 왓슨과 크릭의 첫 번째 DNA 모델이 정확하지 않다는 것을 한눈에 알았을까? 또 그녀는 분자를 취급한 적이 없는데도 어떻게 섬세한 섬유를 준비하는 올바른 방법을 바로 추론해 냈을까? 게다가 왓슨과 크릭은 프랭클린의 엑스선 회절 사진을 아주 잠깐 봤을 뿐인데 어떻게 분자의 전체 모양을 알아보고, 다른 가능성을 충분히 제거해서 필요한 답에 도달할 수 있었을까? 보통 과학은 합리성의 정점인 학문으로 여겨진다. 감정이나 직관과는 동떨어지고, 마치 순수 이성으로 세상의 본질을 추론하는 사제와 같다. 그러나 실제 과학자들은 이 철학을 저버린다. 위대한 과학적 발견의 역사에서 '직관'이 의도적인 방법만큼 큰 역할을 하는 듯하다.

헝가리 철학자이자 화학자 마이클 폴라니는 우리가 알고 있지만 어떻게 아는지 설명할 수 없는 지식을 가리켜 '암묵적 지식'tacit knowledge이라고 정의한다.[6] 그는 과학이 명백한 추론만큼이나 표현할 수 없는 지식에도 의존한다고 주장했다. 과학은 공정한 과학자의 시각이 아니라 과학자 개개인의 신념과 불가분의 관계라고 본 것이다. 폴라니의 관점에서 암묵적 지식은 과학에서 제거될 수 없고, 과학에서 직관적인 토대를 없애려고 한다면 철학자들이 보호하고자 하는 바로 그것(신념)이 파괴되는 일이다(공교롭게도 그는 DNA의 구조를 밝히는 데 사용된 핵심 기술인 섬유 회절 분석을 개척한 인물이기도 하다).

프랑스 수학자이자 물리학자 앙리 푸앵카레Henri Poincaré도 위대한 발견에서 직관이 중요하다는 비슷한 주장을 했다. 그는 1908년에 펴낸 저서 《과학과 방법》Science et méthode에 다음과 같이 적었다.

> 발명가의 머릿속에는 아무 소득 없는 조합은 절대로 나타나지 않는다. 그의 의식에 나타나는 조합 중에서 쓸모없는 것은 전혀 없다. 어느 정도 유용한 조합의 특성은 있으나 자신이 거부하려는 것을 제외하고 말이다. 모든 것은 마치 발명가가 2차 시험의 시험관이 되어서 1차 시험에 합격한 후보자들에게만 질문하면 되는 것처럼 진행된다.[7]

시이먼과 뉴얼의 언어를 이용해 해석한다면, 푸앵카레는 전문가의 사고가 크고 무작위적인 문제 공간을 탐색하지 않는다고 말하는 듯하다. 그들은 좋은 아이디어를 자동적으로 떠올리므로, 초기의 예측은 순수한 우연으로 예측한 것보다 정확할 확률이 더 높다.

폴라니와 푸앵카레의 추측 이후로 심리학자들은 전문성의 본질에 관한 많은 증거를 수집했다. 그리고 밝혀진 여러 이론이 비록 직관의 정확한 역할에 대한 정의는 각기 다를지라도 전문성에는 상당히 많은 암묵적 지식이 수반된다는 생각을 뒷받침한다. 확실하게 인정할 수 있는 사실은, 전문가가 되는 과정에는 의식적인 자각conscious awareness에서 벗어난 지식이 포함된다는 것이다. 전문가는 별로 고민하지 않고도 정답을 분명하게 안다. 그 결론에 어떻게 도달했는지 설명할 수 없더라도 말이다.

전문가들이 가진 능력의 비밀

●

전문성을 처음 과학적으로 설명하고자 한 것은 네덜란드 심리학자이자 체스의 대가인 아드리안 데흐로트Adriaan de Groot의 연구로 거슬러 올라 간다. 그는 1946년에 발표한 논문 〈체스의 사고와 선택〉Het denken van den schaker에서 체스 전문 선수들과 아마추어 선수들의 경기를 비교했다.[8] 그는 선수들에게 게임할 때 생각하는 것을 소리 내어 말로 표현하도록 요청하여 실력이 강한 선수들과 약한 선수들의 사고 과정을 비교할 수 있었다. 초기 가설은 전문 선수들이 더 많은 수를 떠올릴 수 있다는 것이었다. 뛰어난 선수일수록 문제 공간으로 깊이 들어가 다른 사람들이 떠올릴 수 없는 수까지 살핀다고 예상했다. 하지만 데흐로트가 연구한 전문 선수들 사이에서는 탐색의 깊이 측면에서 큰 차이가 나타나지 않 았다.[9] 또 다른 가설은 체스의 달인들이 단순히 더 뛰어난 지능으로 온 갖 종류의 문제를 더 잘 해결할 수 있다는 것이었다. 그러나 연구 결과 에 따르면 체스 그랜드마스터를 포함해 다양한 분야의 전문가들은 일 반적으로 경험 밖의 문제에서 남들보다 그다지 뛰어난 수행 능력을 보 이지 않았다.[10] 그랜드마스터를 구분하는 것은 더 깊이 있는 분석력도, 타고난 지능도 아니었다.

1970년대 초, 심리학자 윌리엄 체이스William Chase와 허버트 사이먼은 데흐로트의 체스 연구를 확장해서 재현했다.[11] 그들은 뛰어난 체스 선수들이 더 깊은 탐색에 의존하지 않는다는 데흐로트의 연구 결과를 확인했다. 대신 체스의 달인들은 '직관적으로' 더 나은 수를 떠올리는 것처럼 보였다. 그들이 탐색하기로 선택하는 초기의 수가 실력이 약한 선수들보다 더 뛰어나고, 이는 그들이 왜 더 우수한 성과를 내는지를 설명해 주었다. 체이스와 사이먼은 이 직관적인 능력을 뛰어난 기억력과 연결 지어 설명했다. 노련한 체스 선수들은 흔히 자연스럽게 발생하는 말의 배열을 아주 잠깐 보여주었을 때, 그 복잡한 패턴을 정확하게 복기할 수 있었다. 이와 달리 아마추어 선수들은 보통 몇 개의 말만 기억했다. 하지만 체스 말이 무작위로 아무렇게나 배열되었을 때는 달인의 실력이 아마추어보다 뛰어나지 않았다. 강화된 기억 능력은 체스에서 처음 입증되었고, 그 이후로 전문성의 보편적인 특징이라고 밝혀졌다. 의학, 프로그래밍, 전자공학, 운동, 음악 분야의 전문가들은 모두 자연적으로 발생하는 패턴에 뛰어난 기억력을 보였다.[12] 그러나 똑같은 정보가 그 분야에 전형적이지 않은 형식으로 제시되면 전문가들이 내놓는 결과적 우위는 급격히 줄어들었다.

체이스와 사이먼의 연구에서 체스 그랜드마스터들에게 나타난 또 다른 특징은 바로 체스 말을 놓는 순서였다. 전문 선수들은 그들의 체스 말을 중간에 여백을 넣어 의미 있는 묶음으로 배열하는 경향이 있었다. 이를테면 그들은 한 개의 나이트와 두 개의 룩이 있는 포크fork (상대의 한두 개 이상의 말을 공격할 수 있는 말—옮긴이) 포지션이나 킹이 퀸 쪽으로 캐슬링castling(킹을 체스판 옆쪽으로 더 안전한 위치에 놓을 수 있는 특수한 수—옮긴이)하는 것을 먼저 알아차렸다. 연구자들에 따르면 전문 선수는 의미 있는 배열의 모음으로 체스판을 인식하기 때문에 말의 위치를 더 잘 기억할 수 있었다. 반면 패턴에 대한 기억이 부족한 아마추어 선수들은 임의의 위치에 놓인 말을 하나씩 인지하므로 작업기억 속에서 모든 말을 저글링할 수밖에 없었다. 사이먼은 "(직관은) 인식 그 이상도, 그 이하도 아니다."라고 지적했다.[13] 기억 속에 수많은 패턴이 저장된 전문 선수들은 이전에 본 적 있는 배치이므로 똑같은 반응을 취해도 된다고 인식하고, 이를 통해 가능한 선택지의 광범위한 탐색을 피할 수 있다.

심리학자 게리 클라인Gary Klein은 경험이 풍부한 소방관들을 대상으로 진행한 현장 연구에서 그들 역시 직관적인 과정을 통해 올바른 행동 방침을 판단한다는 사실을 발견했다.[14] 불타는 건물에서 대응해야 하는 위험과 시간적 압박 속에서 공인된 의사결정 모델(다양한 선택사항을 떠올리고 각각의 장단점을 살핀 후 행동을 취하는 것)에 따라 행동하는 소방관들은 일부에 불과했다. 그 대신 클라인은 전문가들이 실제 상황에서 인식 촉발 결정recognition-primed decision을 사용한다고 주장했다. 즉 전문가들은 눈앞에 펼쳐진 상황이 기억 속에 저장된 일반적인 상황일 경우 자동적으로 재빠르게 행동 방침을 선택한다. 그들은 마주한 상황이 어떤 면에서 낯설다는 것을 암시하는 요인이 있을 때만 더욱 광범위한 문제 해결에 개입한다. 클라인은 전문성에 관한 연구의 전통에 따라 체스 선수들에 대한 연구도 진행했는데, 그들이 떠올린 첫 번째 수가 우연히 예측한 수보다 훨씬 낫고, 다시 생각할 시간이 주어져도 결국 최선의 선택인 경우가 많다는 사실을 발견했다.[15] 세계 체스 챔피언십 5회 우승에 빛나는 망누스 칼센Magnus Carlsen도 같은 생각인 듯하다. 그는 한 인터뷰에서 "보통 나는 다음에 무엇을 어떻게 할지 10초 만에 안다. 나머지 시간에는 다시 확인할 뿐이다."라고 말하며 이렇게 덧붙였다. "내가 이 수를 왜 선택했는지 설명할 수 없을 때가 많다. 그저 그게 옳다는 것만 알 뿐이다. 내 직감은 틀릴 때보다 맞을 때가 더 많은 것 같다."[16] 푸앵카레가 말한 것처럼 우리의 직관은 무작위적인 추측보다 훨씬 더 정확한 듯하다.

그렇다면 직관은 단순히 '위장된 기억'일까? 전문가들은 이전에 본 적 있는 상황, 즉 똑같거나 비슷해서 같은 반응이 필요한 상황에서만 능숙하다. 하지만 직관이 일종의 기억이라는 설명이 완전히 만족스럽지는 않다. 체스의 문제 공간은 엄청나게 크다. 초반전과 종반전은 기억 속 상황과 거의 비슷할 수 있지만, 중반전에서는 아무리 노련한 선수일지라도 한 번도 접하지 못한 상황에 놓일 때가 많다. 적응적 전문성Adaptive expertise을 위해서는 새로운 조합의 제약 속에서 좋은 수를 찾아야 한다.[17] 연구를 살펴보면 전문가들이 이를 해낼 수 있다는 증거가 나타난다. 말하자면 말의 배열이 전형적이지 않을 때 전문 선수들은 회상 능력이 아마추어 선수들보다 더 낮지 않은데도 더 나은 수를 선택한 것으로 보인다.[18]

직관이 단순히 인식이라는 주장의 대안이 있다. 전문가들이 먼저 무의식적으로 상황에 대한 여러 개의 상반된 표현을 만든 다음 그중에서 가장 가능성이 큰 해석을 선택해서 상황의 의미를 이해한다는 것이다.[19] 심리학자 월터 킨치가 제안한 읽기 능력의 구성—통합Construction-Integration 모델이 그 예다.[20] 영어 문장을 예로 살펴보면, "He met the man at the bank."(그는 (은행/강둑)에서 그 남자를 만났다)라는 문장에서 'bank'라는 단어 때문에 금융 기관과 강둑에서 누군가를 만났다는 이해가 동시에 활성화된다. 하지만 이어지는 다음의 문장을 더 읽으면 부적절한 의미가 탈락된다. "They withdrew two hundred dollars." (그들은 200달러를 인출했다)는 두 사람이 강둑이 아닌 은행에서 만났다는 판단을 뒷받침할 것이다. 사람들이 강이나 돈 같은 단어를 얼마나 빠르게 처리하는지 측정하는 연구에 따르면 두 가지 의미는 모두 일시적으로 활성화되지만 모순되는 의미로 이해될 경우 의식적인 인식의 수면 위로 떠오르기 전에 억눌린다. 이처럼 직관이 작동하는 이유는 전문가가 '패턴의 의미'를 이해하기 때문이다. 처음에 그 패턴들은 상황에 대한 서로 상충하는 이해 방식을 만든다. 하지만 더 많은 정보가 들어올수록 적절하지 않다고 보이는 해석은 억제된다. 새로운 조합이 나타날수록 이해 과정은 일관성 있는 답을 찾아간다(다만 일관성이 늘 정확성을 뜻하는 것은 아니다. 제9장에서 살펴보겠지만 전문가의 직관은 피드백이 부족한 불확실한 환경에서 단순한 통계적 접근 방식보다 정확성이 훨씬 떨어지는 경우가 많다).

전문성을 인식의 측면에서 보는 주장과, 의식 속에 서로 경쟁하는 상반되는 요소들에 대한 복잡한 이해 과정으로 보는 주장은, 모두 암묵적 지식이 작동한다는 사실을 암시한다. 전문성은 일단 공식적인 규칙과 절차를 적용하는 것으로 시작할지도 모른다. 하지만 시간이 지남에 따라 이는 특정한 상황에 대한 인식으로 대체될 수 있다. 이때 전문가의 지식이 암묵적 지식인 이유는 추론이 전혀 일어나지 않기 때문이다. 즉 정답을 맞히는 과정은 단순히 답을 기억하는 과정이다. 마찬가지로 직관은 일종의 이해라는 설명에도 지식이 숨겨져 있다. 상황을 이해하는 연상의 그물이 의식적인 성찰에 열려 있지 않기 때문이다.

전문가가 항상 최고의 교사는 아닌 이유

•

암묵적 지식은 전문가로부터 배우는 데 장벽을 만든다. 전문가는 인식과 직관에 의존해 좋은 답을 내놓지만 그 답을 어떻게 발견했는지를 항상 설명할 수 있는 것은 아니기 때문이다. 또 다른 장벽은 전문가가 자신이 발견한 지식이 명백하다고 생각해서 설명을 기술하지 않고 그냥 생략한다는 것이다. 프랭클린이 왓슨과 크릭의 삼중 나선 모델에 반대한 일도 그랬다. 그녀는 그 모델이 작동하지 않는 이유를 아주 간단하게 설명했다. '수분 함량을 고려해 인산의 뼈대가 모델의 바깥쪽을 향해야 한다'라고 말이다. 이는 프랭클린에게는 아주 명백한 사실이었다.[21] 하지만 화학 전문가가 아닌 크릭이나 왓슨에게는 전혀 명백하지 않았다. 흔히 대화자는 의사소통에서 중복된다고 생각하는 정보를 자연스럽게 생략한다.[22] 쉬지 않고 '왜'를 묻는 어린아이를 상대해 본 적 있는 사람이라면 자신의 행동에 대해 세부 사항을 하나도 빠뜨리지 않고 일일이 설명하는 것이 얼마나 괴로운지 잘 알 것이다. 하지만 두 그룹 간의 기술 수준에 엄청난 차이가 있으면 한쪽에는 명백한 사실을 다른 쪽에서 전혀 이해하지 못할 수 있다. 이렇게 전문가들이 자신의 지식을 당연시하고, 상대방의 지식을 과대평가하는 것을 '지식의 저주'라고 일컫는다. 세계적인 수준의 전문가가 자기 분야의 입문 과정을 가르치는 교사로서는 형편없는 경우가 많은 이유도 이 때문이다. 인기 있는 과학책이 주제에 대해 지나칠 정도로 단순하게 말하다가도 지나치게 난해하게 설명하면서 오락가락하는 이유도 마찬가지다. 해당 분야의 전문가인 저자가 독자들이 명백하게 아는 것과 이해하기 까다로워하는 것의 균형을 맞추기 어려워하기 때문이다.

전문가에게 배울 때의 또 다른 장벽은 한 분야에 몸담은 사람이라면 잘 알겠지만 기록으로 남겨져 있지 않은 '구전 지식'의 존재다. 왓슨과 크릭이 DNA 구조 모델을 만드는 도중에 유익한 사건이 발생했다. 처음에 그들은 DNA의 염기가 내부에 들어맞는 경우에 대해 연구했다. 하지만 교과서에서 핵산의 모양이 불안정하다고 배웠기 때문에 그 가능성은 희박해 보였다. 수소 원자가 약간 다른 위치에 있을 뿐 구조 자체는 유사한 에놀 형태와 케토 형태가 거의 동일한 비율로 발생한다고 여겨졌다. 즉 중간에 끼워 넣으려고 하면 구조를 합치는 일이 어려워진다는 것이다. 모양이 앞뒤로 왔다 갔다 하는 레고 블록을 맞춘다고 생각해보라. 한편 결정학자 제리 도너휴Jerry Donohue는 그들이 사용한 교과서가 틀렸다고 주장했다.[23] 그는 발표된 몇 가지 연구 논문만 가지고서 실제 모양이 케토 형태라고 주장했는데, 실제로 이 형태를 사용하면 염기가 잘 들어맞았다.

구전 지식은 많은 분야의 개척지에서 큰 역할을 한다. 과학자들이 새로운 단계에 이르기 위해 쌓여야 하는 발견들이 아직 확실한 사실로 굳어지지 않았기 때문이다. 프랭클린과 왓슨, 크릭이 연구를 시작했을 당시에는 유전자가 DNA로 만들어진다는 사실조차 확실하지 않았다. 여전히 단백질이 가장 유력한 후보라고 믿는 연구자들이 많았다. 그 몇 해 전에 생물학자 오즈월드 에이버리Oswald Avery가 DNA를 유전자의 분자라고 설명하는 강력한 증거를 내놓은 바 있었다. 그는 무해한 박테리아에 병원균의 정제된 DNA를 주입하고, 안전한 미생물이 복제 과정에서 유지된 독성을 띠는 것을 지켜보았다.[24] 왓슨이 끈질기게도 DNA 연구를 포기하지 않은 것은 과학적 합의가 아니라 에이버리의 실험 결과가 정확하다는 직감에 근거한 것이었다. 생화학자 어윈 샤가프Erwin Chargaff도 핵산의 비율 사이에 특이한 상관관계가 있음을 지적했다. 아데닌adenine(이하 A)의 양이 이상하게도 항상 타이민thymine(이하 T)과 비슷한 듯 보였고, 마찬가지로 구아닌guanine(이하 G)과 사이토신cytosine(이하 C)의 양도 비슷했다.[25] 어떤 DNA 표본에는 A-T가 더 많거나 다른 표본에는 G-C가 더 많았지만 두 비율은 고정적이었다. 돌이켜보면 이것은 DNA 구조에 대한 강력한 단서였다. 분자의 구조 안에서 A는 T와 결합하고, G는 C와 결합하는 것이었다. 하지만 왓슨과 크릭이 DNA 구조 모델을 만들고 있을 때만 해도 이렇게 명백하고 과학적인 사실은 전혀 분명하지 않은 상태였다. 왓슨의 보고서에 따르면 그의 동료 로이 마컴Roy Markham도 샤가프가 내놓은 결과가 틀렸다고 주장했다.[26] 이는 일부 바이러스가 다른 화학 물질을 사용하기 때문에 사이토신을 볼 수 없었던 연구 결과에 근거한 주장이었을 것이다.[27]

암묵적 지식, 명백한 사실, 문서화되지 않은 구전 지식은 모두 고급 기술을 배울 때 장벽이 된다. 그 장벽은 너무 거대해서 엘리트 수준의 과학 연구를 배우려면 견습 과정이 필요하다고 주장한 이들도 있다. 사회학자 해리엇 주커먼Harriet Zuckerman은 미국인 노벨상 수상자의 절반 이상이 다른 노벨상 수상자 밑에서 견습생과 같은 과정을 거쳤다는 사실을 발견했다.[28] 멘토 관계가 시작되었을 때 스승이 아직 노벨상을 수상하기 전인 경우가 69퍼센트였는데, 이는 명망 있는 수상 경력보다 스승의 감각이 영향력을 좌우한다는 것을 암시한다. 기술이 수행되는 모습을 직접 목격하고, 아직 교과서에 실리지 않은 지식에 접근하고, 직접 연습하는 것이 최고 수준의 과학적 성취를 위한 전제 조건일 수도 있다. 물론 노벨상을 받은 과학자나 우리가 선택한 분야의 최고 전문가 밑에서 직접 배울 기회를 얻는 경우는 극히 드물다. 하지만 전문가의 지식을 직접 접하는 것은 학습의 개선에 매우 중요하다.

전문가의 지식 뽑아내기

●

인지적 과제 분석Cognitive Task Analysis은 전문가들의 지식을 뽑아내기 위해 고안된 기법의 하나다. 이는 이전의 행동 과제 분석이 주는 좌절 때문에 만들어졌다. 이전 기법들은 조립 라인에서 볼트를 고정하는 리벳공처럼 사람들이 기술을 수행할 때 취하는 정확한 움직임과 행동을 조사하기 위해 개발되었다. 반면 인지적 과제 분석은 전문성을 발휘할 때 결정에 영향을 미치는 지식과 기술이 무엇인지 파악하는, 좀 더 어려운 일에 사용된다. 어느 인지적 과제 분석에 관한 안내서를 펴낸 저자들은 이렇게 설명한다. "인지적 과제 분석은 과제의 본질이 물리적이기보다 개념적일 때, 과제를 핵심적인 절차로 압축하는 것이 불가능할 때, 전문가의 실력이 초보자를 월등하게 능가할 때 더 효과적인 기술이다."[29] 인지적 과제 분석의 도구들은 쇼핑객들의 구매 행동을 파악하거나 교육 시간을 줄여주는 커리큘럼을 개발하거나 전문 작업을 도와주는 도구를 설계하고, 심리 과정을 이해하기 위한 기초 연구로 사용되었다.

인지적 과제 분석은 분야가 상당히 넓은 편이다. 한 검토 논문에 따르면 개발된 기술만 60개가 넘는다.[30] 여기에는 구조화 면담과 구조도 concept-mapping 같은 저차원적인 기술부터 전문가의 작업에 대한 상세한 컴퓨터 시뮬레이션까지 다 포함된다. 인지적 과제 분석은 실행 자체만으로 상당한 훈련과 연습이 필요한 기술이다. 철저한 분석에는 전문가를 인터뷰하고, 데이터를 정리하고, 전문가적 사고의 특성에 대한 추측을 확인하는 수백 시간의 작업이 필요할 수 있다. 개인의 기술 향상이 목적일 때는 인지적 과제 분석을 정식으로 활용하는 것이 그다지 실용적이지 않다. 다만 비공식적인 방법으로도 비록 불완전하지만 비슷한 정보를 모을 수 있다.

인지적 과제 분석에 담긴 몇 가지 통찰을 이해하면 전문가에게 배울 때 빠지기 쉬운 함정을 어느 정도 피할 수 있다.

통찰① 조언이 아니라 이야기를 청하라

전문가와의 대화는 그들에게 배움을 얻는 가장 좋은 방법 중 하나다. 하지만 여기에는 피해야 할 함정이 많다. 첫 번째 함정은 전문가가 가르치는 역할을 쉽게 수행할 수 있고, 개선에 필요한 조언을 직접적으로 제공할 것이라는 추측이다. 인지적 과제 분석에 관한 안내서에서 주장하듯 "자기보고self-report 방식은 사람들이 스스로 인지적 과제를 분석하고, 암묵적으로 아는 지식을 보고하는 능력이 있다고 가정한다. (…) 하지만 연구 결과들은 이러한 가정을 뒷받침하지 않는다. 오히려 증거는 그와 정반대의 사실을 암시한다. 사람들은 자신의 인지 과정을 보고하는 일을 상당히 어려워한다."[31] 조언을 구하면 설교가 돌아오거나 전문가의 입장에서는 당신이 원하는 지식이 너무 당연하고 명백해서 언급할 가치가 없다고 생각할 것이다.

이 문제를 해결하는 방법은 이야기에 집중하는 것이다. 주결정기법Critical Decision Method은[32] 전문가에게 특히 어려운 사건을 회상해 달라고 요청하는 방식에 집중한다. 이야기는 일반적인 조언이나 일상적인 행동 양식을 요청할 때 생략되기 쉬운 부분들, 즉 결정이 언제, 어떻게 이루어지며 어떤 결과가 따랐는지에 관한 구체적인 세부 사항에 집중한다. 이야기에 집중하는 방법은 당신이 이해해야 하는 상황이 너무 드물게 일어나서 관찰하기가 쉽지 않을 때도 도움이 된다. 어려운 수술이나 화재 구조 또는 까다로운 비즈니스 결정은 자주 발생하지 않으므로 이야기로 회상하는 기법이 사건에 대한 정보를 모으는 유일한 방법일 수도 있다.

이때 좋은 초안을 마련하는 일은 기삿거리를 준비하는 기자가 하는 일과 같다. 말하자면 사실을 수집하고, 타임라인을 설정하고, 단계별로 결정을 상세하게 살펴보는 데 집중한다. 이렇게 하면 전문가가 어떤 선택을 하는 이유를 알아보기 위한 후속 질문을 얻을 수 있다. 사실에 초점을 맞추면 단순히 어떤 경험에서 얻은 광범위한 교훈을 물어볼 때 가려질 수 있는 이야기의 세부 사항이 두드러진다.

통찰② 어려운 문제를 철저히 논의하라

인지적 과제 분석의 또 다른 전략은 전문가가 문제를 해결하는 모습을 관찰하는 것이다. PARI 기법(전조Precursor, 행동Action, 결과Result, 해석

Interpretation)은[33] 전문가가 자신이 직면하는 전형적인 문제를 생성하고, 그 문제를 다른 전문가들과 교환하며 논의하는 것에 초점을 맞춘다. 동료의 문제를 해결하면서 소리내어 생각하므로 연구자들이 문제 해결 과정의 기본적인 흐름을 조사할 수 있다. 전문가는 문제를 해결한 후에 해결 과정을 다시 이야기하면서 더 자세한 세부 사항을 밝힐 수 있다.

전문가가 과제를 수행하는 모습을 지켜보고 그들이 왜 그런 선택을 했는지 물어볼 수 있다면 생각의 이면에 숨겨진 많은 것을 밝혀낼 수 있다. 단순히 이야기를 떠올리거나 조언하는 것이 아니라 실제 문제를 해결하는 데 초점을 맞추면 확실한 장점 두 가지가 따라온다. 첫째, 문제 상황은 일반적인 상황이나 맥락 밖에서는 떠올리기 어려운 지식을 상기하는 역할을 한다. 둘째, 문제 해결 과정을 관찰하는 자체가 문제 해결이 어떻게 이루어지는지를 학습하는 가장 좋은 방법이 될 수 있다. 관련된 연구 결과는 명시적인 지시보다 예제를 통한 학습이 더 강력하다는 사실을 입증한다.[34] 이는 지침서가 나오기 이전의 시대, 즉 다른 사람을 관찰하는 일이 문제 해결을 배우는 유일한 방법이었던 시대에 진화적으로 적응한 특징일지도 모른다.

통찰③ 전문가들이 답을 찾는 법을 유심히 봐라

소시오그램 측정법sociogrammetry도 인지적 과제 분석 기법이다.[35] 이는 지식을 사회적 관계망에 연동하여 묶는 방법인데, 전문가들에게 어떤 주제에 대한 조언이 필요할 때 누구를 찾는지 물어보는 것에서 시작한다. 어려운 문제를 해결하기 위해 필요한 지식은 여러 분야에 분산된 경우가 많아서 모든 답을 다 아는 단 한 명의 전문가를 찾기란 거의 불가능하다. 이런 경우 대개 유용한 연락처 목록을 작성하는 것이 직접 문제를 이해하는 첫 단계가 된다. 허버트 사이먼은 이것이 질문에 답하는 가장 효율적인 과정이라며 다음과 같이 언급했다.

> 나는 질문을 받으면 주변 사람 중에서 그 분야와 가장 가까운(아주 가까울 필요는 없다) 분야에 종사하는 전문가에게 전화를 건다. 그리고 질문의 답을 묻지 않고, 그 사람의 지인 중에서 그 주제에 가장 가까운 전문가가 누구인지를 묻는다. 원하는 정보를 얻을 때까지 이 과정을 반복한다. 대개는 서너 통의 전화를 걸기도 전에 문제가 해결된다.[36]

구글에서 검색하거나 서점 혹은 공공 도서관에서 책이나 자료를 접할 수도 있겠지만, 대개 질문에 답을 찾는 가장 좋은 방법은 여기저기 전화를 걸어 답을 알 만한 사람을 찾는 것이다.

보기에서 연습하기로 나아가기

●

지금까지 네 개의 장을 통해 사람들이 문제 공간을 탐색하여 문제를 해결하는 방법, 새로운 기술을 배울 때 인지 부하를 관리하는 것의 중요성, 초기 숙달의 경험(성공)이 가져오는 긍정적인 영향, 전문성의 암묵적인 성격에 대해 살펴보았다. 하지만 기술은 관찰만으로 얻어지지 않는다. 무언가를 더 잘하려면 상당한 연습이 필요하다. 이어서 살펴볼 다음 네 개의 장에서는 학습에서 연습이 하는 역할에 대해 살펴볼 것이다. 난이도의 스위트 스폿을 찾는 것부터 연습 주기를 만드는 것의 중요성, 정신적 능력이 생각보다 훨씬 구체적이라는 사실을 보여주는 연구, 유연한 기술을 습득하기 위해 단순히 반복하기보다 가변적으로 연습하는 것이 효과적인 이유에 대해 논의하겠다. 마지막에는 모방을 넘어서 진정으로 창의적인 해결책을 찾기 위해 생산의 아웃풋을 늘려야 하는 중요성도 알아본다.

제2부

연습하기 Do

: 연습을 통해 배워라

제5장

난이도의 스위트 스폿을 찾아라

모든 연습의 근본적인 진실은 이렇다. 자신의 안전지대를 넘어서지 않으면 결코 발전이란 없다. _안데르스 에릭슨·로버트 풀Robert Pool , 심리학자[1]

- 어려움이 학습에 도움이 되는 때는 언제인가?
- 먼저 문제를 풀어야 하는가, 예제를 공부해야 하는가?
- 예제 보기, 연습, 피드백을 연습 주기에 어떻게 포함해야 하는가?

옥타비아 버틀러Octavia Butler는 역사상 가장 훌륭한 공상 과학(이하 SF) 작가 중 한 명이다. 휴고상과 네뷸러상을 여러 차례 수상했으며, SF 작가로서는 최초로 '천재상'이라고 불리는 맥아더 펠로십을 받았다.[2] 그녀의 소설들은 베스트셀러가 되었고, 미 전역에 있는 대학의 영문학 수업에서 다뤄진다. 한때 그녀가 미국에서 유일한 흑인 여성 SF 소설가였다는 사실을 생각하면 더욱더 값진 성공이다.

소설가로 성공한 버틀러의 유년기는 그리 좋지 못했다. 그녀가 일곱 살 때 아버지가 세상을 떠났으며, 정규 교육이라고는 초등학교 3학년까지밖에 받지 못한 어머니가 가족을 먹여 살리기 위해 가정부로 일했다. 수줍음이 많은 성격 탓에 사람들과 잘 어울리지 못했던 버틀러는 괴롭힘을 당하기 일쑤였다. 그녀의 키가 약 183센티미터까지 자라나 괴롭히는 아이들보다 커져서야 괴롭힘이 멈추었다. 버틀러는 수년 동안 성공한 작가를 접한 적이 없었고, 스스로 작가가 될 수 있을 거라는 믿음조차 없었다. 그녀가 숙모에게 작가의 꿈을 밝혔을 때 돌아온 대답은 "얘야, 깜둥이는 작가가 될 수 없단다."였다.[3]

그녀는 열 살 때부터 글을 쓰기 시작했다. 열세 살 때 버스 안에서 문학 잡지 《작가》The Writer를 주웠는데 단편 소설을 출판하는 방법이 실려 있었다. 얼마 후 버틀러는 첫 번째 소설을 출판사에 보냈고, 곧바로 거절 편지를 받았다. 도움을 받고자 문학 에이전트를 구했지만 사기꾼을 만나 한 달치 월세에 달하는 61달러만 뜯겼다. 훗날 그녀는 초기에 겪은 좌절감을 떠올리며 "나는 작가가 되는 법에 대해 전혀 아는 것이 없었고, 도와줄 사람도 없었다.[4] (…) 참고할 만한 본보기도 없었고, 내가 무엇을 잘못하고 있는지도 전혀 알지 못했다. 작가가 되고 싶은 많은 사람이 똑같은 경험을 한다. 무엇이 문제인지, 왜 계속 거절당하는지 모른다."[5]라고 말했다.

그래도 그녀는 글쓰기를 포기하지 않았다. "집착이란 두려움과 의심이 커진다고 그만할 수 있는 것이 아니다. 집착은 그냥 절대로 그만둘 수 없는 것이다."[6] 새벽 3시에 일어나 허드렛일하러 출근하기 전까지 글을 쓰는 것이 그녀의 정해진 일과였다. "나는 단순 노동직이 좋았다. 사무직은 그 일을 좋아하는 척해야 했는데 나는 전혀 좋아하지 않았기 때문이다."[7] 정규직으로 일하지 않는 덕분에 정신적인 자유는 얻었지만 경제적으로 대가를 치러야 했다. "그래도 나는 운이 좋았다. 타자기가 한 대 더 있어서 먹을 것이 떨어질 때마다 전당포에 맡길 수 있었으니까."[8] 버틀러는 직장에서 해고되면 글쓰기에 온전히 집중할 수 있어서 그렇게 행복할 수가 없었다.

그런 그녀에게 전환점이 찾아온 것은 미국영화작가조합Screen Writers' Guild이 제공하는 무료 수업을 들을 때였다. 당시 강사 중에 성공한 SF 작가 할란 엘리슨Harlan Ellison이 있었다. 엘리슨은 버틀러에게 6주간 진행되는 SF 소설 워크숍인 클래리온 워크숍Clarion Workshop에 참가해 보라고 권했다. 처음에 버틀러는 겁이 났다. 그녀는 태어나 자란 캘리포니아주 패서디나를 떠나본 적이 거의 없었다. 너무도 두려웠지만 힘들게 여비를 마련해서 펜실베이니아로 가는 그레이하운드 버스에 올랐다. 클래리온 워크숍의 강사들은 대부분 현직 작가였다. 출판 경험이 풍부한 이들이라서 어떤 책이 출판되는지 잘 알았다. 이에 대해 버틀러는 말했다. "내가 영문학 수업 시간에 배운 것들은 그다지 쓸모가 없었다. 글쓰기의 종류 자체가 달랐다. 학문과 소설은 서로 완전히 다른 글이다."[9] 워크숍 참가자들은 매일 단편 소설을 하나씩 써서 다음날 수업 시간에 각자가 쓴 글을 분석했다. 처음에 버틀러는 그 속도를 따라가기가 버거웠다. 하지만 워크숍이 끝날 때쯤에는 처음으로 작품을 판매하는 데 성공했다.

워크숍 이후 버틀러는 단편이 아니라 장편 소설을 쓰기로 결심했다. 단편 소설을 팔아서 버는 돈은 지극히 적은 액수였는데 장편은 출판사로부터 더 많은 계약금을 받을 수 있으니 전업 작가의 꿈을 이루는 가장 좋은 방법이었다. 하지만 장편 소설의 분량이 너무 부담스럽게 다가

왔다. 그녀는 그 상황에서 자신이 활용한 전략을 말했다. "20쪽 정도 되는 단편은 몇 작품을 써본 적이 있었다. 그래서 20쪽 분량의 장을 여러 개 쓰면 하나의 장편 소설이 완성된다는 식으로 생각하기 시작했다."[10] 결국 버틀러는 첫 번째 장편 소설 《패턴마스터》Patternmaster를 완성해 출판사와 계약하는 데 성공했다.

그 후 왕성한 집필 활동을 이어간 그녀는 5년 동안 무려 다섯 편의 소설을 썼다. 세 번째 책이 나올 무렵에는 수입도 안정적이어서 글쓰기에만 전념할 수 있었다. 네 번째 소설에서 좀 더 야심 찬 도전을 해보고 싶었던 버틀러는 자신의 삶에 주목했다.

어릴 때 그녀는 가정부로 일하는 어머니가 창피했다. 고용주들은 어머니가 뻔히 옆에서 듣는데도 모욕적이고 비하하는 말을 하기 일쑤였다. 하지만 버틀러는 나이가 들수록 어머니처럼 꿋꿋하게 시련을 견디면서 살아가는 사람들에게서 진정한 품격을 발견했다. 그래서 그녀는 시간여행을 통해 남북 전쟁이 일어나기 전의 미국 남부로 가게 된 흑인 여성을 주인공으로, 당시 가혹한 노예제도의 참상을 오늘날의 현실과 대조적으로 보여주는 이야기를 구상했다. 그 주제를 탐구하기에 안성맞춤인 설정이었다. 정확한 역사 고증과 광범위한 연구가 필요했기에 출판사에서 받은 계약금으로 소설의 배경이 될 메릴랜드주의 농장으로 사전 답사를 떠났고, 그 노력은 결실을 거뒀다. 그렇게 탄생한 《킨》Kindred은 버틀러의 상업적으로 가장 성공한 작품이 되었고, 문학계에 강렬한 유산으로 남았다.[11]

작가는 왜 글쓰기에 어려움을 느낄까?

●

앞서 살펴본 전문성의 관점에 따르면 경험은 문제를 일상적인 일로 바꾼다. 초보자는 문제 공간을 탐색하는 데 어려움을 겪는 반면, 전문가들은 이전에 본 적 있는 상황을 인식하고 즉시 답으로 넘어간다. 하지만 전문 작가의 경우를 살펴보면 문제가 복잡해진다. 작가들이 글쓰기 과제를 수행하면서 자신의 생각을 소리내어 말하고, 이를 글로 옮긴 것을 보면 꼭 초보자의 수준처럼 보인다. 큰 노력이 필요한 문제 해결, 잦은 교착 상태, 수단-목표 분석 등이 담겨 있다. 반면 어린아이들은 종종 전문가처럼 유창하게 글을 쓴다.[12] 그들은 어떻게 써야 잠재 독자들에게 흥미로울지 또는 설득력 있을지를 계획하거나 정리하고 또 생각하는 일을 거의 하지 않는다. 이와 관련된 주제를 연구한 마를레네 스카르다말리아Marlene Scardamalia와 카를 베레이터Carl Bereiter에 따르면 어린아이들은 어른들이 글을 쓰기 전에 하고 싶은 말을 생각하는 데 무려 15분이나 소비한다는 설명을 듣고 어리둥절한 반응을 보였다.

글쓰기는 전문성에 관한 일반적인 사실을 거스르는 듯하다. 이는 글쓰기가 단 하나의 문제가 아니기 때문이다. 루빅큐브를 맞추거나 대수학 문제를 풀거나 심지어 페르마의 마지막 정리를 증명할 때는 어떤 접근법이든 상관없이 과제 자체는 동일하다. 또 출발점과 수행 과정, 수용 가능한 해결책도 누구에게나 동일하다. 하지만 똑같은 글쓰기 과제가 두 명의 작가에게 주어졌을 때는 문제를 완전히 다르게 인식할 수 있다. 심지어 이메일 작성 같은 간단한 작업도 사람에 따라 형식적인 과제로 받아들일 수 있고, 표현력이 풍부한 산문으로 해결할 수도 있다. 쉽게 말해서 아이들은 전문가처럼 행동하고, 숙련된 작가는 초보자처럼 행동한다. 두 그룹이 푸는 문제 자체가 다르기 때문이다. 아이들은 특정 주제에 대해 생각나는 대로 쓰는 것이 자기 목표이기 때문에 유창하게 글을 쓴다. 스카르다말리아와 베레이터는 이를 '지식 말하기 전략'knowledge-telling strategy이라고 부른다. 이 전략은 성인이 될 때까지 지속되기도 한다. 동료에게서 의식의 흐름대로 쓴 듯한, 매우 산만한 이메일을 받아본 적 있는 사람이라면 알 것이다. 하지만 전문가들은 보통 해결하기에 훨씬 더 어려운 문제, 즉 독창적인 이야기를 쓰거나 독자를 설득하거나 흥미로운 표현을 끄집어내는 것 등을 선택한다.

버틀러의 문학적 성장은 점점 더 어려운 문제로 나아가는 과정이었다. 초기에 그녀의 글은 모방의 특징이 강했다. "내가 열세 살 때 써서 출판사에 보낸 단편들은 개인적인 관심사와 전혀 무관한 내용이었다. 보통 출판되는 소설들을 보고 따라서 썼다. 술과 담배에 너무 많이 둘러쌓인 서른 살 백인 남자의 이야기 같은 것 말이다."[13] 하지만 글을 계속 쓰면서 그녀는 개인적으로 의미가 있는 독창적인 주제를 발굴했다. 그녀가 판매한 첫 번째 작품 《차일드파인더》Childfinder는 특별한 정신적 능력을 가진 아이들을 모집하는 비밀 단체 사이의 투쟁을 그렸다. 초기 작품들을 거치면서 그녀의 관심사도 성장했고, 사회의 계층제도와 권력처럼 평생 관심을 두게 된 주제들이 생겼다. 클래리온 워크숍 이후 그녀는 단편에서 장편으로 글쓰기 영역을 옮겨갔다. 세 권의 소설을 발표한 후에는 연구 능력을 키워서 역사적 배경을 조사해 《킨》을 썼고, 그다음에는 원주민 언어를 이용하기도 하면서 과학서에서 영감을 얻은 후기 소설에 이르기까지 연구 능력을 심화시켰다.

버틀러는 점점 더 어려운 문제를 해결하고자 했기 때문에 시간이 지나도 글쓰기가 절대 쉬워지지 않았다. 그녀는 평생 창의성이 가로막히는 장벽을 경험했다. 강박적일 정도로 수없이 원고를 고쳤고, 기준을 충족하지 못한다는 이유로 원고의 상당 부분을 버리기도 했다. 원고가 만족스럽게 써지지 않을 때는 출판사에 미리 받은 계약금을 돌려주겠다고 한 적도 있었다. 작가로서 전성기를 누릴 때 진행한 인터뷰에서 글쓰기가 유기적으로 이루어지는가에 대한 질문을 받자 버틀러는 이렇게 대답했다. "그렇지 않아요. 저에게 글쓰기는 노동입니다. 가만히 앉아 있어도 하늘에서 저절로 뚝 떨어지는 것이 아니죠."[14] 글을 쓰면서 종종 좌절감을 느꼈다는 사실은 그녀의 일기에도 잘 나타나 있다. 하지만 이는 계속 더 어려운 문제를 찾으려는 경향 때문일 것이다. 덕분에 그녀는 문학적 재능을 더욱 발전시킬 수 있었다. 이러한 사실은 어니스트 헤밍웨이가 지적했던 "모든 작가는 그 누구도 장인의 반열에 오르지 못하는 도제"라는 말에도 잘 나타난다.[15]

이런 점에서 글쓰기는 다른 분야와 다르지 않다. 물리학자들은 학부생들이 쩔쩔매는 교과서 문제를 간단하게 풀 것이다. 하지만 그들의 일은 단순히 교과서 문제를 빨리 푸는 것이 아니다. 그들은 과학의 최전선에서 가장 어려운 문제들을 다룬다. 체스 그랜드마스터들도 초보자를 이기기 위해서가 아니라 더 강한 상대와의 두뇌 싸움에서 이기기 위해 심오한 분석과 연습을 한다. 전문성의 무의식성은 우리가 개선하려고 노력하지 않는 기술을 다룰 때 가장 크게 작용하는 듯하다. 이를테면 운전은 대다수의 사람이 거의 자동으로 수행한다. 운전과 관련하여 해결이 필요한 더 심도 있는 문제가 존재하지 않아서가 아니라 운전을

수행하는 문제 해결 자체에 특별히 관심을 기울이지 않기 때문이다. 점
진적으로 난이도가 높아지는 문제 해결은 수행 능력을 방해하기도 하
지만 숙달에는 필수적이다.

언제 어려움이 도움이 될까?

•

앞서 살펴본 것처럼 어려움이 학습하는 데 항상 도움 되는 것은 아니
다. 문제가 자신의 문제 공간에서 너무 멀리 떨어져 있으면 현재 자신
에게 가장 효과적인 기법을 써서 탐구해도 해결이 불가능할 수 있다.
해결책에 도달하더라도 수단−목표 분석에 따른 인지 부하가 심해져서
나중에 다시 활용할 수 있는 패턴을 인식하는 데 방해가 될 수 있다. 마
지막으로 전문가들의 암묵적 지식은 직접 접근해 관찰하지 않고서는
뽑아내기 어려울 수 있다. 버틀러는 초기에 이 어려움을 다 겪었다. 그
녀는 작가의 길을 처음 걷기 시작했을 때를 생각하며 이렇게 말했다.
"절망의 연속이었다. 몇 년 동안 좌절감이 커졌고, 출판사의 거절 편지
도 쌓였다."[16] 이끌어주는 사람 없이도 수년 동안 포기하지 않고 계속
글을 썼다는 사실이 그녀의 성격을 잘 보여준다. 마침내 SF 소설 작가
들과 직접 교류한 후에야 큰 돌파구가 생겼다는 것도 놀라운 일은 아
니다.

하지만 연구자들은 모든 어려움이 도움 되지 않는 것은 아니라는 사
실을 발견했다. 심리학자 로버트 비요크Robert Bjork와 엘리자베스 비요
크Elizabeth Bjork는 어려운 연습이 쉬운 연습보다 더 나은 실력 향상으로

이어지는 조건에 대해 연구했다.[17] 이러한 바람직한 어려움 중 하나는 정보를 다시 보는 것이 아니라 기억에서 정보를 인출하려고 노력하는 것이다. 어떤 사실이나 과정, 생각을 성공적으로 떠올리면 이를 반복해서 보는 것보다 기억력이 더 강화된다.[18] 플래시 카드가 효과적인 공부 도구인 이유도 마찬가지다. 단순히 메모를 보는 것은 나중에 기억을 회상하는 능력을 개선하는 효과가 떨어진다.

또 다른 바람직한 어려움에는 분산 연습spaced practice이 있다.[19] 학습 내용을 여러 차례에 걸쳐서 반복하면 빠른 향상이 이루어진다. 하지만 그만큼 빠르게 잊어버린다. 벼락치기는 학생들이 흔히 쓰는 공부법이지만 그다지 좋은 공부법이 아닌 이유가 이 때문이다. 시험 전에 벼락치기로 공부하면 일시적으로 머릿속에 학습 내용이 채워지지만 시험 이외에 사용할 기회가 생기기 전에 거의 다 잊어버릴 것이다. 그러나 매일 조금씩 복습하면 똑같은 시간을 들이고도 더 큰 성과를 얻을 수 있어서 효과적이다.

학습에 어려움이 도움 되는 이유는 무엇일까? 우선 우리 뇌가 노력을 절약하는 능력이 탁월한 기계라서 그렇다. 보는 것만으로 문제의 해결 패턴에 접근할 수 있다면 답을 기억에 저장할 필요가 없다. 마찬가지로 한꺼번에 폭발적으로 여러 번 문제에 노출되면 답을 일시적으로 필요한 것이라고 인식해서 빠르게 잊을 수 있다. 어떤 지식이 필요한가에 대한 힌트가 있으면 뇌는 힌트가 없을 때 그 지식을 인출하려는 노력을 절약할 수 있다. 심리학자 존 앤더슨John Anderson은 뇌가 기억하는 규칙은 현실에서 지식을 다루는 데 합리적으로 적응한 방식으로 볼 수 있다고 했다.[20]

올바른 연습 주기 만들기

•

바람직한 난이도는 보기만 하는 연습과 직접 해보는 연습 사이에 갈등이 존재한다는 것을 암시한다. 문제 해결 패턴을 직접 볼 기회가 없으면 스스로 만들어야 한다. 대개는 추가적인 인지 부하가 따를 것이다. 최악의 경우에는 유용한 전략을 끝까지 학습하지 못할 수도 있다. 반대로 도움이 되는 힌트에 항상 쉽게 접근할 수 있다면 깨달음을 내면화하지 않을 것이다. 이 갈등을 해결하려면 예제 보기, 문제 해결하기, 피드백 받기의 세 가지 요소를 합쳐서 연습 주기를 만들어야 한다. 이 주기를 반복적으로 오가면 성공적인 학습의 세 가지 요소를 모두 활용할 수 있다.

버틀러는 신인 작가들에게 조언할 때 비슷한 과정을 적용한다. "나는 시작하기를 어려워하는 사람들, 말하자면 쓸 이야기는 있는데 어디서부터 어떻게 시작해야 할지를 모르는 사람들에게 좋아하는 작품을 참고하라고 말한다. 대여섯 개 작품의 시작 부분을 모방하는 것이다. 한 글자도 빠뜨리지 말고 똑같이 따라 하도록 말이다." 그녀는 이 전략을 더 자세히 설명한다. "중요한 것은 다른 작품의 시작 부분을 모방한다는 점이 아니다. 최소한 대여섯 개 작품을 모방하라는 데는 이유가 있다. 핵심은 무엇이 가능한가를 배우는 것이다. 흔히 작가들의 문제는 너무 많이 알거나 충분히 알지 못한다는 것이다. (…) 그들은 가능성의 바다에 압도당한다. 그 광활한 바다에서 필요한 것만 가져오는 방법을 알지 못하는 것이다."[21] 그래서 다른 작가들이 비슷한 문제를 어떻게 해결했는지 연구하면 자신의 이야기를 다룰 때 가능한 선택지의 예를 얻을 수 있다. 이처럼 새로운 기술을 쌓을 때의 첫 단계는 예제를 참고하는 것이다.

그다음에는 연습하려는 기술을 실제로 수행해야 한다. 보기는 연습을 도울 수 있지만 결코 대체하지는 못한다. 기술을 배우려면 뇌가 적극적으로 사용하지 않는 지식을 내면화하지 않는 방식으로 노력을 최소화하려는 경향을 이겨내야 한다. 행동은 주의의 방향을 이끈다. 연구 결과에 따르면 학생들은 필요하다고 느끼기 전까지는 해결된 예제를 공부하지 않는 경향이 있다.[22] 하지만 예제와 연습 문제 사이를 왔다 갔다 하면 학습 내용을 대충 훑어보는 것이 아니라 제대로 주의를 기울일 수 있다.

마지막으로 연습의 질에 대한 정확한 피드백을 받아야 한다. 피드백의 부재는 글쓰기 같은 기술에 명백한 장애물로 작용한다. 버틀러는 자신이 어떤 실수를 하고 있는지 알려주는 좋은 피드백을 얻지 못해서 오랫동안 고전해야 했다. 그리고 기회가 주어졌을 때 그녀는 적극적으로 피드백을 구했다. 미국영화작가조합에서 수업을 들을 때 강사 시드 스티플Sid Steeple 에게 피드백을 구했던 경험을 이렇게 이야기했다. "그는 내가 쓴 글을 읽고 평가를 내려주었다. 집으로 돌아가는 동안 그에게 서운한 마음도 들었지만 나에게 꼭 필요했던 비판이었다."[23]

기술을 수행하는 데 진전이 이루어지면 연습 주기의 난이도를 올릴 수 있다. 점차 내면의 지식 저장고를 이용해 문제를 해결하기 시작하면 예제를 보는 일이 점점 드물어질 것이다. 이제는 더 큰 프로젝트에 따르는 추가적인 인지 부하를 관리할 수 있으므로 좀 더 복잡한 문제를 선택한다. 마지막으로 탁월한 성과를 평가하는 직관이 발달할수록 외부의 피드백보다 자체적인 평가의 비중이 커진다. 이런 식으로 연습 주기는 난이도를 최적화하는 기회를 제공한다.

예시 vs. 시도, 무엇이 우선?

●

실력 향상에는 보기, 연습하기, 피드백 받기가 모두 필요하다. 설명이나 본보기를 생략하고 학습자 스스로 가장 좋은 방법을 찾게 하는 것이 목적인 발견학습discovery learning은 지도 형태의 학습보다 종종 효과가 떨어진다. 심리학자 리처드 메이어Richard Mayer는 순수한 발견학습은 여러 눈에 띄는 실패 사례들을 고려할 때 '삼진 아웃' 법칙이 있어야 한다고 주장한다.[24] 나아가 심리학자 존 스웰러, 폴 키르슈너, 리처드 클라크Richard Clark는 필요한 지식과 방법을 배우기도 전에 학생들에게 문제를 풀도록 요구하는 모든 '최소한의' 지도 학습 형태에 반대한다는 뜻을 이렇게 밝혔다. "반세기 동안 최소한의 지도 학습을 활용하는 교육을 옹호하는 분위기였지만, 그 학습법의 효과를 뒷받침하는 연구 결과는 없는 듯하다. 통제된 연구에서 나온 결과들은 거의 한결같이 직접적이고 강력한 교육 지도를 옹호한다."[25]

반면에 연습의 중요성을 의심하는 이들은 거의 없다. 존 앤더슨, 허버트 사이먼, 린 레더Lynne Reder는 지나친 연습이 이해를 얇게 만든다는 주장에 반박한다. "지난 20년간의 연구 결과에 따르면 연습이 나쁘다는 주장만큼 모순되는 것도 없다. 여러 실험실 연구와 방대한 전문가 사례 연구에서 나온 모든 증거는 진정한 역량이 오직 광범위한 연습을 통해서만 얻을 수 있음을 보여준다."[26] 학습 경험에서 보기와 연습하기 중 하나가 빠지면 효과적일 수 없다.

하지만 예제나 연습하기를 완전히 생략하는 양극단 사이에 순서화sequencing 문제가 존재한다. 생각해 보자. 우리는 문제 상황을 먼저 직면할 때 더 잘 배우는가? 아니면 예제를 먼저 보아야 하는가? 다시 말해 이상적인 연습 주기는 '보기-연습하기-피드백 받기'인가, '연습하기-피드백 받기-보기'인가? 이 책을 쓰는 시점을 기준으로, 이 질문은 뜨거운 논쟁의 중심에 놓여 있다. 문제 해결이 먼저여야 한다는 접근법에 찬성하는 심리학자 마누 카푸Manu Kapur는 '생산적 실패'productive failure 패러다임에 따르면 문제 해결이 지도(예제)보다 앞서는 것이 학습에 효과적이라고 주장했다.[27] 카푸가 진행한 실험에서 학생들은 어렵지만 이해할 수 있는 문제를 풀었다. 지도가 없으면 대부분은 전문가처럼 문제를 해결하는 데 실패했다. 그 후 학생들에게 표준적인 해결 과정을 보여주고, 그들의 시도와 그 우수한 방법을 대조한다. 예컨대 야구팀 감독이 일관된 타율을 가진 선수를 영입하는 방법에 관한 문제가 주어지고, 학생들은 스스로 여러 방법을 계산해 본다. 그다음 분산variance (수학의 확률과 통계 영역에서 변수가 평균값에서 얼마나 떨어져 있는지를 나타내는 정도—옮긴이)의 개념을 배우고, 자신이 시도한 방법과 비교하는 방식이었다. 2021년에 카푸는 160개 이상의 실험을 메타적으로 분석한 결과, 생산적 실패 패러다임으로 지도하는 것이 학생들에게 이점을 준다는 사실을 발견했다.[28] 다니엘 슈워츠Daniel Schwartz와 테일러 마틴Taylor Martin도 정답을 설명해 주기 전에 학생들이 스스로 해결 방법을 찾게 하는 비슷한 실험적 패러다임을 옹호한다.[29] 학생들이 정답과 자신이 가진 지식의 격차를 관찰하고, 그 새로운 지식을 문제 상황에 어떻게 적용할지 인식하는 것이 도움 된다는 것이다.

한편 다른 연구에서는 반대 패턴이 발견되었다. 문제 해결 전에 예제를 먼저 보여주는 것이 효과적이라는 것이다. 교육 전문가 그레그 애슈먼Greg Ashman, 슬라바 칼리우가Slava Kalyuga, 존 스웰러는 전구의 효율을 다루는 과학 수업에서 두 가지 학습 순서를 비교했는데, 예제를 먼저 접한 학생들이 더 좋은 성적을 거두었다.[30] 교육심리학자 잉가 글로거-프레이Inga Glogger-Frey가 주도한 연구에서도 문제 해결을 시도하기 전에 예를 먼저 보는 것이 유리하다는 결과가 나왔다. 연구진에 따르면 해당 실험 결과는 "과제를 수행하는 준비 활동 시간이 똑같이 주어질 때, 해결된 예제는 열린(해결책을 직접 만들어내야 하는) 문제를 다루는 것보다 더 효과적이다."라는 주장과 일치한다.[31] 교육연구원 브라이언 마틀렌Bryan Matlen과 심리학자 데이비드 클라르는 학생들에게 실험 변수를 제어하는 전략을 가르치는 방법을 살펴본 결과, 가장 훌륭한 지도를 받은 그룹이 가장 좋은 성과를 보이지만 시기적인 차이는 없다는 사실을 발견했다. 그들은 "(학생들이) 학습의 어느 시점에서 적극적인 지도를 받기만 한다면 비교적 잘 배우고, 지식의 전이가 잘 이루어진다."라고 주장했다.[32]

문제 해결을 우선하는 접근법과 예제를 우선하는 접근법이 각각 언제 효과적인지 그 경계 조건에 대한 연구가 계속 이루어지고 있다. 하지만 사실 그 차이는 별로 중요하지 않다. 연습 주기에는 문제 상황을 마주하는 것, 스스로 해결하려고 시도하는 것, 해결된 예제를 공부하는 것을 오가는 과정이 모두 포함되어야 한다. 순서의 영향력은 이론적으로 흥미로울 수 있지만, 현실적으로는 이 세 가지 요소 중에서 하나를 빠뜨릴 때 발생하는 피해가 더 크다는 사실이 중요하다.

올바른 난이도를 찾는 3가지 전략

•

능력 향상을 위해 최적의 난이도가 필요하다는 생각은 여러 학습 이론의 핵심이다. 영향력 있는 러시아 심리학자 레프 비고츠키Lev Vygotsky 는 근접발달영역zone of proximal development 을 통한 학습을 제안했다.[33] 근접발달영역은 혼자서 해결할 수 있는 능력 발달 수준과 다른 사람의 도움으로 해결 가능한 잠재적 능력 발달 수준의 간극을 뜻한다. 한편 월터 킨치는 문해력 연구를 통해 학습용이성 영역zone of learnability을 주장했다.[34] 해당 연구에서는 사전 지식 수준이 낮은 학생일수록 잘 짜인 글을 통해 가장 효과적으로 학습한다는 결과가 나왔다. 더불어 다소 놀라운 사실은, 사전 지식 수준이 높은 학생들에게는 체계적이지 않은 글이 학습에 효과적이었다는 점이다.[35] 비슷한 맥락에서 인지 부하 이론가들이 제안한 지적 숙련 역전 효과에 따르면 사전 지식 수준이 낮은 학습자에게 효과적인 방법은 학습이 진전될수록 그 효과가 줄어든다.[36] 결국 불확실한 상황에서는 예제를 많이 보는 것보다 지식을 인출하는 것이 더 효과적이므로, 똑같은 개입이라도 부정적인 영향을 끼칠 수 있다. 따라서 숙달을 위해서는 난이도가 점진적으로 높아지는 문제 해결 과정이 반드시 필요하다.

최적의 난이도가 효과적이라는 사실에는 누구나 동의하겠지만, 이는 쉽게 이룰 수 있는 일이 아니다. 버틀러가 초기에 많은 좌절감을 느껴야 했던 사실을 떠올려보자. 그녀는 결국 장편 소설로 전향한 덕분에 작가로 성공할 수 있었지만 변화를 결심하기까지는 더 복잡한 문제를 다뤄야 한다는 걱정으로 몇 년의 시간이 더 걸렸다. 이처럼 올바른 난이도를 찾는 것은 쉽지 않지만 도움이 될 만한 몇 가지 전략이 있다.

전략① 워크숍 참여하기

버틀러는 여러 워크숍에 참여한 것이 글쓰기 실력 향상에 가장 큰 영향을 주었다며 이렇게 말했다. "워크숍은 내가 전달하고자 하는 것을 관객을 빌려서 정확히 전달하게 해준다. 흔히 젊은 작가는 원하는 바가 명확히 표현되었다고 착각하기 쉽다."[37] 특히 경험이 풍부한 강사가 주도하는 워크숍 환경은 훌륭한 연습 주기의 기회도 제공한다. 버틀러는 클래리온 워크숍에서 매일 새로운 작품을 쓰고, 동료들의 글을 읽어보고 수업에서 서로 다 같이 비교하고 분석한 덕분에 훌륭한 SF 글쓰기의 패턴에 빠르게 동화될 수 있었다. 그때 접한 다양한 패턴들은 그녀의 창의성을 억압하기는커녕, 이전에 인위적으로 모방해서 단편을 썼을 때보다 더 자신만의 고유한 비전을 추구하도록 도왔다.

워크숍 환경은 강제 메커니즘의 역할도 한다. 출판사에 원고를 보내는 것을 망설이지 않았던 버틀러와 달리, 많은 작가가 노골적으로 평가당하는 일이 두려워서 피드백을 받는 것을 미룬다. 이런 경험에 대해 버틀러도 "출판사로부터 거절 편지를 받는 것은 내가 낳은 자식이 못생겼다는 말을 듣는 것과 같았다. 도저히 믿기지 않고 화가 치밀었다."라고 공감했다.[38] 그래서 작가들은 원고를 먼지 쌓인 파일 폴더에 넣어 두고 아무에게도 보여주지 않는, 이른바 책상 서랍 증후군에 빠지기 쉽다. 이런 행동은 쓰디쓴 거절의 경험을 피하고 자존심을 살려주지만 실력의 정체기로 향하는 지름길이다.

전략② 모방-완성-창조

예제를 모방하는 것은 매우 과소평가된 학습 전략이다. 물론 무분별한 모방은 비판받아 마땅하다. 원리를 제대로 이해하지 못한 채로 해결책을 잘라 붙이는 것이기 때문이다. 이때의 해결책은 완성 문제com-pletion problems를 사용하는 것이다.[39] 완전히 해결된 예제를 공부하는 것이 아니라 예제에서 하나 이상 생략된 부분을 빈칸으로 두고 이를 채운다. 학습 및 교육학 교수 예룬 반 메리엔보어Jeroen van Merrienboer는 완성 문제가 초보자들이 프로그래밍 기술을 습득하는 데 속도를 높여준다는 사실을 발견했다. 주요 단계가 삭제되어서 학생들이 해결책을 이해하기 위해 정신적으로 집중하게 되지만, 완전한 답을 생성할 때처럼 작업기억에 과부하가 걸리는 일은 피할 수 있기 때문이다. 언어 학습 애호가들은 이와 비슷한 빈칸 채우기cloze deletion 전략을 지지한다. 빈칸 채우기는 문장의 빈칸을 채우는 플래시 카드가 필요하다. 이 방법을 쓰면 고립 단어(정확한 이해에 필요한 맥락이 생략된 단어)를 연구하는 문제를 피하면서도 문장 전체를 기억해야 하는 문제가 발생하지 않는다.

물론 궁극적인 목표는 모방이나 완성이 아니라 머릿속에 저장된 지식을 이용해서 해결책을 만드는 것이다. 그래서 완성 문제는 예문을 간단히 공부하는 것으로 시작해, 빈칸을 채우고, 마지막으로 다양한 맥락에서 직접 문장을 만드는 연속적인 과정으로 보아야 한다.

전략③ 스캐폴딩 활용하기

스캐폴딩scaffolding은 본래 건물이 완성되기 전에 높은 곳에서 공사할 수 있도록 임시로 설치한 가설물을 가리킨다. 건축 분야에서 쓰이는 용어를 은유적으로 활용한 교육적 스캐폴딩은 자유도degrees of freedom(연구에서 독립적으로 달라질 수 있는 변수의 수를 설명하기 위해 통계학에서 사용되는 용어—옮긴이)를 줄이기 위해 문제 상황을 간접적으로 수정하는 기법을 말한다. 쉽게 말해 자전거 보조 바퀴가 교육적 스캐폴딩에 속한다. 보조 바퀴는 아직 손잡이 조종에 익숙하지 않은 초보 탑승자들이 넘어지지 않게 해준다. 부모가 아이에게 쓰는 과장되거나 익살스러운 모성어motherese도 아이의 언어 습득을 돕는 본능적인 교육적 스캐폴딩이라고 할 수 있다. 스카르다말리아와 베레이터는 글쓰기 지도를 연구하면서 아이들이 자기가 쓴 문장에 대해 평가하는 표현을 직접 선택하게 하면 전문가와 같은 글쓰기 과정이 활성화된다는 사실을 발견했다. 즉 '개연성이 없어 보인다' 혹은 '좀 더 분명하게 표현할 수 있을 것 같다'와 같은 평가 표현을 아이들이 직접 선택해서 자신이 쓴 문장을 하나하나 평가하게 하면 일반적으로 고학년이 되어야 드러나는 성찰적인 글쓰기 과정을 강제할 수 있다.[40]

스캐폴딩은 대개 현실적인 상황에서 직면한 어려움 중 일부를 단순화하여 효과를 발휘할 수 있다. 하지만 스카르다말리아와 베레이터의 개입이 보여주듯, 스캐폴딩은 추가적인 특징을 띨 수도 있다. 특정한 표현이나 문법 패턴을 사용하려는 명확한 목적으로 외국어를 연습하는 방식은 부자연스러울 수도 있지만, 제대로 된 의사소통을 목표로 지식을 사용하는 것에 비해 작업기억의 부담을 줄여준다.

최적의 난이도가 핵심이다

•

작가나 프로그래머, 운동선수, 부모로서 능력을 더 잘 발휘하려면 연습의 질이 중요하다. 기억하자. 예제 보기, 문제 해결하기, 피드백 받기가 합쳐져야 중요한 기술을 향상시킬 수 있다. 최적의 난이도를 찾는 일은 그 과정에서 필수적인 부분이다. 다음 장에서는 기술을 연습할 때 실제로 발달하는 것이 무엇인지 살펴본다. 일반적으로 마음은 훈련을 통해 강해지는 근육이라고 생각하지만 실제로는 그렇지 않다. 우리가 학습하는 기술은 놀랍도록 구체적이다.

제6장

마음은 근육이 아니다

한 작업에서 근육이 강해지면 다른 작업의 성과도 향상된다. 이런 의미에서 마음이
근육이 아니라는 것은 이제 너무나 분명해졌다. _존 앤더슨·마크 싱글리Mark Singley,
《인지 기술의 전이》The Transfer of Cognitive Skill 중에서[1]

- 뇌 훈련은 효과적인가?
- 체스, 음악, 프로그래밍을 배우면 더 똑똑해지는가?
- 복잡한 기술의 구성 요소는 무엇인가?

2016년 1월 루모스 랩Lumos Labs은 뇌 훈련 프로그램 루모시티Lumosity로
고객들을 기만했다며 미국연방거래위원회Federal Trade Commission(이하
FTC)가 제기한 소송에 대해 200만 달러의 배상금을 지급하기로 합의
했다. FTC가 고소한 내용에 따르면 루모스 랩은 자사가 특별히 고안한
게임을 '일주일에 3, 4회 10~15분씩' 하면 '직장과 학교에서 성과가 개
선되고, 노화나 심각한 건강 질환과 관련된 인지 장애가 줄어들거나 늦
춰진다'라고 주장했다.[2] 루모스 랩은 신뢰할 수 있는 과학적 증거가 뒷
받침되지 않는 이상, 자사의 제품이 '직장과 학교 또는 스포츠 영역에

서 성과를 개선'하거나 '노화에 따른 기억력을 비롯한 인지 기능의 감퇴를 늦추거나 예방한다'라는 주장도 하지 말라는 처분을 받았다.[3]

루모시티 같은 뇌 훈련 프로그램이 소비자들의 흥미를 끄는 것은 충분히 이해할 수 있는 일이다. 지적 능력은 심리학자들이 측정하는 거의 모든 중요한 삶의 성과와 관련이 있다.[4] 정신 기능이 조금만 향상되어도 투자한 시간이 전혀 아깝지 않을 것이다. 하지만 안타깝게도 뇌 훈련의 효과를 뒷받침하는 증거는 거의 없다.

신경과학자 에이드리언 오언Adrian Owen이 이끄는 연구진은 무려 1만 1,430명을 대상으로 6주간의 인지 훈련 실험을 시행했다. 참가자들은 그들이 연습한 게임에서는 능력 향상을 보였지만 "인지적으로 밀접한 관련이 있어도 훈련하지 않은 과제에 능력이 전이되는 효과가 일어난다는 증거는 발견되지 않았다. 그러한 과제가 인지적으로 밀접하게 관련되어 있는 경우에도 마찬가지였다."[5] 또 다른 연구에서는 9학년 학생들의 작업기억 훈련을 살펴보았다.[6] 이 연구에서 2년간 지속적인 연습으로 어떤 과제의 기술을 개선한 후 지능의 유동성을 측정했을 때, 그 개선 효과가 다른 유사한 과제에도 확장되는 모습은 관찰되지 않았다. 또한 뇌 훈련은 노화에 따른 인지 능력의 저하를 예방해 주지도 않는 듯하다. 한 검토 문헌에 따르면 "대부분의 연구에서 일반화할 수 있는 수행 능력의 향상이 나타나지 않았다."[7]

오슬로대학교 특수교육학 모니카 멜비레르바그Monica Melby-Lervag 교수와 동료들은 87개 연구 결과를 메타분석하고 이렇게 밝혔다. "작업기억 훈련 프로그램들은 인지 능력의 실질적인 척도로 일반화되지 않는, 단기적이고 특정한 효과를 낼 뿐이다."[8] 즉, 뇌 훈련은 특정 게임을 더 잘하게 만들 뿐 다른 과제들에서는 별다른 개선 효과가 없다.

　뇌 훈련의 실패는 그리 놀라운 사실이 아닐 수도 있다. 시중에 우리의 몸과 마음을 개선해 준다고 약속하는 제품은 많지만 과학적 검증을 통과하지 못한다. 그러나 뇌 훈련의 실패는 유행하는 식단이나 종합 비타민과 달리 심리학 분야에서 가장 오래된 논쟁의 핵심을 보여준다.

하나를 배우면 다른 것도 잘하게 될까?

●

뇌 훈련을 정당화하는 아주 솔깃한 비유가 있다. 바로 '마음은 근육과 같다'라는 말이다. 운동으로 근육을 단련하면 팔 힘이 세져서 장바구니를 들거나 짐을 옮길 때 수월해지듯, 혹독한 정신 활동이 뇌를 예리하게 만들어 서로 관련 없는 과제들도 훌륭하게 수행할 수 있다는 것이다. 디지털 게임을 통한 사고력 강화는 새로운 개념이지만, 마음 근육이라는 비유는 그 역사가 매우 오래되었다. 일찍이 플라톤은 《국가》에서 산술 훈련을 하면 그 기술을 사용하지 않는 다른 지식도 빠르게 처리할 수 있다고 지적했다.[9] 이 비유는 영국 철학자 존 로크가 주장했다고 알려진 형식 도야 이론formal discipline theory의 기초가 되기도 했다. 교육의 가치가 직접 가르치는 기술뿐 아니라 정신 능력 전반을 향상한다는 데 있다는 이론이다.[10] 이를테면 라틴어를 배우면 라틴어뿐 아니라 모든 지식에 대한 기억력이 향상된다는 뜻이다. 마찬가지로 기하학은 추론 능력을, 시는 감수성을, 그림은 정확성을 키운다는 것이다.

　심리학자 에드워드 손다이크Edward Thorndike와 로버트 우드워스Robert

Woodworth는 1901년부터 하나의 기술을 연습해서 이루어진 개선이 다른 능력에 어느 정도까지 전이되는지 알아보는 일련의 실험을 진행했다.[11] 손다이크는 기하학과 라틴어가 일반 과목들과 마찬가지로 다른 과목에 도움 되지 않는다는 사실을 발견했다.[12] 일례로 작은 직사각형의 크기를 계산하는 법을 배운 피험자들은 더 큰 직사각형의 크기를 계산하는 능력이 3분의 1 정도만 개선되었을 뿐이다.[13] 또 색깔을 구별하는 연습을 한 아이들은 길이나 무게를 추측하는 데서 정확도가 전혀 향상되지 않았다.[14] 영어 동사를 찾는 능력이 크게 향상된 피실험자들은 다른 품사를 인식하는 능력에서 거의 나아지지 않았다.[15] 손다이크는 형식 도야 이론에서 말하는 기술의 확장과 정반대되는, 동일한 요소에 기초한 전이 이론을 주장했다. 구성 요소가 중복된다면 한 기술에서 다른 기술로 능력이 전이된다는 것이다. 그는 이렇게 결론을 내렸다. "정신은 무수히 많은 독립적인 능력으로 전문화되어 있어서 우리는 인간의 본성을 아주 작은 부분에서만 바꿀 수 있다."[16]

기억력을 키우기 위해 라틴어를 배운다는 것은 요즘에는 시대에 뒤떨어진 이야기로 들리지만 형식 도야 이론은 과거의 유물이 아니다. 이 이론은 전략적인 추론력을 기르기 위해 체스를, 창의력을 향상하기 위해 음악을 배워야 한다거나[17] 프로그래밍이 실제 코드를 작성하는 능력과 무관하게 문제 해결법을 가르쳐준다는 주장에 은연중으로 따라오기 마련이다. 손다이크의 시대와 마찬가지로, 과학적 연구는 이런 특정한 기술에 광범위한 이점이 있다는 주장에 의심을 던진다. 인지과학자 조반니 살라Giovanni Sala와 인지심리학자 페르낭 고베Fernand Gobet는 체스와 음악의 학습이 일반적인 인지 능력에 끼치는 긍정적인 영향에 대한 메타분석을 실시했다. 그 결과, 체스와 음악이 수학적 추론이나 학문적 능력의 개선에 미치는 효과 크기effect size가 매우 작은 것으로 나타났다. 두 사람은 이렇게 설명했다. "전반적으로 이러한 결과는 신중하게 예상되었던 바로 볼 수 있다. 좀 더 정확하게 말하자면 전혀 긍정적인 영향이 없다. 효과 크기는 실험 설계의 품질과 반비례 관계에 있었다." 그들은 엄격하게 실행된 연구들만 고려했을 때 "전체적인 효과 크기는 최소한이거나 아예 존재하지 않았다."라고 밝혔다. 마찬가지로 프로그래밍도 문제 해결 능력을 개선해 주지 않는 듯하다. 관련 연구자들은 이렇게 지적한다. "컴퓨터 프로그래밍을 가르쳐야 한다고 주장하는 이유는 그것이 비판적 사고, 문제 해결, 의사결정 기술의 발달에 도움이 된다는 것이다. 하지만 이러한 주장은 경험적 자료로 뒷받침되지 않는다."[18] 두뇌 훈련이든, 체스든, 프로그래밍이든 결과는 똑같다. 직접 연습한 기술은 개선되지만 그 영향으로 다른 기술을 수행하는 능력까지 나아진다는 실질적인 증거는 거의 없다.

한 기술을 배우면 다른 기술로 얼마나 일반화될까?

•

한 가지 기술을 연습하는 것이 광범위한 분야에 도움이 될 가능성은 적다. 하지만 손다이크의 실험은 그 논쟁을 잠재우지 못했다. 비판자들은 손다이크의 동일요소설에서 '동일'이라는 단어를 물고 늘어졌다. 학습이 해당 훈련을 정확히 모방하는 일에만 제한된다는 생각이 터무니없다고 지적한 것이다. 교육자 알렉산더 메이클존Alexander Meiklejohn이 조롱

하듯 이렇게 말했다. "노란 망치로 못을 박는 법을 배운 사람이 나중에 못을 박으려고 이웃의 망치를 빌렸는데 망치가 빨간색인 걸 알고 자신의 무력함을 깨닫는다고 생각해 보라."[19] 손다이크의 실험은 마음이 근육이라는 주장을 뒷받침하지는 않지만, 그의 이론이 예측한 것보다 능력은 더 많이 전이된다는 사실을 보여주었다. 그 내용을 살펴보면, 한 구절에서 알파벳 e와 s가 모두 포함된 단어를 발견하는 과제를 연습하는 실험에서 피험자들은 두 글자가 모두 바뀌었을 때보다 하나만 대체되었을 때(예를 들어 e와 r이 포함된 단어를 찾는 것) 더 좋은 성적을 보였다. 그러나 첫 번째 과제를 연습한 피험자들은 훈련받지 않은 대조군보다 더 잘했다.[20] 마찬가지로 참가자들은 수학 방정식 실험에서 학교에서 보통 배우는 형식으로 공식을 제시했을 때 더 잘 풀어냈지만, 공식을 완전히 새로운 형태로 제시하더라도 능력이 0의 수준으로 떨어지는 것은 아니었다.[21] 기술 간 동일 요소가 무엇이든, 자극과 반응이라는 단순한 조합보다는 일반적인 것처럼 보였다.

한 가지 기술에서 이루어진 개선이 다른 기술로 전이되는 것은 그것을 어떻게 가르쳤는지에 달렸다는 주장도 있다. 심리학자 찰스 저드Charles Judd는 남학생들에게 물속의 표적으로 다트를 던지는 연습을 시켰다.[22] 한 그룹은 빛의 굴절 원리를 배웠고, 다른 그룹은 배우지 않았다. 첫 번째 표적을 명중하는 시도에서 두 그룹은 거의 비슷한 성적을 보였다. 그러나 표적의 깊이가 바뀌자, 빛이 수면을 지나면서 휘어지고 방향이 바뀐다는 사실을 아는 그룹이 더 잘 적응했다. 마찬가지로 게슈탈트 심리학자 막스 베르트하이머Max Wertheimer는 기술 전이의 범위가 문제를 어떻게 인식하는지에 따라 달라진다는 사실을 발견했다.[23]

그림 8

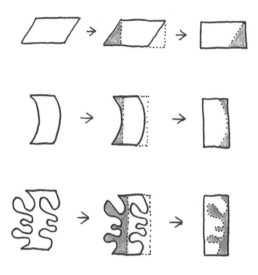

평행사변형을 수직선으로 나누고, 왼쪽 조각을 오른쪽으로 옮겨서 잘 맞추면 익숙한 직사각형이 되므로 '가로×세로' 공식으로 넓이를 구할 수 있다. 이 원리를 이해하면 두 번째, 세 번째 그림에 제시된 것처럼 불규칙하거나 추상적인 모양의 넓이를 구할 때도 적용할 수 있다.

그는 평행사변형의 넓이를 구하는 실험을 예로 들었다. 학생들은 누구나 평행사변형의 넓이를 구하는 공식(밑변의 길이×높이)을 외울 수 있다. 그러나 그 공식의 원리를 이해하면 모양이 달라져도 넓이를 구할 수 있다. 이처럼 이해하면 단순히 암기할 때보다 기술을 더 유연하게 활용할 수 있다.

마음은 근육이 아니지만, 기술 전이의 구성 요소는 자극과 반응이라는 단순한 패턴으로 축소될 수 없다. 답을 외우는 것과 방법을 이해하는 것, 둘 다 문제를 해결할 수 있지만 후자가 훨씬 더 유연하게 적용 가능하다. 베르트하이머와 저드는 전이의 여부가 학습자의 마음에 기술이 어떻게 표현되느냐에 달렸음을 보여주었다.

우리가 기술을 습득하는 방식

●

초기 심리학자들은 심적 표상에 대해 논의할 수 있는 정확한 언어가 없었기에 학습 전이에 대한 토론에서 불리했다. '동일 요소'나 '좋은 형태' 같은 개념은 너무 모호해서 서로 다른 과제 간 능력이 전이되는 정도를 예측할 수 없었다. 하지만 심리학에 일어난 인지 혁명으로 변화가 찾아왔다. 연구자들은 그들의 이론을 정보 처리의 언어로 표현하고, 컴퓨터로 시뮬레이션하고, 피험자들의 수행 내용과 직접적으로 비교할 수 있는 모델을 만들기 시작했다. 그 이론 가운데 기술 습득 과정 모델을 만들려는 가장 진지한 시도로 존 앤더슨이 평생에 걸쳐 연구한 ACT-R Adaptive Control of Thought-Rational(합리적 사고의 적응적 제어) 이론이 있다.

ACT-R 이론에 따르면 기술은 생산 규칙production rules이라고 불리는 기본 단위로 구성된다.[24] 생산 규칙이란 조건과 행동을 결합하는 if-then(만약 …라면 …이다) 패턴이다. 예를 들어 베르트하이머의 평행사변형 넓이 구하기 기술도 생산 규칙으로 다음과 같이 설명될 수 있다. '만약 왼쪽이 오른쪽과 합동이라면 수직으로 잘라 왼쪽 부분을 오른쪽으로 옮겨 직사각형을 만든다.' 생산 규칙은 자극-반응 결합의 단순성을 이어받지만 두 가지 중요한 차이가 있다. 첫 번째는 생산 규칙이 추상적일 수 있다는 것이다. 생산 규칙의 예로 든 평행사변형 넓이 구하기에서 '왼쪽'이 꼭 특정한 모양을 가리킬 필요는 없다. 마찬가지로 장

제법(긴 나눗셈)의 알고리즘을 배우면 어떤 숫자에도 적용할 수 있어서 가능한 모든 숫자 조합을 따로 연습할 필요가 없다. 두 번째 차이점은 생산 규칙이 명백한 행동뿐 아니라 정신적인 행동도 포함한다는 것이다. 복합 기술은 하위 목표 설정하기, 상상한 내용 조작하기 등과 같은 다수의 정신적 단계로 나눌 수 있다. 결과적으로 두 개의 문제가 표면적으로 달라도 해결 과정에 공통된 심리적 단계가 있으면 상호 전이가 일어날 수 있다.

추상화와 정신적 행동은 프로그래머가 프로그래밍 언어를 하나 배우면 다른 프로그래밍 언어를 더 빠르게 습득할 수 있는 이유를 설명해 준다. 프로그래밍 언어마다 정확한 명령어 형식은 다르지만 코딩 같은 복잡한 기술에는 변수나 함수를 만드는 추상적인 생산 규칙이 더 많이 개입된다. 마찬가지로 미술가들과 음악가들도 추상적인 지식이 많아서 초보자보다 새로운 매체와 악기를 빠르게 배울 수 있다. 피아노를 칠 때 사용하는 손가락 동작은 바이올린을 연주할 때와 완전히 다르지만 타이밍이나 멜로디, 악보를 읽는 능력은 같다. 생산 규칙은 손다이크가 내놓은 학습 전이에 대한 극도로 편협한 견해와 마음 근육의 비유가 제시하는 지나치게 낙관적인 설명 사이에서 적절한 타협점을 제공한다.

ACT-R 이론은 지속적인 연습을 통해 기술이 비대칭성을 띤다고 예측한다. 생산 규칙은 조건에서 행동 순으로 흘러가며 역방향으로는 진행되지 않는다. 앤더슨은 이 예측을 뒷받침하고자 학생들에게 미적분학의 미분과 적분의 규칙을 제공했다.[25] 이 연산자들은 덧셈과 뺄셈처럼 서로 반대라서 미분의 결괏값이 적분의 입력값과 동일하다. 이 법칙을 이용해서 도함수 만들기를 반복적으로 연습한 사람들은 법칙을 더 잘 사용할 수 있게 되었지만 적분을 다루는 능력은 나아지지 않았다.[26] 이와 비슷한 결과가 외국어 학습에서도 발견되었다. 응용언어학자 로버트 드케이서Robert DeKeyser는 특정한 문장 패턴을 만드는 연습을 한 학생들은 문장을 이해하는 능력이 별로 개선되지 않은 반면, 문장을 이해하는 연습을 한 학생들은 패턴 생성 능력이 조금 향상되었다는 사실을 발견했다. 기술의 비대칭성은 실질적인 영향을 끼친다. 연구에 따르면 캐나다에서 유치원부터 12학년까지 프랑스어로 수업하는 학교를 다니는 학생들은 프랑스어에 대한 전반적인 이해력은 좋지만, 말하기를 연습할 기회가 적어서 생산 능력은 뒤처진다.[27]

생산 규칙은 기술의 비대칭성을 넘어서는 전이를 얼마나 잘 예측하는가? 앤더슨은 학생들에게 일련의 생산 규칙으로 모델링한 다양한 기술을 습득하게 하여 이론을 시험했다. ACT-R 이론은 새로운 기술을 배우는 속도가 기술 간 공유되는 생산 규칙의 숫자(그리고 각각의 개별 생산을 위한 학습의 정도)에 달려 있다고 예측했다. 전반적으로 관찰된 전이와 예측된 전이의 관계는 거의 완벽한 직선을 이뤘다. 거의 균일한 선형 관계임에도 관찰된 전이는 모델이 예측한 것보다 다소 높았다. 앤더슨에 따르면 이러한 현상은 모델이 기술 간에 공유되는 일반적인 생산 규칙 중 일부를 생략했기 때문일 수 있다.[28]

생산 규칙은 좀 더 정교한 ACT-R 인지 구조에 속하는 구성 요소다. 이 이론에 따르면 사실에 대한 지식, 개념, 예제는 별도의 기억 시스템에 의존한다. 따라서 중복된 생산 규칙은 반복된 연습 후에 우리가 예측할 수 있는 전이의 양을 가장 잘 설명할 수 있다. 기술에 관한 모든 이론이 생산 규칙을 토대로 두지 않는다. 연결주의 이론은 기술을 수많은 단순한 정보 처리의 상호작용 단위로 모델링하고,[29] 스키마 이론은 추상적인 템플릿으로 지식을 나타내며,[30] 본보기 이론은 기술의 숙련도가 수많은 사례를 기억에 축적한 정도에서 나온다고 본다.[31] 아직 인간의 마음에 대해 우리가 모르는 것이 많다는 사실을 고려할 때, 미래의 연구자들이 이러한 연구 자료에 맞는 더 정교한 설명을 찾을지도 모른다. 현재로서 확실한 것은 생산 규칙과 이를 이용한 ACT-R 이론이 강력한 후보 이론이라는 점이다. 따라서 앞으로 나올 대안은 기술을 완전히 다른 메커니즘으로 설명하더라도 지금까지 ACT-R 이론을 뒷받침하는 어마어마하게 축적된 심리학 자료를 충족해야 한다.

머릿속 지식을 제대로 쓰려면

●

생산 규칙은 한 가지 기술에 대한 연습이 다른 기술로 얼마나 전이될 수 있는가에 대한 설명을 제공한다. 하지만 두 문제의 해결책이 겹치는 부분이 있더라도 그 유사성이 항상 활용되지는 않는다. 심리학자 메리 지크Mary Gick와 키스 홀리오크Keith Holyoak의 실험이 그 사실을 잘 보여준다.[32] 그들은 피험자들에게 요새를 공격하는 장군에 관한 이야기를 제시했다. 요새로 향하는 길에는 압력을 감지하는 지뢰가 설치되어 있다. 만약 장군이 전력을 다해 공격한다면 지뢰가 폭발할 것이다. 반대로 병력을 줄이면 지뢰는 피할 수 있어도 적에 제압당할 것이다. 이야기를 들려준 후에 방사선으로 위암을 치료하는 문제를 제시했다. 고강도의 방사선은 종양을 죽이지만 주변의 건강한 조직까지 죽일 수 있다. 반면 저강도의 방사선은 건강한 조직은 죽이지 않지만 종양을 완전히 제거하기에는 역부족이다. 사실 이 두 가지 상황에 대한 해결책은 구조적으로 똑같았다. 즉 공격을 여러 방향으로 나누고, 핵심 표적에서 만나도록 진행하면 된다. 하지만 소수의 피험자만이 자연스럽게 제시된 두 가지 상황을 연동해 활용할 뿐이었다. 즉 이야기와 문제를 함께 제시했음에도 피험자 중 겨우 20퍼센트만이 연관성을 발견했고, 그중에서도 3분의 2는 부분적인 해결책에 도달했을 뿐이었다. 그러나 연구진이 피험자들에게 이야기를 사용해서 문제를 풀라고 단서를 주었을 때 문제 해결률이 92퍼센트로 껑충 뛰었다.

유사한 지식과 기술을 사용하지 못하는 또 다른 예로 '웨이슨 네 장 카드'Wason four-card 과제가 있다.[33] 이 논리 퍼즐을 푸는 피험자들은 "모음이 적힌 카드의 반대쪽 면에는 짝수가 있어야 한다"라는 명제를 받았다. 그리고 주어진 해결 과제는 이것이었다. "카드 K, E, 4, 7이 있을

그림 9

웨이슨 네 장 카드. '모음이 적힌 카드의 반대쪽 면에는 짝수가 있어야 한다'라는 명제가 참인지 확인하기 위해 어떤 카드를 뒤집어야 하는가?

때 명제가 참인지 확인하기 위해 어떤 카드를 뒤집어야 하는가?"

첫 연구에서 피험자의 거의 절반이 E와 4를 선택했다. 그러나 정답은 E와 7이다. E의 반대쪽 면에 홀수가 있으면 명제에 어긋나지만, 짝수가 적힌 카드의 뒷면에 자음이 있으면 안 된다는 법칙은 없다. 대신 7이 적힌 카드를 확인해야 한다. 7의 반대쪽 면에 모음이 있으면 명제가 참이 아니기 때문이다. 정답을 맞힌 피험자들은 7퍼센트밖에 되지 않았다. 흥미롭게도 정식으로 논리학 교육을 받은 사람도 이 과제에서 더 나은 성과를 보여주지 못했다.[34]

이제 다른 퍼즐을 생각해 보자. 당신은 술집에서 미성년자 음주를 단속하는 조사관이다. 노인과 10대 청소년, 우유를 마시는 사람, 맥주를 마시는 사람이 있다. '21세 이하는 술을 마실 수 없다'라는 법을 어겼는지 확인하려면 누구의 신분증을 검사해야 할까?[35] 당연히 맥주를 마시는 사람과 10대 청소년을 확인해야 한다. 사실 살펴본 두 가지 퍼즐은 구조와 해결책이 똑같다. 쉽게 말해 앞의 퍼즐에서 규칙으로 주어진 '모음'을 '10대 청소년'으로, '짝수'를 '비알코올 음료'로 바꾸고, 카드 'K'를 '노인'으로, 'E'를 '10대 청소년', '4'를 '우유', '7'을 '맥주'로 바꾸면 된다.

두 번째 퍼즐은 비교적 단순명료해 보이는데, 왜 첫 번째 퍼즐의 답을 맞춘 사람은 적을까? 한 가지 이유는 우리가 사회적 상황의 규범을 다룬 경험 때문에 규칙 위반을 감지하는 능력이 있다는 것이다. 그래서 법의 집행이라는 틀에서는 답을 정확하게 찾을 수 있다. 하지만 구조적으로 똑같은 카드 문제를 해결할 때는 그 능력이 활성화되지 않는다.

유사한 과제 간 전이의 어려움은 단순히 실험실에서 만들어낸 문제에 국한하지 않는다. 심리학자 스티븐 리드Stephen Reed는 대수학 수업을 들었지만 서술형 문제를 아직 연습하지 않은 학생들이 예제와 새로운 문제가 주어졌을 때 어떤 성과를 보이는지 조사했다.[36] 그들은 예제와 문제의 서술과 해결 구조가 같으면 문제를 잘 풀었다. 하지만 서술된 내용이 서로 다를 때는 성공률이 떨어졌다. 또한 예제의 해결책을 수정할 필요가 있는 문제일 경우, 소수의 학생만 그 차이를 극복할 수 있었다. 서술형 문제는 대부분의 학생에게 어렵고, 서술형 문제를 다루는 가장 일반적인 전략은 다른 하위 유형의 문제와 적절한 답을 암기하는 것이다. 하지만 이는 학생들이 교과서에 나오는 정형화된 문제뿐 아니라 대수학이 필요한 일상 속 문제에서도 기술을 적용할 수 있기를 바라는 교사들의 목표와는 한참 동떨어진다. 설상가상으로 보통 대수학 기술을 실생활에서 자연스럽게 응용하는 것이 서술형 문제를 푸는 것보다 어렵다. 대수학 수업을 듣는다는 것은 어떤 종류의 지식이 필요한지에 대한 강력한 암시이기 때문이다. 그럼에도 대수학이 필요한 일상의 문제를 접할 때 이 사실이 고지되는 경우는 거의 없다. 수학자이자 철학자 알프레드 노스 화이트헤드Alfred North Whitehead 는 광범위하게 응용할 수 있지만 휴면 상태에 머물러 있는 이 '비활성화 지식'inert knowledge의 문제가 심각하다고 개탄했다.[37] 말하자면 우리는 문제 해결에 쓸 수 있는 지식을 이미 갖고 있는데도 그것을 쓰지 못하는 경우가 많다.

유사한 기술 간의 전이에 관한 모든 연구 결과가 비관적인 것만은 아니다. 심리학자 제프리 퐁Geoffrey Fong, 정신과 및 생물행동과학과 교수 데이비드 크란츠David Krantz, 사회심리학자 리처드 니스벳Richard Nisbett은 큰 수의 법칙 같은 통계적 휴리스틱을 배운 학생들이 유선 설문조사로 위장한 퀴즈에 그 지식을 성공적으로 적용한다는 사실을 발견했다.[38] 앞서 살펴본 하노이 탑 퍼즐을 얄팍하게 변형한 문제를 푸는 연습을 한 피험자들은 처음에는 구조적으로 동일한 퍼즐 간의 지식을 전이하는 데 고전했다.[39] 하지만 더 많은 연습 기회가 주어지자 해결하는 데 어려움이 줄어들었다. 물리학 전문가들에 관한 연구에서는 그들이 표면적인 특징이 아닌 더 심화된 원칙에 따라 문제를 분류하는 경향이 있다는 사실이 나타났다.[40] 이 연구들은 지식이 잠재적으로 추상적인 특성을 띠지만, 비록 제한적이더라도 일반적으로 활용하려면 상당히 많은 예시와 경험이 필요하다는 사실을 보여준다.

정밀한 기술의 실용적 결과

•

학습 전이에 관한 연구는 어떤 기술을 익히는 것이 광범위한 이점을 가져온다는 기대감을 떨어뜨린다. 체스 학습에서 가장 합리적인 예측은 체스를 배우면 잘하게 된다는 것이다. 시간을 관리하는 방법이나 상대의 수를 판단하는 방법을 익히면 비슷한 게임을 배우는 데 도움이 될 수 있지만, 체스를 통해 배우는 것은 대부분 체스를 하는 데만 해당한다. 반면 수학처럼 추상적인 구조를 가진 기술은 다른 구체적인 과제에서 광범위하게 응용할 수 있는 잠재력이 있어 좀 더 일반적으로 유용하다. 다만 수학의 완전한 일반성이 항상 달성되는 것은 아니다. 많은 학생이 수학 기술을 일상에서 자연스럽게 적용하지 못하기 때문이다.

그렇다면 학습 방법을 배우는 것은 어떨까? 이 책처럼 학습법을 가르쳐주는 책이 실용적이려면 독자들이 학습에 대한 일반적인 지식을 추출하여 구체적인 학습 목표에 적용할 수 있어야 한다. 이 점에 대해 나는 신중하게 낙관적으로 생각한다. 학습의 개선이 가능한 이유는 연구에서 나온 많은 통찰이 널리 알려지지 않았기 때문이다. 수동적인 검토가 아닌 기억 인출 연습, 벼락치기가 아닌 분산법의 효과가 학생들에게 널리 알려지지 않았고, 선택권이 주어지더라도 이 방법들을 고르는 사람도 많지 않다.[41] 그러나 통제된 실험에서는 그러한 방법들이 학습에 더 효과적인 전략이라는 사실이 계속 확인되고 있다.[42] 마찬가지로 학습 내용을 넘어 확장되는 자기주도적 학습 프로젝트, 연구 수행 또는 수업 과목 공부 계획과 관련하여 공유된 생산 규칙이 존재할 것이다. 우리는 이전 세대와는 전혀 다른 세상에서 살고 있으며, 지식과 기술을 습득하는 것에 대한 엄청난 요구가 있다. 이 같은 현대 환경에서 학습에 대한 우리의 본능에 가끔 오해가 생기는 일도 어쩌면 당연할 것이다.

비록 예외도 있지만, 학습 전이 연구는 우리가 다른 사람들에게서 보는 능력이 수많은 작은 부분으로 이루어져 있다는 것을 분명히 한다. 어떤 언어의 유창성이 기본적으로 많은 단어와 표현에 관한 지식으로 구축되듯, 똑똑한 사고는 특정한 사실이나 방법 그리고 많은 양의 관련 경험을 바탕으로 쌓인다. 지금까지 살펴본 연구들의 세 가지 실질적인 교훈을 간략히 설명하면 다음과 같다.

교훈① 개선하려는 과제에 집중하라

일반적인 능력은 훨씬 더 작은 단위의 지식과 기술들의 집합으로 이루어진다. 스페인어나 파이썬 프로그래밍을 자유로이 다루는 능력이 모두 그렇다. 동일 과제 내 기술 전이는 확실히 0보다 크지만 보통 100퍼센트 미만의 수준으로 일어난다. 앞서 살펴본 것처럼 문장 패턴을 만드는 능숙함이 반드시 문장을 이해하는 능숙함으로 이어지는 것은 아니다. 따라서 큰 목표는 개선하려는 구체적인 과제들로 세분화하는 것이 합리적이다. 스페인어로 슈퍼마켓에 가는 길을 묻는 표현을 배우는 것은 스페인어로 유창하게 대화하는 것보다 훨씬 작은 목표지만, 어차피 후자는 단순히 구체적인 과제들의 성공이 합쳐진 결과물이다.

학습할 과제의 순서를 선택하는 것은 모든 실용적인 커리큘럼에서 중요하지만, 지적 기술에도 적용될 수 있다. 결국 경제학이나 물리학 같은 과목의 가치는 전반적인 뇌의 강화가 아니라 돈이나 운동과 관련된 구체적인 문제를 다루는 지적 도구를 제공하는 데 있다. 여기서도 우리는 수행하고자 하는 과제가 무엇인지 알고, 충분한 연습 기회를 가져야 한다.

교훈② 추상적인 기술은 예를 참고하라

학습 전이 연구는 여러 학습법 사이에 갈등이 존재한다는 것을 보여준다. 한편 우리는 적용 범위를 최대한 넓히기 위해 가능한 한 가장 일반적인 형태로 기술을 학습하려고 한다. 예를 들어 같은 방정식을 대수학의 맥락에서 배운 학생들은 나중에 물리학 수업에서 그 공식을 더 잘 적용한다.[43] 그 반대도 마찬가지다. 그 이유는 대수학 수업이 의도적으로 추상적이라서 학생들이 광범위하게 적용할 수 있는 학문으로 받아들이기 때문일지도 모른다. 그런가 하면 추상적인 기술은 우리가 새로운 상황에도 적용할 수 있다는 것을 인식하지 못하는 한 비활성 상태로 남는다. 자세한 것을 피하면 필요한 세부 사항을 많이 생략하게 될 수 있는데, 대학을 갓 졸업하고 취직한 사람들이 직무를 제대로 처리하기 위해 구체적인 훈련이 필요한 이유도 그 때문이다.

한 가지 해결책은 많은 예제를 제공하여 학생들이 특정한 부분에 갇히지 않고, 원리를 일반화하도록 하는 것이다. 대부분의 학생은 한 번의 시연이 아니라 다수의 예가 주어져야 어떤 방법이나 아이디어를 완전하게 이해할 수 있다. 마찬가지로 추상적인 기술을 실제로 유용하게 쓰려면 더 많은 훈련이 필요하다. 컴퓨터 공학 수업에서 배운 개념을 직장에서 쓰는 특정 소프트웨어에 활용하려면 추가적인 지식과 기술이 필요할 수 있다. 한 분야의 기술을 다른 분야에 적용하기는 쉽지 않지만, 기존의 지식과 새로운 지식의 연관성을 발견하는 순간, 더 빠른 학습이라는 보상이 다가올 것이다.[44]

교훈③ 기술 자체를 위해 배워라

진정으로 배울 가치가 있는 기술이라면 뇌 기능을 전체적으로 향상시킨다는 거짓 약속 따위는 필요하지 않다. 체스는 풍부한 역사를 가진 훌륭한 게임이다. 그 복잡한 게임을 숙달하는 이유가 비즈니스 전략을 세우는 데 도움이 되기 때문이라는 식으로 강요될 필요가 없다. 마찬가지로 음악을 공부하거나 코딩을 배워야 하는 이유로 마케팅 아이디어를 브레인스토밍하는 능력이 향상된다거나 지능이 좋아진다는 명분이 따라붙을 필요가 없다. 관심 있는 기술과 주제가 있다면 확실하지 않은 이점에 집착하지 말고, 학습에 대한 호기심으로 열심히 배워야 한다.

마음은 지식 도구의 집합이다

●

사람들이 마음을 탐구해 온 역사는 곧 비유의 역사다. 플라톤은 '영혼은 의지와 욕망이라는 두 마리의 말이 이끄는 마차와 같다'라고 말했으며, 데카르트는 신경계를 수압 펌프에 비유했다. 또 연상주의자associationist는 습관이 마음을 구조화한다고 주장했고, 게슈탈트주의자들은 지각의 렌즈를 통해 사고를 바라보았다. 최근에는 고전적 인지과학에서 보는 일련의 기계적 공식화나 신경과학에서 보는 상호 연결된 정보 처리의 웹과 같은 컴퓨터와 관련된 은유가 지배적이다.

모든 비유는 다른 비유를 통해서 잘못된 부분이 드러나기 마련이다. 마음 근육이라는 비유도 다르지 않다. 이는 물론 기술이 연습으로 강화된다는 점에서는 정확하다. 하지만 한 가지 과제를 처리하는 기술이 향상될 때 전반적인 정신 기능이 발달하여 아무 관련 없는 다른 많은 과제를 처리하는 기술도 향상된다는 주장은 사실이 아니다. 마음은 근육보다 '지식으로 만들어진 도구들의 집합'이라는 비유가 더 적합할지도 모른다.[45] 각각의 도구는 구체적이지만 모이면 복합적인 능력이 된다.

100년 전 손다이크는 이렇게 말했다. "수학이나 문법, 또는 번역에서 쓰이는 기술이 다른 기술에 전이되지 않는다는 사실은 교사들을 낙담하게 할지도 모른다. 하지만 이 사실에 좌절할 필요는 없다. 우리가 오랫동안 믿어온 대로, 학습이 어떤 신비로운 방법으로 마음 전체를 개선하는 것이 아니라 단순히 일반적인 가치가 있다는 사실을 증명하는 연구가 점점 늘고 있다. 이 사실은 학문적으로 의미가 크다. 진정 실망스러운 일은 교사들이 하나의 정신 기능이 향상되면 다른 기능으로도 전이된다는 착각을 바탕으로 잘못된 주제와 현명하지 못한 방법을 선택하는 것이다." 마음이 근육과 같다는 생각을 버려도 학습의 가치는 줄어들지 않는다. 오히려 눈앞에 놓인 과제의 성격이 명확해진다. 많은 종류의 문제를 해결하는 방법을 배워야 문제 해결 능력이 발달한다. 비판적 사고는 의심스러운 가정에 의문을 던지는 광범위한 지식의 토대에서 나온다. 모든 과제를 꼼꼼하게 처리할 때 정확성이 발달한다. 손다이크가 결론지었듯, "마음은 공짜로 무언가를 주지 않지만 결코 속이지도 않는다."[46]

마음이 근육은 아닐지라도, 우리는 배우는 기술이 가능한 한 광범위하게 쓰일 수 있는 일반성을 가지길 원한다. 다음 장에서는 유연한 기술을 기르는 데 가변적인 연습이 매우 효과적인 이유를 살펴보자.

제7장

반복 후에 변화가 중요하다

예전에 나는 "재즈 음악가들은 도대체 어떻게 허공에서 음표를 뽑아낼까?" 의아했다. 그러기 위해 얼마나 많은 지식이 필요한지 전혀 몰랐다. 그저 마법처럼 느껴질 뿐이었다. _캘빈 힐Calvin Hill , 재즈 베이시스트[1]

- 즉흥 연주는 어떻게 배우는가?
- 변화를 주는 연습은 어떻게 유연한 사고로 이어지는가?
- 반복보다 가변적 연습이 더 도움이 되는 때는 언제인가?

1940년대 초, 할렘에 있는 민턴 플레이하우스Minton's Playhouse 2층에서 새로운 음악이 탄생했다. 텔로니어스 멍크Thelonious Monk, 찰리 크리스티안Charlie Christian, 디지 길레스피Dizzy Gillespie, 찰리 '버드' 파커Charlie 'Bird' Parker 같은 연주가들이 공연자들이 쉬는 월요일 밤마다 서로를 위해 무대에 올랐다. 일명 비밥bebop으로 불린 그 새로운 스타일의 음악은 전국의 댄스홀을 지배한 스윙 음악에 대한 반발로 생겨난 것이었다. 스윙 재즈는 큰 밴드들이 따라서 춤추기 좋은 멜로디를 미리 준비해 연주했다. 하지만 비밥은 몇 가지 악기로 제한되어 있었고, 복합적인 화음의 변화와 리듬이 있는 즉흥 솔로에 중점을 두었다. 음악가들은 유료 공연의 까다로운 요구로부터 자유로웠기에 점점 더 뛰어난 기법과 창의성을 드러내며 서로에게 도전할 수 있었다. 민턴에서 보낸 시간에 대해 젊은 마일스 데이비스Miles Davis는 이렇게 말했다. "트럼펫을 들고 가 있으면 버드나 디지가 무대로 불러 같이 연주하자고 말해주기만을 바랐다. 실제로 무대에 올라가게 되면 절대 기회를 망쳐서는 안 됐다. 다들 버드나 디지가 자신의 연주를 어떻게 생각하는지 단서를 찾으려고 했다. 연주가 끝났을 때 그들의 얼굴에 미소가 떠오르면 잘했다는 뜻이었다."[2] 하지만 즉흥 연주는 실패로 이어지는 경우도 많았다. 스탠드업 베이시스트이자 민턴의 베테랑이었던 찰스 밍거스Charles Mingus는 색소폰 연주자의 솔로를 지적해서 울린 적도 있었다. "좀 다른 것을 연주해. 색다른 걸 하라고! 이건 재즈야. 어제도, 엊그제도 연주한 걸 또 하다니!"[3] 비밥이 재즈에 미친 영향은 아무리 강조해도 지나치지 않으며, 복잡한 소재를 즉흥적으로 연주하는 능력은 오늘날 재즈의 필수 요소로 여겨진다. 즉흥 연주 능력은 재즈가 시작된 아프리카계 미국인들의 음악 문화에서 오래전부터 중요하게 여겨졌다. 음악민족학자 폴 베를리너Paul Berliner는 재즈 즉흥 연주를 다룬 훌륭한 저서 《재즈로 생각하기》Thinking in Jazz에서 가스펠 가수에 관한 일화를 들려준다. 전통적인 교육을 받은 피아니스트가 가스펠 가수의 교회 성가대에 들어오게 된 일이었다.

피아니스트는 성가대와 인사를 나눈 후 감독에게 악보에 대해 물었다. 감독이 여기서는 '악보 음악'을 사용하지 않으니 자유롭게 즉흥적으로 연주하라고 답했다. 당황한 피아니스트는 악보가 없으면 연주할 수 없다고 말했다. 그녀가 그런 예술적 요구를 받은 일은 처음이었다. 마찬가지로 성가대 단원들도 그녀의 반응에 놀라면서 악보에 의존하는 음악가는 처음 본다고 말했다.[4]

즉흥 기술을 강조하는 이러한 문화는 처음부터 재즈에 직접적으로 영향을 미쳤다. 일찍이 1944년에 찰리 파커Charlie Parker는 타이니 그라임스Tiny Grimes의 5중주단과 녹음할 때 똑같은 노래의 솔로 부분을 즉흥적으로 조금씩 다르게 연주했다.[5] 마일스 데이비스도 솔로 연주 도중에 트럼펫 밸브가 눌리지 않자 즉흥 연주 솜씨를 뽐냈다.[6] 전혀 당황하지 않고 연주하지 못하게 된 음들을 새로운 제약으로 다루면서 연주를 계속한 것이다. 베를리너는 저서에 이렇게 적었다. '재즈의 활력에 매료된 관객들은 재즈가 철저한 구성과 리허설을 거쳐서 연주되는 것이라고 생각할지도 모른다. 그러나 보통 재즈 음악가들은 악보도, 연주를 조율하는 전문 지휘자도 없이 연주한다.'[7]

이 즉흥성을 규율 부족으로 착각하면 안 된다. 트럼펫 연주자 윈튼 마살리스Wynton Marsalis는 이렇게 설명한다. "재즈는 '음, 이렇게 연주하고 싶은 기분이야'라는 생각으로 연주하는 것이 아니다. 재즈는 전통을 따르는 구조적인 특징이 강하며 많은 생각과 연구가 필요하다."[8] 경험이 풍부한 연주자들은 재즈를 '언어'에 비유한다. 표현력이 무한하지만 횡설수설하지 않도록 막아주는 어휘와 구문에 대한 엄격한 규칙도 있다는 점에서 그렇다. 색소폰 연주자 제임스 무디James Moody는 잘못된 맥락에서 연주되는 음을 가리켜 "평화로운 풍경의 거리 한가운데에서 울려 퍼지는 절규"[9]에 비유한다. 마일스 데이비스도 젊은 로니 힐리어 Lonnie Hillyer가 즉흥 솔로 연주에서 밴드와 충돌하자 화음을 모른다고 야단친 적이 있다. 재즈의 즉흥 연주가 되는 대로 하는 것이 아니라는 사실을 가장 잘 뒷받침하는 것은 경험 많은 연주자들이 즉흥적으로 연주할 때 보여주는 환상적인 정밀함이다. 한 학생은 자신의 경험을 이렇게 묘사했다. "스승은 나에게 즉흥 연주를 시킨 후 피아노에 앉아서 곧바로 내 연주를 똑같이 따라 한다. 정말 미치고 펄쩍 뛸 노릇이다."[10]

재즈 음악가가 되고 싶은 사람들에게 즉흥 연주를 배우는 것은 매우 진지한 도전 과제다. 어떻게 하면 똑같은 연주가 반복되는 것을 피하고, 유연성을 유지하면서 복잡한 화음 변화와 리듬을 완벽하게 연주해내는 능숙함을 키울 수 있을까? 민턴 플레이하우스 이후 몇십 년 동안 야심 찬 음악가들은 즉흥 연주를 통달하기 위해 온갖 다양한 기술을 사용했다. 그 많은 기술에서 나타나는 가장 큰 특징은 '가변성'을 이용해 연습 효과를 강화하는 것이다. 같은 기술을 다양한 순서로 수행하고, 똑같은 개념을 많은 예시로 접하고, 음악을 다양한 표현으로 생각하는 것은 유창한 연주뿐 아니라 창의적인 표현을 하는 데 핵심이다.

여러 기술을 섞어서 연습하라

•

가변성을 추구하는 첫 번째 방법은 한 세션에서 여러 가지를 섞어서 연습하는 것이다. 물론 즉흥적인 잼 세션이 이런 가변성을 구현하지만, 많은 재즈 음악가가 체계적인 가변성을 좀 더 구조화된 연습에 적용해

왔다. 예를 들어 음계를 연습하는 것처럼 간단한 연습이라도 전위(자리바꿈)뿐 아니라 가능한 음정과 화음의 조합을 모두 탐구하여 무한하고 폭발적인 변화를 줄 수 있다. 피아니스트 배리 해리스Barry Harris의 제자는 이전의 스승들은 단순히 옥타브를 오르락내리락하게 했기 때문에 음계 연주가 싫었다고 말했다. 하지만 해리스에게 음계로 즉흥 연주를 연습하는 법을 배운 후로는 전혀 지루하지 않았다고 덧붙였다.[11] 트롬본 연주자 지미 치텀Jimmy Cheatham의 워크숍에 참여했던 학생은 치텀이 가능한 연주 기법을 하나하나 짚어 나가면서 '모든 가능성을 소진하라'라고 조언했다고 전한다.[12] 그런가 하면 트럼펫 연주자 헨리 '레드' 앨런Henry 'Red' Allen은 음반의 속도를 다르게 맞춰 놓고 따라서 연주하면서 모든 키로 연주하는 법을 익혔다.[13] 속도에 따라 음정도 달라지므로 똑같은 학습 자료를 연습해도 더 폭넓은 다양성이 생겼다. 이렇게 한 세션에서 여러 기술을 연습하면 유연성을 유지할 수 있다.

심리학자 윌리엄 배티그William Battig는 연습의 가변성과 학습 사이의 연관성을 처음 연구한 사람 중 하나다. 1965년, 그는 기술 습득에 관한 콘퍼런스에서 학습 항목 사이에 더 큰 간섭을 일으켜 수행 능력을 저하하는 훈련 조건이 새로운 과제의 학습을 가속한다는 '약간 역설적인 원리'에 대해 이야기했다.[14] 기억을 연구하는 심리학자들에게 간섭은 학습의 주요 장애물로 여겨졌다. 한 과제에서 간섭이 증가하면 다른 과제의 수행이 개선된다는 배티그의 관점에 많은 사람이 놀랄 수밖에 없었다. 존 셰이John Shea와 로빈 모건Robyn Morgan은 배티그의 주장을 운동 기술로 확장했다.[15] 그들은 피험자들이 빨간색, 파란색, 흰색의 세 가지 색깔 표시등 중 하나에 반응해 테니스공으로 나무 장벽을 빠르게 무너

뜨리도록 했다. 운동 기술은 의도적인 특이성을 띠지만(일부 학생은 사전 경험이 있을 수도 있었다) 악기의 건반이나 밸브를 정확한 순서로 눌러서 음이나 화음을 만드는 음악가들이 마주하는 어려움과 다르지 않다. 셰이와 모건은 두 그룹으로 나누어 훈련을 진행했다. 첫 번째 그룹은 한 번에 하나의 색과 관련된 동작만 연습하는 고정적인 일정을 따랐고, 두 번째 그룹은 세 가지 색을 무작위로 연습했다. 배티그의 이론처럼 고정적인 방식으로 연습한 그룹이 맥락 간섭contextual interference을 의도한 조건에서 연습한 그룹보다 수행 능력이 더 빨랐다. 하지만 나중에 새로운 두 가지 색(검은색과 초록색)을 추가로 연습했을 때는 무작위로 훈련한 그룹이 새로운 기술을 더 빨리 수행했다. 이 효과는 열흘 후에 진행된 실험에서도 동일하게 나타나, 가변적 연습의 이점이 어느 정도 지속된다는 사실이 드러났다.

맥락 간섭이 효과적인 이유는 수행자가 어떤 행동을 취할지 결정하는 제어 과정을 발달시키기 때문이다. 고정적인 방식으로 연습하면 개별적인 패턴을 더 쉽게 배울 수 있다. 하지만 연습의 예측 가능성이 높아서 어떤 행동을 취해야 할지 결정하는 과정이 발달하지 않는다. 같은 동작을 다양한 강도로 연습하는 것(예를 들어 같은 음을 다른 음량으로 연주하는 것)보다 다른 동작들 사이에서 선택하는 것(예를 들어 다른 음을 연주하는 것)이 포함되면 무작위적인 연습의 효과가 커진다는 연구 결과가 그 견해를 뒷받침한다.[16] 이는 가변적 연습이 돕는 것은 움직임의 미세 조정이 아니라 행동의 선택 과정이라는 증거다. 이런 제어 과정은 계속해서 어떤 음을 연주할지 결정하는 일이 난이도의 상당 부분을 차지하는 재즈 즉흥 연주에서 매우 중요한 역할을 한다.

가변적 연습의 가치는 운동 기술에만 적용되지 않는다. 예룬 반 메리엔보어, 마르셀 드 크루크Marcel de Croock, 오토 젤스마Otto Jelsma는 공학도들이 모의 화학 공장의 문제를 해결하는 실험에서 비슷한 효과를 발견했다.[17] 학생의 절반은 네 가지 유형의 오작동에 관한 문제를 풀었다. 각 유형에는 열두 개의 문제가 블록으로 제시된 후 다음 유형으로 넘어갔다. 나머지 절반의 학생들에게는 똑같은 48개의 문제가 무작위로 제시되었다. 역시나 무작위 조건하에 수행한 그룹은 연습 도중에 문제를 해결하는 능력이 대조 그룹보다 떨어졌고, 이전에 공부한 오작동에 관한 문제를 푸는 나중의 시험에서도 차이가 발견되지 않았다. 하지만 새로운 오작동에 관한 문제에서는 다양한 변화 조건에서 연습한 그룹이 더 좋은 성적을 냈다. 유사한 효과는 외국어 학습에서도 나타났다.[18] 스페인어 동사 변형을 연습할 때 여러 세션에 걸쳐 연습할수록 기억력이 잘 보존됐다(단 동사 변형을 처음 접한 경우라면 제외된다). 또 다른 연구에서는 일본인들이 영문법을 배울 때 일관적인 순서가 아니라 가변적인 순서로 연습할수록 후속 시험에서 좋은 성적을 보였다.[19]

다양한 변화를 주는 가변적 연습법은 이런 이점에도 불구하고 널리 사용되지 않는다. 일반적으로 학교에서는 각 단원에서 다루는 문제를 확실하게 분리해 맥락 간섭을 최소화한다. 시험 문제도 교과 과정에서 배운 순서대로 출제되어서 더욱 구분해 거리를 둔다. 가변적 연습이 잘 사용되지 않는 이유는 제5장에서 다룬 올바른 난이도라는 직관적이지 않은 범주에 속하기 때문일 수도 있다. 시간 간격을 두고 학습 자료를 보거나, 반복적으로 검토하는 대신 기억 인출을 연습하는 경우, 즉각적인 성과는 떨어지더라도 장기적인 학습에 훨씬 더 좋다는 사실을 기억하자. 한 세션에서 여러 기술을 연습하는 방법은 단순히 진전이 느린 듯 보여서 외면받는 것일 수도 있다.

비슷하거나 완전히 다른 예를 살핀다
•

재즈 즉흥 연주는 새로우면서도 관습으로 정해진 언어 안에 편안하게 자리하는 음악을 만들어야 한다. 이때 직접 모방은 중요한 디딤돌이지만 최종적인 해석이 될 수 없으며, 그렇지 않으면 연주자는 단순히 표절자로 여겨질 것이다. 반대로 모든 관습을 거부한다면 재즈를 연주한다고 말할 수 없을 것이다. 이 모순된 제약을 충족하기 위해서 연주자는 음악 그 자체, 즉 규정과 가능성 모두에 대한 추상적인 표현을 개발해야 한다.

개념 형성은 서로 다른 예시의 공통점이 무엇인지, 혹은 비슷하지만 예시에 속하지 않는 사례들과 다른 점은 무엇인지 파악하는 과정이다. 예를 들어 빨간색의 개념을 배우는 아이는 처음에는 성인들이 갈색이나 주황색이라고 부르는 색깔까지 그 영역에 포함할지 모른다. 만약 아이가 빨간색의 개념을 어떤 맥락(예를 들어 소방차의 색깔)에서만 바라본다면 토마토나 장미의 색깔을 빨간색이라고 판단할 수 없을 것이다. 동일한 분류에 속하는 더 광범위한 자극에 노출되면 추상적인 요소를 일반화하는 데 도움이 된다. 트럼펫 연주자 토미 터렌타인Tommy Turrentine이 처음 음악을 배웠을 당시 선생님이 피아노로 B 코드를 누른 후 기억하라고 지시했다. 그리고 집으로 돌아가는 길에 선생님은 쇠기둥을 두

드려 소리가 울려 퍼지게 하고, 터렌타인에게 기억해둔 피아노의 음과 비교했을 때 무슨 음인지 맞히는 퀴즈를 냈다.[20] 이런 감각적인 식별은 음과 화음을 듣고 인식하는 법을 배울 때 중요하다. 음악가 하워드 레비Howard Levy는 가장 좋은 학습법을 꼽자면 녹음한 음악을 듣고 기록하는 것이라고 말한다. 처음에는 실수할 수밖에 없지만 듣는 행위가 지각적 식별 기술을 길러준다고 강조한다.[21] 실제로 한 초보 학생이 이렇게 말했다. "처음에는 화음이 들리지 않았어요. 화음이 어디에서 바뀌었는지 알 수 없었죠. 지금은 제가 듣는 곡조에서 모든 화음을 식별하지는 못해도 화음이 바뀌는 순간은 알아차릴 수 있습니다. 처음에 비하면 엄청난 발전이죠."[22]

감각적 특징의 동일성과 차이를 배우는 것은 즉흥 연주를 잘하기 위해 필요한 기술의 시작일 뿐이다. 작곡가 척 이스라엘스Chuck Israels는 "음악가가 되기 위한 학습에서 필수적인 요소는 비슷한 경우를 마주했을 때 인식할 수 있는 능력이다."라고 말한다.[23] 이스라엘스는 고등학교 때 친구들과 화음 진행만으로 무슨 노래인지 알아맞히는 게임을 했다. 익숙한 악구를 새로운 조성으로 바꾸는 조옮김은 연습의 가변성을 높일 때뿐 아니라 서로 다른 곡처럼 들리는 음악 사이에 숨겨진 연결고리를 인식하는 법을 배울 때도 유용하다. 폴 베를리너는 이렇게 말했다. "학생들은 서로 다른 솔로 연주의 분명히 다른 악구들이 기초가 비슷하다는 사실을 종종 발견한다."[24] 숨겨진 유사성을 찾는 것에서 나아가 미세한 차이까지 구별하면 기초 지식이 발달한다. 가수 카르멘 런디Carmen Lundy는 처음에는 재즈 릭lick(재즈에서 짧게 연주하는 곡조를 가리킨다—옮긴이)만 구분할 수 있었지만 경험이 쌓일수록 비밥 릭도 알아

보았고, 결국에는 찰리 파커 릭과 소니 롤린스 릭까지도 구분할 수 있게 되었다.[25]

학습하는 동안 여러 활동을 섞어서 해보는 인터리빙interleaving 연구는 각 개념의 예시를 따로 배우는 일반적인 접근법보다 서로 다르고 혼동하기 쉬운 개념들을 함께 접하는 것이 더 효과적임을 보여준다. 로즈 하타라Rose Hatala가 이끄는 연구진은 심전도 판독을 공부하는 학생들이 한 번에 하나의 질병 패턴을 보여줄 때보다 여러 질병의 패턴을 섞어서 보여줄 때 더 뛰어난 성과를 보인다는 사실을 발견했다.[26] 이외에도 유기 화학에서 분자의 범주나[27] 여러 화가의 화풍,[28] 새와 나비의 종을[29] 인식하는 법을 배울 때도 비슷한 결과가 나타났다. 다른 개념의 예를 연속적으로 보여주면 그것들을 분류하기 위해 필요한 특징을 알아차리는 데 도움이 된다. 반면 같은 현상에서 서로 다르게 보이는 예를 보여주면 학생들이 공통점을 인식할 수 있다.[30] 제3장에서 살펴본 지크프리트 엥겔만Siegfried Engelmann과 웨슬리 베커Wesley Becker가 고안한 성공적인 교수법인 직접교수법이 그 효과를 활용한다. 예제와 비슷해 보이는 비예제의 순서를 신중하게 정해서 개념을 보여주는 것이다.[31] 예를 들어 교사는 아이들이 'd'라는 글자를 인식하도록 가르칠 때, 한 가지 서체로 보여주지 않고 d, d, d, d, d와 같이 다양한 서체를 이용해 문해력을 갖춘 성인이 올바르게 분류할 수 있는 모든 범위의 시각적 표현을 보여줄 것이다. 그런 다음, 교사는 그 시각적 표현과 비슷하지만 다른 글자를 합쳐서 보여준다. 예를 들어, a는 d와 시각적 형태가 비슷하지만 소리와 이름이 다르고, t는 d와 발음은 비슷하지만 모양이 다르며, p는 발음도, 모양도 비슷하다. 하지만 이는 전부 다른 문자를 가리킨다. 문자 인식 과제는 다소 사소해 보이는데 그 이유는 우리의 광범위한 독서 경험 때문이다. 만약 한자를 모르는 사람이라면 여러 다양한 서체로 된 己(예를 들어 己, 己, 己, 己)와 근(예를 들어 근, 근, 근, 근)를 구별해보자. 글자 인식에 상당한 연습이 필요한 이유를 알 수 있다! 같은 개념의 최대한 다른 예시들을 나란히 두고 살펴보고, 다른 개념의 최소로 다른 예시들도 비교해 보면 개념의 정확한 경계를 빠르게 파악할 수 있다.

다양한 표현 도구를 가져야 한다

재즈 즉흥 연주자들이 활용하는 마지막 가변성은 음악에 대한 사고 체계를 다양하게 갖추는 것이다. 이에 대해 해리스는 "음악에 대해 생각하는 방법이 다양할수록 솔로 연주에서 다양한 소재가 생긴다."라고 설명한다.[32] 이런 표현적 가변성은 귀와 눈을 모두 훈련해 음악을 이해하도록 한다. 정규 음악 교육을 받지 않은 훌륭한 재즈 즉흥 연주자들은 광범위한 청각 훈련을 통해 듣기만 해도 좋은 소리를 골라내는 경우가 많았다. 트롬본 연주자 멜바 리스턴Melba Liston은 "어떤 음이 화음에 맞지 않고, 별로 좋지 않게 들리는지 알 수 있다."라고 말하며[33] 효과적이지 않은 음들을 피할 수 있다고 강조했다. 그러나 이러한 지식은 곡이 복잡해질수록 한계에 부딪힌다. 색소폰 연주자 게리 바츠Gary Bartz의 경우, 〈꿈에 빠진 당신〉You Stepped on a Dream 같은 곡을 즉흥적으로 연주하는 잼 세션에서 청각 기술에만 의존하여 고전했다.[34] 그래서 그는 트롬본 연주자 그라찬 몽커Grachan Moncur로부터 재즈의 화성법 이론을 배운 후에야 음악의 원리를 이해했다. 반대로 광범위한 정규 교육을 받은 음악가들은 음악에 대한 시각적 이해에만 의존하는 것이 불리하다는 사실을 깨닫는다. 베를리너가 고전 음악을 공부한 학생에 대해 이렇게 이야기했다.

> 그는 재즈 훈련에 몰두하고 나서야 비로소 악보에만 지나치게 의존해서 청각 기술이 발달하지 못했다는 사실을 깨달았다. 결과적으로 그가 음반을 통해 익힌 지식은 재즈의 전통에서 성장한 음악가들보다 크게 뒤떨어졌다. 수년 동안 재즈의 방식을 경험한 뒤에야 그 간극을 좁힐 수 있었다.[35]

음반이나 악보로 곡을 이해할 수 있으면 연주자들의 유연성이 커지듯, 곡을 인식하는 기억 체계가 많아져도 마찬가지다. 화음, 음계, 음정은 모두 음악 내 음높이 관계를 표현하는 방법을 제공한다. 하지만 각각은 서로 다른 방식으로 음악적 가능성을 분배한다. 그래서 베를리너는 "학습자가 음계와 화음의 이론적 관계를 발견하면 즉각적인 적용을 통해 중대한 개념적 돌파구에 도달할 수 있다."라고 말한다.[36] 음악가 그레그 랭던Greg Langdon은 '5도 올린 화성단음계 G단조'가 1도씩 아래로 추가되는 '반음을 가진 E플랫 장조 아르페지오'와 똑같은 패턴을 갖게 된다는 사실을 발견했을 때 '계시'받은 듯했다고 말했다.[37] 이렇게 같은 음악을 다르게 보면 즉흥 연주의 가능성도 커진다. 다양한 표현이 중요한 분야는 재즈뿐만이 아니다. 노벨상을 수상한 물리학자 리처드 파인먼Richard Feynman은 같은 현상에 대해 여러 가지 방식으로 생각하는 것이 매우 유용하다고 언급했다.

> 심리적으로 완전히 다른 두 가지 이론 A와 B가 있다고 하자. 심리적으로 완전히 다르게 보이고, 서로 다른 개념을 포함하지만 두 이론으로 계산되는 결과는 정확히 똑같다. (⋯) (이 경우) 과학자들은 두 이론이 구분되지 않는다고 말할 것이다. 하지만 심리적인 이유에서 (⋯) 서로 절대 똑같지 않다. 각각의 이론이 개인에게 전혀 다른 아이디어를 주기 때문이다. (⋯) 따라서 심리적으로 우리는 모든 이론을 머릿속에 보관해야 한다. 만약 유능한 이론물리학자라면 정확히 동일한 물리학 이론에 대해 서로 다른 표현을 예닐곱 가지 정도는 알고 있어야 한다.[38]

다중 표현Multiple representations은 서로 다른 문제 공간에서 같은 문제를 표현할 수 있는 능력이다. 이에 대해 사이먼과 뉴얼이 숫자 스크래블 게임으로 유용한 설명을 제공한다.[39] 이 게임은 앞면에 1~9까지의 숫자가 적힌 타일을 뒤집어 두 명의 플레이어 사이에 놓는다. 플레이어들은 교대로 타일을 고르고, 세 개의 타일을 합쳐서 15가 먼저 넘으면 이기는 게임이다. 예를 들어, 첫 번째 플레이어가 2, 7, 6(2+7+6=15)을 뽑으면 이긴다. 흥미롭게도 숫자 스크래블 게임은 틱택토 게임과 구조적으로 똑같다. 가로세로 세 칸씩 나뉜 정사각형의 게임판에 1~9의 숫자를 넣으면 대응되는 관계가 보인다(그림 10 참조). 즉 타일을 뽑는 것은 게임판에 × 또는 O를 놓는 것과 같고, 게임판에서 수직이나 수평,

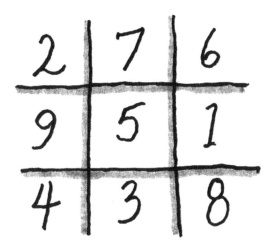

아홉 개의 칸에 숫자를 넣으면 숫자 스크래블 게임이 틱택토 게임으로 바뀐다.

대각선 방향으로 똑같은 모양이 들어가야만 합쳐서 15가 넘는 세 개 숫자 조합이 생긴다. 그러나 두 게임의 표현 형식이 대응을 이룬다고 심리적으로 동일하다는 뜻은 아니며, 한 게임의 형식은 명백하지만 다른 형식의 경우 집중적인 사고와 추론이 필요하다.

심리학자 쿠르트 레빈은 "좋은 이론처럼 실용적인 것은 없다."라는 유명한 말을 했다.[40] 현재의 문화에서 이론적인 지식과 실용적인 지식은 서로 다른 영역 또는 완전히 반대의 영역에 속하고, 대조를 이루는 경우가 많다. 말하자면 이론가들과 실무가들은 서로 다른 목표와 요구를 가진 그룹에 속할 때가 많으며, 이론 자체는 단순히 도구일 뿐이다. 그러나 현실에 잘 맞춰진 도구가 많을수록 우리는 더 다양한 문제를 해결할 수 있다.

가변성은 언제 도움이 되는가?

•

하나의 세션에서 다양한 기술을 연습하고, 대조적인 사례들을 끼워 넣어 다양한 예시를 보고, 똑같은 개념을 다르게 표현하는 법을 배우는 것 모두 도움이 된다. 하지만 가변성의 효과에는 한계가 있다. 앞 장에서 살펴본 것처럼 중복되는 지식이나 절차가 없는 기술들을 개선하는 연습은 입증하기 어려웠다. 대개 가변적 연습의 이점은 전체적인 기술 안에서 패턴을 연습하는 것과 관련 있다. 서로 다른 예시나 연습을 병치하는 것은 우리가 그 문제들을 혼동할 수 있는 범위 안에서만 도움이 된다. 수학 문제와 역사 숙제를 동시에 한다고 가정할 때 긍정적인 효과가 있으리라고 생각하는 사람은 없을 것이다(제5장에서 살펴본 것처럼 과목 간 간격을 두고 학습하면 개별적인 효과가 있을 수 있다). 마찬가지로 다수의 예시를 통해 추상화한 내용은 유용할 수 있지만, 유용성을 유지하면서 추상적 개념이 되는 데는 한계가 있을 것이다. 쉽게 말해서 체스 전략이나 비즈니스 전략은 공통된 개념을 공유할 수 있지만, 각각 성공하려면 실제로는 대응되는 개념이 없는 영역별 구체적인 지식이 많이 필요하다. 심지어 전략이라는 동일한 단어를 써서 설명할 수 있더라도 말이다.

가변성의 유용함을 결정하는 또 다른 요인은 최종적으로 쓰는 기술에 얼마나 많은 변화가 필요한가다. 즉흥적으로 연주할 필요가 없는 고전 음악 피아니스트는 반복적인 연습이 더 효과적일 것이다. 베토벤의 9번 교향곡이 항상 같은 순서로 연주된다고 확실하게 가정할 수 있기 때문이다. 가변적 연습은 학습 속도가 더 느리기 때문에 실제로 다양한 기술이 필요할 때 비로소 효과가 나타난다. 예를 들어 로망스어Romance languages를 연구하는 언어학자는 프랑스어, 스페인어, 포르투갈어를 함께 연습하면 라틴어에 대한 추상적이고 유연한 이해가 발달할 것이다. 하지만 프랑스에서만 사는 사람이 이 세 개의 언어를 모두 배운다면 하나를 배우는 것보다 확실히 습득 속도가 느릴 수밖에 없다. 가변적 연습은 세 개의 언어를 모두 사용해야 할 경우, 번갈아 연습하면 큰 효과를 볼 수 있음을 알려준다. 어느 정도의 가변성이 유익한가는 최종적으로 수행해야 하는 기술에 달려 있다.

연습의 가변성에 대해 마지막으로 주목해야 할 부분은 가변성이 어떤 조건에서 도움이 되는가다. 가브리엘레 울프Gabriele Wulf와 찰스 셰이Charles Shea에 따르면 복합적인 운동 기술과 해당 영역에 대한 사전 경험이 부족한 연주자에게는 가변적 연습보다 고정적 연습이 더 효과적이다.[41] 이 명백한 모순은 인지 부하 이론의 관점에서 쉽게 이해할 수 있다. 가변적 연습은 더 큰 인지 부하를 발생시킨다. 따라서 평소 최적의 조건에서도 정확히 수행할 수 없을 정도로 어려운 과제라면, 가변성을 더했을 때 인지 부하가 심해지므로 과제를 이해하기가 더 어려워진다. 반면 연주자가 기본적인 움직임에 익숙해질수록 기술이 자동화되므로 패턴을 구별하는 능력을 키워주는 연습법이 더 효과적이다. 경험이 많은 영어 학습자일수록 여러 화자의 말을 듣는 연습이 효과적인 반면, 경험이 적은 학습자에게는 한 명의 화자의 말을 듣는 연습이 더 효과적이라는 연구 결과가 이 관점을 뒷받침하는 증거를 제공한다.[42] 수학 영역에서의 가변적 연습에 관한 연구에서도 비슷한 결과가 발견되었다.[43] 사전 지식이 적은 학생일수록 변화 정도가 적은 문제를 연습하는 것이 효과적인 반면, 사전 지식이 많은 학생은 다양한 변화를 준 문제로 연습했을 때 더 많은 것을 배웠다.

이러한 관점은 가변성을 최대치로 시작하지 않고, 학습이 진행되는 과정에서 그 수준을 늘릴 수 있음을 시사한다. 평소 단 한 번이라도 정확하게 수행하기가 어려운 기술이라면 변화보다 일관된 반복 연습이 필요할 것이다. 이것은 베를리너의 재즈 즉흥 연주자 연구에서도 분명하게 나타났다. 대부분의 음악가가 처음부터 즉흥 연주가 아니라 몇 시간 동안 음반을 들으면서 따라 연주하는 충실한 모방으로 학습을 시작했다. 재즈 음악가들이 하는 연습을 가리키는 '우드셰딩'woodshedding이라는 말이 있다. 홀로 나무로 된 헛간으로 들어가 반복적으로 연습한다는 비유에서 나온 우드셰딩은 뛰어난 연주자들에게서 흔히 볼 수 있는 습관이다. 재즈 거장의 솔로 음반을 적극적으로 모방하는 것도 독창적인 결과로 이어질 수 있다. 베이시스트 조지 뒤비비에George Duvivier는 매우 복잡한 솔로 연주를 음반으로 들으면서 그 연주법을 통달하기 위해 특별한 운지법을 개발하여 수없이 반복했다.[44] 그런데 이후 그는 밴드의 실시간 공연을 직접 목격한 후에야 지금껏 솔로 연주라고 생각했던 그 음반이 사실 두 명의 음악가가 같은 악기를 연주했던 것임을 알게 되었다! 비밥의 창시자 찰리 파커조차 민턴 플레이하우스에서의 첫 공연 후 자신의 실력이 부족하다는 사실을 깨닫고 매우 긴 연습 시간을 가졌다.[45] 앞서 살펴봤듯, 반복과 모방은 즉흥적인 창의성과 정반대가 아니라 필수적으로 선행되어야 하는 과정이라는 사실을 기억하라.

이 장에서 '반복 대신 변화'가 아니라 '반복 후에 변화'라는 표현을 쓴 이유가 있다. 재즈 연주 같은 복합적인 기술에 존재하는 모방과 즉흥성 사이의 갈등 때문이다. 가변성은 기술을 새로운 방식으로 유연하게 사용하기 위해 필수적이다. 하지만 우선 기술을 이루는 구성 요소들을 지속적으로 반복해서 연습해야만 가변성을 키울 수 있고, 또 유창성도 보장된다.

학습에 활용하는 4가지 변화 전략

여러 연구에 따르면 가변적 연습은 새로운 맥락으로의 기술 전이를 촉진하는 가장 효과적인 전략이다. 하지만 안타깝게도 널리 사용되지 않는다. 학교의 교육 과정은 대개 가변성을 최소화한다. 가장 최근에 배운 단원에 대한 질문으로 제한하거나 완전히 똑같은 유형의 연습 문제만 제공하는 것이다. 다음은 학습할 때 가변적 연습을 잘 활용할 수 있는 네 가지 전략이다.

전략① 무작위로 섞어서 공부하라

가변적 연습을 적용하는 가장 쉬운 방법은 학습 내용을 무작위로 정하는 것이다. 대부분의 학습 자료는 다양한 주제로 신중하게 구성되어 있으므로, 이 전략을 취하는 데 약간의 추가적인 노력이 필요할 수 있다. 예를 들어 플래시 카드로 공부한다면 한 번에 한 가지 주제만 다루는 대신 무작위 순서로 연습한다. 시험을 대비하는 것이 아니라면 단원에 상관없이 무작위로 문제를 섞을 수도 있다. 테니스를 연습한다면 백핸드와 포핸드 샷을 따로 다루지 않고 섞어서 연습한다.

무작위적 연습의 이점을 얻으려면 우선 특정 기술에서 연습하고 싶은 다양한 과제 목록을 만들고, 각 과제에 한 벌의 카드(총 52장)를 준비하고, 카드 한 장당 하나의 과제를 할당한다. 예를 들어 스페인어를 배운다면 다양한 동사 변형을 나열하고, 이를 각각 카드에 할당하는 것이다. 물리학 공부나 프로그래밍 함수, 기타 코드 잡기, 배드민턴 서브 넣기 등에도 비슷한 접근법을 사용할 수 있다. 한 번 연습할 때 한 가지 이상을 다룰 수 있을 만큼 과제 단위가 작으면 된다. 과제가 적힌 카드를 뽑아서 한 번에 하나씩 연습해 보자.

전략② 다른 사람과 함께 연습하라

무작위적 연습은 가변성에 접근하는 매우 구조적인 방법이지만 좀 더 자연스러운 방법도 있다. 같이 배우거나 연습하는 사람들의 숫자를 늘리는 것이다. 재즈 연주자는 자주 다른 연주자들과 작업했으며, 종종 그날 저녁에 난생처음 만난 밴드 연주자들과 무대에 올라 즉흥적으로 공연했다. 항상 똑같은 밴드와 똑같은 공연을 하는 것보다 저마다 개성이 다른 연주자들과 자주 공연하면 더 큰 잠재력을 접할 수 있다.

직업과 관련된 기술의 경우에도 속한 분야의 일반적인 업무를 다양하게 접할 기회를 찾아본다. 제4장에서 다룬 소방관을 대상으로 한 연구에서 심리학자 게리 클라인은 이렇게 말했다. "시골에서 의용소방관으로 10년간 일하는 것이 쇠퇴하는 도심의 소방서에서 1~2년간 일하는 것보다 결코 기술 개발에 더 효과적이지 않다는 사실을 발견했다. 도시 소방관들은 시골 소방관들보다 다양한 화재와 훨씬 더 잦은 사고에 노출된다."[46] 마찬가지로 어떤 직업 분야든 엘리트가 되려면 일상적인 업무를 처리하는 직책을 맡기 전에 스트레스가 많고 다양성이 큰 환경에서 일하는 경험이 필요하다. 회계사와 변호사는 먼저 규모가 큰 회사에서 다양한 고객을 상대하며 경험을 쌓은 후에 각자 자신의 주력 분야를 선택한다. 의사도 여러 응급실에서 일한 후에 가정의학과 진료를 시작한다. 경력을 쌓기 시작하는 과정에서 이런 가변성을 경험할 기회가 기본적으로 주어지지 않는다면 가변성이 큰 직장을 적극적으로 찾아나서는 것이 좋다.

전략③ 이론을 배워라

앞서 살펴본 것처럼 이론적 지식은 문제 해결 과정을 다양한 방법으로 표현하도록 돕는다. 이론은 실험만으로는 얻기 어려운 지식이기도 하다. 좋은 이론은 드물기 때문에 책을 통해 찾을 가능성이 더 크다. 깊은 이론적 이해는 일종의 투자다. 직접적으로 결과를 제공하기보다는 다른 지식을 더 쉽게 습득할 수 있도록 도와주기 때문이다. 말하자면 음악가가 도서관에서 많은 시간을 보낸다고 곧바로 연주 실력이 향상되지는 않는다. 그러나 책에서 얻은 화성법에 대한 깊은 이해는 음악의 새로운 패턴을 쉽게 이해할 수 있도록 도울 것이다. 줄리아드 음악 학교를 졸업한 마일스 데이비스는 음악 이론을 공부하지 않으려는 동료들을 비판했다.

나는 도서관에 가서 스트라빈스키, 알반 베르크, 프로코피예프 같은 훌륭한 작곡가들이 작곡한 악보를 빌렸다. 모든 음악에서 무슨 일이 일어났는지 알고 싶었다. 지식은 자유, 무지는 노예의 상태를 뜻한다.

이렇게 가까이에 자유가 있는데도 취하지 않는 사람들이 믿어지지 않았다.[47]

물론 모든 이론이 학문적인 것은 아니다. 실용적인 이론, 전문가의 경험의 법칙, 업계 표준은 학문적 출처를 가지고 있지 않지만 모두 근거 있는 사고법이다. 현장에 있는 사람들과 이야기를 나누고, 그들이 어떤 도구와 이론을 사용하는지 안다면 더 많은 도구를 얻을 수 있다.

전략④ 완벽히 숙달하고 변화를 줘라

앞서 살펴봤듯 가변성은 반복의 반대 개념이 아니라 반복 위에 구축하는 것이 가장 좋다. 하지만 언제 가변성을 키우는 것이 효과적인지 정확히 알기가 쉽지 않다. 지금껏 살펴본 연구들은 대부분 학습의 단편적인 부분에 집중하므로 반복적 학습과 가변적 학습 중 어느 쪽이 더 효과적인지 정확하게 구분하기가 힘들다. 게다가 가변적 연습은 직관적이지 않은 난이도 범주에 속하므로 언제 가장 효과적인지 정확하게 판단하기가 어려울 수 있다. 심리학자 네이트 코넬Nate Kornell과 로버트 비요크는 기억 인출 연습과 시간 간격을 둔 연습에 관한 비슷한 연구들과 마찬가지로, 피실험자들이 나중의 시험 결과는 정반대인데도 가변적인 표현보다 고정적인 표현이 주어졌을 때 자신이 더 효과적으로 배우는 것처럼 느낀다는 사실을 발견했다.[48] 최종 과제를 완료한 후에도 마찬가지였다. 그들은 여러 과제를 끼워 넣는 연습법으로 더 나은 성과를 보였는데도 고정적인 연습이 더 낫다고 믿었다.

가변적 연습에 대한 연구는 여전히 계속 변화하고 있지만, 반복적 연습과 가변적 연습이 필요할 때를 정확하게 구분하는 과학적 법칙은 없다. 하지만 기술을 정확하게 수행하지 못하는 상태에서 가변성을 늘리면 도움이 되지 않는다는 것은 확실하다. 마찬가지로 기술을 대체로 올바르게 수행할 수 있을 때 연습에서 다양한 변화를 주면 비록 학습 속도는 느려지더라도 기술 제어 과정의 발달에 도움이 된다. 재즈 솔로 연주자들의 경우, 우선 솔로 연습을 반복하는 것부터 시작한다. 모방하고자 하는 연주의 녹음본을 들으면서 자신의 연주를 확인하는 것이다. 이 기술을 실수 없이 할 수 있게 된 후에 비로소 자신만의 고유한 꾸밈과 해석 또는 완전히 새로운 요소를 추가한다. 이처럼 가변성은 반복 후에 행해져야 한다.

유연성을 키웠다면 이제 창의성이다

가변적 연습은 기술의 유연성에 매우 중요하다. 즉흥 연주는 아무리 인상적이어도 여전히 기존 관행의 범위 안에서 이뤄진다. 하지만 비밥처럼 전통을 깨뜨리는 결과물을 만들어내는 과정인 발명은 더 먼 곳에 자리하는 듯하다. 다음 장에서는 유연한 기술의 발달을 넘어선 독창적인 창의성에 대해 살펴보자.

제8장

질은 양에서 나온다

아이디어를 잔뜩 떠올리고 그중 나쁜 것들은 버리면 된다! _라이너스 폴링Linus Pauling, 물리화학자[1]

- 천재들은 다작하는가?
- 우연은 발명에서 얼마나 작용하는가?
- 창작물의 질을 챙기면서도 어떻게 개선할 수 있는가?

역사적으로 에디슨만큼 창의적인 생산성을 보여준 발명가는 거의 없다. 그가 이룬 업적에는 이런 것들이 있다. 하나의 회선을 이용하여 동시에 많은 전신을 보내는 최초의 다중 전신 장치, 선명한 엑스선 사진을 찍는 최초의 장치인 형광투시경, 영화용 촬영기 키네토그래프kinetograph, 적외선을 측정하는 미압계, 전화기에 필요한 탄소 송화기, 충전식 배터리, 최초의 오디오 녹음 장치인 축음기(놀랍게도 그는 귀가 거의 들리지 않았다) 등이다.

　뉴저지주 멘로파크에 자리한 그의 실험실은 기업 혁신의 모델이 되었고, 나중에 벨 연구소, 제너럴일렉트릭, 듀폰 같은 산업 연구 시설에 영감을 주었다. 미신을 믿는 사람들은 천재적인 발명가인 그가 마법을 쓰는 거라고 생각했다. 일명 '멘로파크의 마법사'가 일반 사람들이 부담 없는 비용으로 사용할 수 있도록 만들어내지 못하는 것은 없는 것처럼 보였다.

에디슨 하면 떠오르는 가장 유명한 발명품인 전구는 엄밀하게 말하면 그가 발명한 것이 아니었다. 에디슨이 조명 실험을 했을 당시, 고전류의 전극 사이에서 발생하는 지속적인 불꽃이 밝은 빛을 만드는 전기 아크 조명이 이미 나와 있었다. 비록 너무 빨리 타버리고 너무 많은 전력을 소비해서 상업화는 불가능했지만 초기 백열전구도 존재했다. 하지만 전구의 발명을 에디슨의 공으로 돌리는 것은 어떻게 보면 그의 업적을 과소평가하는 것이다. 에디슨은 백열전구의 실용성을 높이기 위해 고저항 필라멘트를 이용하는 통찰을 보여주었으며, 관련 인프라(병렬 회로 연결이나 전기를 생산하는 고효율의 발전기, 중앙 발전소의 개념 등)도 발명하여 전구뿐 아니라 오늘날의 전기 산업 자체가 탄생할 수 있었다. 평생 1,093개의 특허를[2] 획득한 에디슨은 인류 역사상 가장 독창적인 사람이라고 할 수 있을 것이다.

1931년에 에디슨이 사망했을 때 그를 추모하는 뜻에서 2분간 전기를 차단하자는 이야기가 나왔다.[3] 정전으로 큰 혼란이 일어날까 봐 비록 실현되지는 못했지만 말이다. 에디슨의 유산은 너무나 광범위해서 세상은 단 한 순간도 그의 유산이 없는 상태로 되돌아갈 수 없었다.

천재들은 다작할까?

•

에디슨은 대표적인 다작하는 천재다. 그의 발명품들은 영향력이 대단한 만큼 개수 자체도 엄청났다. 하지만 에디슨의 사례는 창의적 생산성에 대해 일반적인 질문을 제기한다. 최고의 작품을 만드는 창작자들은 그들보다 뛰어나지 않은 동료들보다 작품을 더 많이 만드는가, 더 적게 만드는가?

레오나르도 다빈치와 파블로 피카소를 비교해 보자. 시대와 스타일은 달라도 두 사람 모두 최고의 예술가로 인정받는다. 그런데 두 사람이 남긴 작품에는 엄청난 차이가 있다. 다빈치가 평생 완성한 작품은 약 20점에 불과하고,[4] 다수는 미완성이다. 반면 피카소는 1만 3,000점이 넘는 그림을 완성했고, 판화까지 포함하면 총 10만 점이 넘는 작품을 남겼다.[5] 창의성의 두 가지 모델을 생각하면 다빈치와 피카소가 남긴 작품의 숫자가 모두 이해된다. 소수의 작품에 자신의 모든 비전을 쏟아붓는 헌신적인 예술가와, 쉬지 않고 아이디어를 쏟아내며 엄청나게 많은 작품을 만드는 풍부한 창작자의 차이이기 때문이다. 하지만 데이터에 따르면 성공한 창작자들은 다빈치보다 에디슨과 피카소에 더 가깝다. 세계에서 가장 성공한 과학자, 예술가, 혁신가는 모두 가장 다작하는 사람들이다.

이 주제를 가장 먼저 조사한 사람은 벨기에 사회학자 아돌프 케틀레Adolphe Quetelet였다.[6] 그는 1835년 쓴 논문에서 프랑스와 영국 극작가들의 작품 수를 조사했는데 창작물의 숫자가 문학적 영향력과 큰 상관관계가 있다는 것을 발견했다.[7] 약 2세기 후에 심리학자 딘 사이먼턴Dean

Simonton은 케틀레의 견해를 뒷받침하는 연구 데이터를 수집했다. 가장 뛰어난 과학자, 예술가, 학자 역시 가장 많은 결과물을 생산한 사람들이었던 것이다. 사이먼턴은 많은 분야에서 개인의 생산성과 사회적 창의성에 깊은 상관관계가 나타난다고 설명했다. 그의 연구에 따르면 한 개인의 경력 전반에서 창의성의 패턴을 살펴보면, 가장 많은 작품을 생산하는 시기가 최고의 작품을 생산하는 기간이었다. 호평받은 작품의 수를 총 작품 수로 나누면 일종의 품질 비율을 계산할 수 있는데, 사이먼턴은 "총 작품 수 대비 성공작의 비율은 나이가 들어도 규칙적인 패턴을 유지하며 변하지 않는다."라고 설명했다.[8] 또한 그는 "이 비율은 증가하거나 감소하지도 않고, 다른 형태로 나타나지도 않는다. 이 놀라운 결과는 질과 양이 함수 관계에 있다는 점을 시사한다."라고 지적했다. 그러면서 그는 '동일 확률 기준선'equal-odds baseline이라는 개념을 제시했다. 일단 한 개인이 속한 분야에서 독창적인 작품을 하나 내놓으면 그의 모든 시도가 세상을 바꿀 수 있는, 똑같은 잠재적 영향력을 갖게 된다는 것이다.[9] 에디슨의 업적을 돌아보면 전기 조명 시스템을 만든 것에 감탄하다가도, 철광업에 전자석을 이용하려다가 실패하고 전 재산을 날린 일화를 보면서 어리둥절하게 된다. 그 자신도 어떤 발명품이 그의 유산이 될지 예측할 수 없었다.

　동일 확률 기준선은 창의적인 잠재력이 개인의 경력 기간 동안 변하지 않는다는 사실을 나타낸다. 하지만 개인 간에는 어떨까? 어떤 사람들은 평범한 작품을 끊임없이 만들어내지만, 천재들은 소수의 아이디어를 완벽하게 가다듬는다는 주장을 뒷받침할 증거가 있는가? 소수의 고품질 작품만 만드는 완벽주의자들과 평범한 제품을 계속 쏟아내는 대량 생산자들은 실제로 존재하지만, 역사적 데이터는 다작하는 사람일수록 성공을 거둔다는 주장을 뒷받침한다. 영국 물리학자이자 과학사학자 데릭 존 드 솔라 프라이스Derek John de Solla Price의 이름을 딴 '프라이스의 법칙'Price's law이라는 개념이 있다. 학계 종사자 수의 제곱근에 해당하는 인원이 전체 생산성의 50퍼센트를 맡는다는 내용이다.[10] 예를 들어 어떤 학문 분야에서 논문을 발표하는 저자가 100명이라면 그중 열 명이 전체 논문의 50퍼센트에 해당하는 양을 제출한다는 것이다. 미국의 노벨상 수상자들을 연구한 해리엇 주커먼은 가장 인용도가 높은 과학자들이 인용도가 낮은 동료들보다 논문을 거의 두 배나 많이 썼다는 사실을 발견했다.[11] 또한 리처드 데이비스가 밝힌 바에 따르면 가장 많이 인용되는 신경외과 의사들이 가장 많은 논문을 썼다.[12] 하지만 동일 확률 기준선에서와 마찬가지로 논문당 인용도는 저자가 얼마나 다작했는가에 좌우되지 않았다. 그저 생산적인 저자일수록 논문을 더 많이 써서 인용도 더 많이 되었을 가능성이 높았다.

이처럼 창의적 성공은 무작위적인 특징을 보이지만 모든 창작자가 고루 경험하는 것은 아니다. 앞서 살펴보았듯 에디슨의 생산성은 매우 독보적이었다. 그는 아무것도 발명하지 못한 수백만 명의 사람은 물론, 동시대의 다른 발명가들보다 훨씬 많은 것을 발명했다. 이러한 생산성 패턴을 이해하고, 창의적 성공에 활용하는 법을 찾기 위해 창의적 성취를 설명하는 세 가지 요건에 대해 살펴볼 필요가 있다. 바로 전문 지식, 환경, 무작위성이다.

① 창의성은 전문 지식이다

허버트 사이먼은 "창의성은 '매우 뚜렷한 생각'이다."라고 말했다.[13] 이 관점에 따르면 창의적 성공은 일반적인 문제 해결과 마찬가지로, 생각의 메커니즘에 달려 있다. 세상을 바꾸는 발명품과 일반적인 문제 해결의 차이점은 생각의 유형이 아니라 난이도와 사회적 중요성이다. 창의성은 사소한 퍼즐 맞추기의 특징을 보이는 문제 공간을 탐색하는 것에 의존한다. 아인슈타인 역시 창의성은 '전혀 특별한 것이 아니다'라며 사이먼과 비슷한 견해를 드러냈으며, 그는 한때 "과학은 일상적인 사고를 세련되게 만든 것에 불과하다."라고 지적했다.[14]

에디슨의 발명 기록을 살펴보면 창의성은 '전문 지식'이라는 이론에 무게가 실린다. 이 이론은 창의적 성공이 특정 분야에 집중된다고 예측한다. 물론 에디슨은 다방면에 뛰어났지만 이 예측을 따른다. 그의 발명품은 수많은 산업에 영향을 미쳤지만 그의 혁신적 성장은 주로 전기 회로를 새롭게 적용하는 영역에 집중되었다. 전구에 집중하기로 한 에디슨의 결정은 고저항 필라멘트가 전류를 덜 끌어들인다는 것을 보여 준 옴의 법칙에 대한 이해에서 나온 것이었다. 많은 경쟁자가 강한 열과 전류를 견딜 수 있는 견고한 소재에 집중할 때 에디슨은 전구에 더 섬세한 필라멘트를 넣고자 했다. 두께를 줄이면 저항력이 커지고, 적은 전류를 사용하면 경제적으로 실용적인 제품을 만들 수 있을 터였다. 에디슨은 10년 이상 전기 회로에 관한 직접적인 경험을 쌓은 덕분에 원하는 결과가 들어 있을 가능성이 더 큰 문제 공간으로 탐색 영역을 좁힐 수 있었다.

에디슨이 성공만큼 실패도 많이 했다는 사실은 창의성이 전문 지식이라는 견해의 증거를 제공한다. 전구 실험에서 그는 전구를 계속 사용하면 안쪽이 검게 변하지만 필라멘트 끝부분의 양극이 만든 '그림자'는 검게 변하지 않는다는 사실을 발견했다. 그는 음극에서 탄소 입자가 방출되기 때문이라고 정확하게 추측했다. 또한 유리 전구 안에 두 번째 전선을 연결하면 진공 상태를 가로질러 전류를 흐르게 할 수 있다는 점도 발견했다. 그가 단순한 호기심으로 다룬 이 '에디슨 효과' 램프는 초기 컴퓨터의 핵심 구성 요소인 진공관 전자 장치를 만드는 첫걸음이었다. 만약 이론 지식이 더 많았다면 에디슨은 이 발명에 계속 몰두해 전자를 발견하고, 전자시대를 열었을지도 모른다. 하지만 알다시피 그는 그 길은 가지 않았고 전구의 상업화에 집중했다.

　창의성이 전문 지식의 확장이라는 또 다른 증거는 오랜 훈련 기간에 대한 의존성에서 발견된다. 심리학자 존 헤이스John Hayes가 76명의 유명 작곡가를 조사한 결과, 그들의 대표작 500곡 중에서 경력 10년 차 전에 만들어진 작품은 단 세 개뿐이라는 사실을 발견했다(대개 8~9년 차에 만들어졌다).[15] 그는 화가 131명을 대상으로도 비슷한 분석을 실시했다. 명작으로 인정받는 작품이 나오기까지는 최소 6년이 필요했고, 그 이후 또 6년 동안 명작의 개수가 점점 늘어났다. 시인에 대한 분석에서도 성공작이 나오려면 경력 5년 차는 되어야 했고, 총 66명의 시인 중에서 경력 10년 차 이전에 성공작을 내지 못한 시인은 55명이나 되었다. 에디슨은 정규 교육을 거의 받지 않았지만 독서와 실험에 대단히 열성적이었다. 그가 이렇게 말한 적이 있다. "나의 피난처는 디트로이트 공공 도서관이었다. 맨 아래 선반에 놓인 책부터 시작해 한 권씩 읽어 나갔다. 책을 좀 읽은 수준이 아니었다. 나는 도서관 전체를 다 읽었다."[16] 그런 에디슨도 22세가 되어서야 전자 투표 기록기로 첫 특허를 받았고, 널리 인정받은 첫 성공작인 다중 전신기를 발명한 것은 27세가 되어서였다.

축적된 지식이 창의적 성공에 중요하다는 사실은 에디슨의 시대 이후 과학 분야에 일어난 혁신적 변화를 설명한다. 에디슨이 살았던 당시는 발명가 혼자 새로운 발명 장치를 내놓고 이윤을 추구하는 영웅적 발명의 시대에서 각종 산업 연구소와 대학에서 혁신이 나오는 제도적 모델로 변화하는 과도기였다. 발명이 문제 공간을 탐색하는 과정이라면 혁신은 더 깊이 있는 탐색이므로 더 많은 훈련과 전문성이 필요하다. 제한된 교육만 받았는데도 유용한 발명품을 만들어낸 에디슨의 능력은 당시 전기에 대한 이해가 비교적 낮은 상태였다는 사실의 부작용이었을 수도 있다. 오늘날 전기공학의 혁신에는 1평방인치당 수십억 개의 트랜지스터가 들어 있는 집적 회로를 정련하거나 초저온에서 초전도 현상이 일어나는 초전도체를 찾는 것 등이 있다. 이러한 난해한 발전에는 훨씬 더 추상적인 지식이 필요하다. 이제는 박사 학위를 가진 전문가들로 이루어진 대규모의 팀이 최첨단 작업을 하는 방향으로 나아가고 있는 이유이기도 하다.

하지만 창의성이 전문 지식이라는 관점도 완전한 설명은 아니다. 일부 창작자들이 더 성공한 이유를 설명해 주기는 하지만 동등 확률 기준선을 설명하지는 못한다. 만약 전문성으로 이해되는 성공을 꾸준히 이어나간다면 경력이 쌓일수록 작품의 품질이 올라가야 할 것이다. 초기가 지나서까지 똑같은 상태에 머무르지 않을 것이다. 마찬가지로 창의성과 전문성을 동일시하는 관점은, 왜 어떤 전문가들은 매우 창의적인 반면 다른 전문가들은 지극히 보통 수준인지에 대한 의문을 제기한다. 전문 지식은 창의적 성취의 전제 조건일 수 있지만 그것만으로는 충분하지 않다.

② 창의성은 환경이다

과학 혁명을 촉진하는 데 기여한 글을 쓴 프랜시스 베이컨은 자신의 공헌에 대해 "재치가 아니라 시간의 산물"이라고[17] 말한 적이 있다. 이렇게 볼 때 그가 처음으로 과학적 창의성에 대한 훌륭한 설명을 내놓았다고 할 수 있다. 아이디어가 단순히 한 개인의 천재성이 아니라 문화적 산물이라는 이론이 그것이다. 흔히 '시대정신'은 문화적 맥락이 생각이 싹트는 토양을 제공한다고 주장한다. 이런 맥락은 혁신가들이 새로운 아이디어를 어디에서 찾는가를 정할 뿐 아니라 발견된 아이디어 중에서 어떤 것들이 널리 받아들여지는가도 결정한다. 즉 아무리 기발한 생각이라도 환경이 받아들이지 않으면 묻힐 수밖에 없다.

다중 발견multiple discoveries(각자 독립적으로 작업한 과학자들이 동시에 혹은 중복적으로 유사한 사실을 발견하는 현상을 일컫는 용어—옮긴이)의 사례가 놀라울 정도로 많다는 사실은 창의성의 환경적 관점을 뒷받침하는 증거다.[18] 몇몇 사례를 살펴보면, 진화론은 찰스 다윈과 앨프리드 러셀 월리스가 동시에 독립적으로 연구했다. 또한 아이작 뉴턴과 고트프리트 빌헬름 라이프니츠는 미적분학을 발명했다. 알렉산더 벨과 엘리샤 그레이는 단 몇 시간 차이로 전화 특허를 신청한 일화로 유명하다. 1611년에는 네 명의 과학자가 흑점을 발견했다. 광학망원경을 처음 발견했다고 주장하는 발명가는 최소한 아홉 명이다. 심지어 다중 발견이라는 개념조차도 그렇다. 이 개념은 사회학자 윌리엄 오그번william Ogburn과 도로시 토머스Dorothy Thomas가 처음 고안했다고 알려졌고, 두 사람은 광범위한 사례를 발표하기도 했지만, 다른 수많은 사람이 이 개념을 재발견했다. 사회학자 로버트 머튼Robert Merton에 따르면 19세기와 20세기에만 다중 발견의 개념이 독립적으로 제안된 사례가 열여덟 건이나 된다.[19] 발견의 필연성은 연구 중인 과학자의 정신에 새겨져 있을 수도 있다. 과학적 혁신이 확실히 공표되기 전에 어느 정도 감지되었다면, 핵심이 되는 발견의 시기를 증명하는 날짜가 적힌 봉인된 원고를 두고서 누가 먼저인지 격렬하게 논쟁하는 일은 일어나지 않았을 것이다.

사회심리학자 미하이 칙센트미하이는 창의성을 외부와 단절된 상태로 판단할 수 없다고 주장한다.[20] 많은 심리학자가 창의성을 전적으로 정신적인 기능으로 연구했지만, 칙센트미하이는 그런 연구들이 창의성의 기준에 대해 집단 차원에서 결정하는 전문 분야를 소홀히 한다고 주장한다. 그에 따르면 현대미술에는 약 1만 명이 종사하고 있고, 새로운 미술가의 작품이 혁신적이라는 평가를 받으려면 우선 해당 분야에서 인정을 받아야만 한다. 음악 작곡의 컴퓨터 분석도 이 견해를 뒷받침하는데[21] 가장 큰 인기를 누리는 것은 '선율의 독창성'이 적당한 수준인 곡들이다. 독창성은 예술적 창의성에 중요하지만 너무 독창적이면 사람들이 작품을 이해하지 못할 수도 있다.

과학 분야에서도 비슷한 게이트키핑gatekeeping 현상이 일어난다. 연구 결과가 발표되기 전에 거치는 동료 심사의 기준을 소규모의 전문가 집단이 결정한다. 이때 지적 유행이 특정 아이디어의 기호성을 좌우할 수 있다. 심리학의 정신 상태에 대한 주제만 해도 그렇다. 이 주제는 내성

주의자들의 무모한 추측이 난무했다가 행동주의의 영향으로 금기시되었다가 인지심리학자들의 영향으로 다시 소생되었다. 과학적 이론이 지적 유행에 따라 부활하기도 한다는 사실은 잠재력 있는 발견의 열매가 나뭇가지에서 그대로 시드는 경우도 많다는 사실을 알려준다. 대중적인 수용이 판단력 있는 전문가들로 구성된 폐쇄적 집단에 좌우되는 것도 아니다. 상업적인 제품과 대중적인 매체는 성공과 실패를 결정하는 대중의 견해를 마주해야만 한다.

에디슨은 자신의 발명 작업에서 단순한 기술적 가능성이 아니라 수용적 환경도 중요하다는 것을 정확히 알고 있었다. 그는 "나는 팔리지 않는 것은 발명하고 싶지 않다. 판매는 유용성의 증거이고, 유용성은 곧 성공이다."라고 말했다.[22] 그의 이런 사고방식을 이끈 것은 단순히 탐욕이 아니라는 사실을 덧붙인 말에서 알 수 있다. "내 인생의 가장 큰 목적은 더 많은 발명품을 만드는 데 충분한 돈을 버는 것이다."[23] 실제로 에디슨은 발명품으로 번 돈으로 은퇴할 수 있는 기회가 초창기에만 몇 번이나 있었다. 하지만 그는 모든 수익을 새롭고 도전적인 발명에 다시 투자했다. 가정의 재정 상태를 파산 직전까지 몰고 갔다가 다시 성공을 거둔 적도 많았다. 그는 발명과 혁신의 차이점을 깊이 이해하고 있었다. 발명은 기술적인 장점으로 판단되는 창조적인 작업이다. 한편 혁신은 사회적 영향으로 평가된다. 실용주의자 에디슨이 원한 것은 단순히 기술적으로 흥미로운 것이 아닌 실용적인 장치를 만드는 것이었다. 전구를 발명할 때 고저항 필라멘트에 집중한 것도 기술적인 고려가 아니라 조명 비용을 면밀히 분석한 결과에서 나온 결정이었다. 전류가 많이 필요한 전구는 기술적으로 실현 가능하더라도 경제적이지 않기 때문이었다.

발명에서 수용할 수 있는 환경이 중요하다는 사실은 세상을 바꾸는 발명품이 실제로 사용되지 않는 경우가 많은 이유를 설명해 준다. 바퀴의 경우, 유럽인들이 도착하기 수 세기 전에 메소아메리카에서 발명되었는데 농업용 도구보다는 아이들의 장난감으로 사용된 듯하다. 당시 사람들이 바퀴를 실생활에서 쓸 기회를 놓친 이유는 무거운 짐을 나를 만한 동물이 없어서 바퀴를 이용한 수레가 실용적으로 자리 잡지 못했기 때문이다.[24] 마찬가지로 이동식 활자는 세상을 바꾼 구텐베르크의 인쇄기가 발명되기 수백 년 전에 한국에서 먼저 만들어졌다. 하지만 당시 한국의 인쇄물에는 한자가 사용되었다. 책을 인쇄하려면 수천 개의 활자가 필요했기 때문에 재료비가 매우 많이 들었다. 여기서 칙센트미하이의 말을 짚어 살펴볼 필요가 있다. "보통 창의성이 부족하면 공급이 부족하기 때문이라고, 즉 천재가 별로 존재하지 않아서라고 생각한다. 하지만 실제로 창의성의 한계는 수요 때문이다. 창의성이 부족한 이유는 개인과 집단 모두가 새로운 아이디어를 인식하고 채택할 수 있을 정도로 인지 구조를 급격하게 바꿀 수 없기 때문이다."[25]

③ 창의성은 무작위성이다

전문 지식과 환경은 모두 창의성이 결정론적인 과정임을 시사한다. 좀 더 겸손한 설명은 우연이 인지 이론이나 사회학 이론에서 인정하는 것보다 창의성에 훨씬 더 큰 역할을 한다는 것이다. 다윈의 자연선택설의 기초가 되는 과정과 비슷하게, 심리학자 도널드 캠벨Donald Campbell은 1960년에, 창의적 사고를 선택적 보존을 동반한 맹목적인 변화의 과정으로 이해할 수 있다고 주장했다.[26] 생물학적 진화는 생명체의 놀라운 다양성으로 목격된 바와 같이 매우 창의적이다. 그러나 다윈은 진화에 필요한 것이 다음 세대에 유전되는 유용한 적응 능력의 축적과 우연한 돌연변이뿐임을 보여주었다. 어쩌면 창의성 이론들이 너무 심하게 복잡한 메커니즘을 추구하는지도 모른다. 캠벨은 창의성에 대해 잠재적인 아이디어를 많이 만들고 효과적인 것만 유지하는 아주 단순한 과정으로 이해하는 것이 더 올바르다고 주장했다. 이 장을 시작하면서 만난 라이너스 폴링의 인용문도 그렇다. 폴링은 그에게 노벨상을 안겨준 화학적 발견을 설명하면서, 많은 아이디어를 만들어내고 그중 가장 좋은 것만 유지하는 단순한 과정이었다고 말한다.

우연한 발명의 오랜 역사는 우연의 역할에 대한 증거를 제공한다.[27] 몇몇 사례를 살펴보면, 페니실린은 스코틀랜드 의사 알렉산더 플레밍이 세균 표본을 죽이는 곰팡이를 우연히 발견한 일을 계기로 탄생했다. 인공 감미료 사카린은 러시아 화학자 콘스탄틴 팔베르크 Constantin Fahlberg 가 연구 중에 만들어진 화합물을 실수로 섭취했다가 발견했다. 초강력 접착제는 해리 쿠버 Harry Coover 가 군인들이 사용할 저렴한 플라스틱 사격 조준경을 만들다가 발견했다. 테플론, 다이너마이트, 가황 고무, 안전유리, 비아그라도 모두 우연에서 탄생한 발명품이다. 프랑스 철학자 폴 수리오 Paul Souriau 가 "필요가 아닌 우연이 발명의 어머니다." 라고 말한 것처럼 말이다.[28]

에디슨은 발명에서 우연의 역할을 아주 잘 알았다. "나는 실험할 때마다 원래 목적이 아니었던 유용한 사실들을 많이 발견한다."[29] 그는 백열전구 필라멘트의 소재를 찾기 위해 무수히 많은 재료를 실험한 끝에 탄소화된 종이가 쓸 만하다는 사실을 발견했다. 그 후에는 수천 가지의 탄소화된 식물을 실험하여 마침내 탄소화된 대나무 필라멘트가 가장 이상적인 소재라는 사실을 알게 되었다. 더 나중에는 고무나무를 대체할 식물, 즉 온대기후에서 재배할 수 있는 높은 라텍스 함량을 지닌 식물을 찾기 위해 1만 4,000종의 식물을 연구했다. 고용량 충전식 배터리를 발명하는 과정도 시행착오의 연속이었다. 에디슨이 몇 달 동안의 노력에도 아무런 성과를 얻지 못했다는 소식을 들은 친구 월터 맬러리Walter Mallory가 그를 위로하려고 찾아갔을 때, 에디슨은 이렇게 말했다. "성과가 없다니? 성공할 수 없는 방법을 수천 가지나 알게 되었는걸!"[30] 한때 에디슨에게 고용되어 일했고 나중에는 라이벌이 된 니콜라 테슬라는 우연을 받아들이고 수천 가지 조합을 실험해서 답을 찾으려는 에디슨을 비웃었다. 그는 에디슨의 작업 습관에 대해 이렇게 말했다. "만약 건초 더미 속에서 바늘을 찾아야 한다면 에디슨은 부지런한 꿀벌처럼 바늘을 찾을 때까지 건초를 하나하나 뒤질 것이다."[31] 하지만 에디슨이 시행착오를 받아들인 것은 그렇게 어리석은 일이 아니었다. 당시 화학 연구는 아직 초기 단계였고, 일일이 실험해 보지 않고는 어떤 소재가 효과적인지 신뢰할 만한 예측을 얻을 수 없었다.

오늘날에도 혁신은 우연에 많이 의존한다. 생물학과 화학 이론이 엄청나게 발달했지만 약학적 발견은 여전히 우연에 많이 기댄다. 약물의 효과는 이론적으로 예측 가능하기보다 우연일 때가 많기 때문이다. 오젬픽Ozempic 이라는 상품명으로 판매되는 체중 감량 약물 세마글루타이드semaglutide는 처음에는 당뇨병 치료제로 개발되었고,[32] 비아그라로 판매되는 실데나필sildenafil 도 원래 고혈압 치료제였다.[33] 모두 의도가 아니라 우연이 낳은 발명품이다.

창의성의 세 가지 요건 결합하기
●

전문 지식, 환경, 무작위성이라는 창의성의 세 가지 요건은 상호 배타적이지 않다. 아주 단순한 창의성 모델은 이 세 가지를 모두 포함한다. 그 모델에서는 기존의 지식이 어떤 혁신을 이룰 수 있는지를 정한다. 그래서 전문 지식이 꼭 필요하다. 어떤 영역에서 새로운 개척지에 놓여 있지 않은 한 당신의 통찰이 개인적으로는 창의적이더라도 사회적으로는 그렇지 않을 수 있기 때문이다. 여섯 살의 가우스의 이야기가 그 예를 제공한다.[34] 어린 가우스는 숫자 1에서 10까지 더한 답을 묻는 질문에 곧바로 "55!"라고 대답했다. 선생님은 가우스에게 빨리 답을 얻어낸 방법을 물었고, 그는 두 개의 수를 더해서 11이 되는 다섯 쌍(1+10, 2+9, 3+8, 4+7, 5+6)으로 나누어 금방 55라는 답을 찾을 수 있었다고 답했다. 어린아이의 영리함에 감탄이 나오지만 이는 이미 수학자들에게 알려진 방법이었다. 따라서 어린 가우스가 발견한 독창적인 방법은 한 개인의 뛰어난 수학 실력을 예고할 뿐 사회적인 영향력은 없었다.

우연은 지식의 경계를 넘어 창의적 성공에서 두 가지 중요한 역할을 한다. 첫 번째 역할은 문제 해결 과정 안에 존재한다. 제1장에서 살펴보았듯, 우리는 문제 해결을 위한 탐색에서 수단—목표 분석과 시행착오 같은 다목적 전략, 영역 특수적 휴리스틱을 모두 사용한다. 하지만 문제 해결에 많은 생각이 투입되더라도 문제 공간에는 여전히 많은 가능성이 남아 있다. 이는 당연하다. 단 하나의 명백한 답이 문제 공간을 허물 수 있다면 현재 지식의 경계 너머를 탐색하지 않을 것이기 때문이다. 따라서 아무리 똑똑하고 지식이 풍부한 전문가라도 이미 숙달한 영역 너머까지 나아가 보는 무작위적 탐색 과정이 필요하다. 두 번째는 수용적인 환경과 함께 발생한다. 아무리 뛰어난 기술자나 투자자, 또는 과학적인 예측 전문가라도 어떤 작품이 가장 성공하는지, 혹은 흐지부지될지 정확하게 예측하지 못한다. 작품의 장기적인 영향력을 예측하는 창작자의 능력은 제한적이다. 이러한 예측 가능성의 부재는 모든 발명품, 에세이, 제품 또는 과학 논문이 부분적으로 도박임을 의미한다.

틀에 박힌 전문가와 창의적인 전문가의 차이는 위험한 문제를 해결하려는 시도에서 나타난다. 중요한 과제는 현재 지식의 경계 안에서 처리될 수 있다. 창의성 자체는 우연에 좌우되어도, 어떤 전문가들은 검증된 방식을 고수할 것이고, 또 다른 어떤 전문가들은 위험을 감수하고 문제 공간의 새로운 영역을 탐구할 것이다. 창의적인 분야에 종사하는 사람을 일종의 도박꾼과 같다고 보는 개념은 심리학자 로버트 스턴비그Robert Sternberg와 토드 루바트Todd Lubart의 창의성 투자 이론에서 가장 명확하게 나타난다.[35] 이 이론 모델에서 창작자는 좋은 종목을 선별하는 주식 애널리스트처럼 어떤 아이디어나 방법 또는 조사 영역의 가치가 오를지에 베팅한다. 주식 시장에서 이뤄지는 추측과 마찬가지로, 이 과정은 우연에 크게 좌우된다. 어떤 창작자들은 명성을 얻고 또 어떤 창작자들은 전혀 눈에 띄지 못할 것이다. 틀에 박힌 전문가와 창의적인 전문가의 차이는 주로 위험에 대한 욕구에서 나온다. 에디슨은 발명 작업을 하면서 위험천만한 도전을 많이 시도했기 때문에 경제적 어려움도 많이 겪었다. 훗날 그는 발명을 이뤄온 경력 내내 엄청난 행운과 실패 사이를 오간 일에 대해 "적어도 따분함을 느끼지 않을 수 있었다."라고 말했다.[36] 창의성 투자 이론은 지식 수준이 비슷한데도 왜 어떤 사람이 특히 창의성이 뛰어난가를 설명해 주기도 한다. 역사학자 안톤 하우스Anton Howes에 따르면 발명가들은 무언가를 스스로 발명하기 전에 다른 발명가와 접촉했을 가능성이 크다고 한다.[37] 이를 고려할 때 위험한 사업을 하고자 하는 욕구는 단순히 성공에 필요한 전문 지식을 초월해 문화적으로 전염되는 것일 수도 있다.

이러한 창의성 모델은 사이먼턴이 말한 창의적 성취의 동등 확률 기준선과 세계적 수준으로 뛰어난 혁신가의 희귀성 사이에서 엿보이는 모순을 설명해 준다. 어떤 분야에서든 지식의 한계에 도달하기는 쉽지 않으며 수년간의 연구와 연습이 필요하다. 하지만 최전선에 도달한 이후의 발전은 무작위성에 좌우되므로 창의적 성취는 우연을 기꺼이 수용하는 데서 나온다고 할 수 있다.

창의적 아웃풋이 늘면 질도 좋아질까?

●

사이먼턴의 연구와 동일 확률 기준선은 아웃풋을 늘리면 자동적으로 창의적 성공의 가능성도 높아진다는 것을 뜻하지 않는다. 쉽게 말해 쉬지 않고 키보드를 입력해서 말도 안 되는 글이라도 잔뜩 써낸다면 책을 더 많이 펴낼 수는 있겠지만, 훌륭한 작가가 되기 위한 좋은 전략이라고 할 수는 없다. 창작자가 출판에 관해 자기만의 기준을 정하고 절대로 위반하지 않을 때 양과 질 사이의 긴밀한 결합이 가능할 것이다. 창작의 가뭄을 겪고 있는 작가의 경우, 글을 아예 쓰지 못하는 것은 아니더라도 스스로 출판할 만하다고 생각되는 글은 쓰기가 어려울 수 있다. 아이디어의 부족은 생산성의 슬럼프로 이어질 것이다. 이 역시도 똑같이 질의 문제로 표현될 수 있지만 말이다. 마찬가지로 만약 창작자가 지배적인 스타일이나 방식을 선택하는 경향이 있다면 질과 양의 균형이 인위적으로 가려질 수 있다. 예를 통해 살펴보자. 피카소의 작품은 다빈치보다 훨씬 광범위하다. 그가 선택한 입체주의 스타일이 더 많은 작품을 생산하는 데 적합했기 때문이다. 피카소가 몇 년 동안 힘들게 애써서 초현실적인 그림을 완성했다거나 다빈치가 마치 공장 기계처럼 그림을 마구 쏟아내는 방식으로 변화를 추구했다는 정반대의 사실을 알려줄 만한 자료는 없다. 창의적 수용성이 정상적인 범위 안에 있을 때, 또 일반적인 방식과 스타일을 유지할 때 양과 질은 창의적인 직업 분야에서 밀접한 상관관계를 보인다.

비록 매력적이지는 않지만 동등 확률 기준선의 법칙은 창의적 분야에서 성공한 사람들이 워커홀릭이라는 것을 뜻한다. 에디슨이 아주 좋은 예로, 이를 엿볼 수 있는 일화가 있다. 어느 날 그는 밤늦도록 실험실에서 작업에 몰두했고, 왜 그렇게 늦게까지 일하느냐는 누군가의 질문에 에디슨은 지금 몇 시인지 물었다. '자정'이라는 대답에 그는 이렇게 말했다. "벌써 자정이라니! 빨리 집에 가야겠군. 오늘 결혼했거든."[38] 확실히 과장된 이야기 같지만, 평소 그가 몇 주 내내 실험실에 머무르다 집으로 돌아가 더러워진 옷을 입은 채로 쓰러져 잠들곤 했다는 사실을 생각하면 아예 없던 일은 아닐 것이다. 그의 모습이 담긴 가장 유명한 사진에서도 에디슨은 소리를 개선하고자 72시간째 축음기를 들으면서 여기저기를 매만지느라 바쁜, 지저분하고 흐트러진 모습이다.

일에 대한 극도의 헌신은 무수히 많은 창작자에게서 나타난다. 노벨 경제학상을 수상한 허버트 사이먼은 가장 생산적인 시기 동안 일주일에 100시간을 일했다고 한다.[39] 또 아인슈타인은 상대성이론을 연구하는 동안 너무 집중한 나머지 위장병을 일으켰다.[40] 오노레 드 발자크는 20년 동안 하루에 15시간씩 일해 85권의 책을 썼다.[41] 연구에 따르면 이런 직업정신은 효과적이다. 물리학과 사회학 분야의 저명한 연구자들은 휴가도 거의 없이 매주 60~70시간씩 일한다.[42] 에너지 넘치는 'A형 행동 유형'에 해당하는 심리학자들이 느긋한 'B형 행동 유형'에 해당하는 심리학자들보다 논문 인용도가 더 높다는 연구 결과도 있다.[43] 이러한 사례들을 고려할 때, 에디슨이 "천재는 1퍼센트의 영감과 99퍼센트의 땀으로 이루어진다."라고 말한 것은 전혀 놀랍지 않다.[44] 하지만 이렇게 치열한 작업에는 커다란 대가가 따르기 마련이다. 에디슨은 발명에 열중하느라 시간이 없어서 남편과 아버지의 역할을 제대로 하지 못했다.

양과 질을 보장하는 생산성 전략

•

창의적 성공의 열쇠는 뛰어난 생산성이다. 이미 최대한 오랜 시간 동안 일하고 있는(혹은 그렇게 하고 싶은) 사람이라면 이런 의문이 떠오를 것이다. '일이든 사생활이든 질을 떨어뜨리지 않고 창의적 아웃풋을 늘리는 또 다른 방법은 없는가?'라는 궁금함 말이다. 지금부터 네 가지 효과적인 생산성 전략에 대해 살펴보자.

전략① 조립 라인에서 힌트를 얻어라

조립 라인처럼 창의성의 이미지와 대조를 이루는 풍경도 없을 것이다. 똑같은 것을 기계적으로 계속 생산하는 일은 독창성의 반대 영역처럼 보인다. 하지만 창의성은 생산성이라는 관점을 진지하게 받아들이면 조립 라인에서 생각보다 많은 것을 배울 수 있다. 창의적인 작업의 창의적이지 않은 부분들을 습관화하면 생산의 능률이 올라가기 때문이다. 미국 코미디언 제리 사인펠드Jerry Seinfeld는 직접 제작한 인기 TV 드라마 〈사인펠트〉의 각본 작업을 단계별로 여러 작가 팀에게 맡겼다.[45] 한 팀은 아이디어 제시하기, 다른 팀은 개요 작성하기, 또 어떤 팀은 편집하기 등을 맡았다. 창의성에서 우연의 역할을 존중하기 위해 아이디어와 줄거리를 코미디 작가들의 실제 경험에서 가져왔다. 이런 작업 방식은 설익은 아이디어가 아니라 잘 다듬어진 작품으로 방송에 내보낼 수 있게 해주었다.

습관화, 체크리스트, 체계적 단계를 이용하면 작업의 고정적인 부분을 자동화할 수 있다. 아이디어와 통찰의 내용은 통제가 어렵지만 다른 측면들을 체계화하면 지속적으로 기회를 잡을 수 있다. 예를 들어 과학자는 어떤 연구 방법이 가장 효과적인지 항상 알 수 없지만 연구비 지원서를 쓰거나 논문을 제출하는 과정을 간소화할수록 연구에 더 많은 시간을 쏟을 수 있다. 일명 조립 라인 마인드셋은 불안이나 완벽주의에 가로막혀 정기적으로 연구 논문을 발표하지 못하는 창조적 저항을 떨쳐버리게도 해준다. 새로운 작업을 수행하고 발표하는 일이 자동 조종 장치autopilot 방식으로 이루어진다면 지나친 자기검열에 빠질 시간도 없어진다.

전략② 아이디어가 무르익을 때를 기다려라

창의성의 문제 해결 측면은 일부 아이디어가 구현하기에 무르익은 것이 있는 반면 핵심 구성 요소가 빠진 사실도 알려준다. 발명가가 기술적인 장벽에 꼼짝없이 갇힐 수도 있고, 소설가가 캐릭터에 대한 좋은 아이디어는 있지만 줄거리를 구상하지 못했을 수도 있다. 만일 설익은 아이디어를 추구하게 되면 교착 상태를 뚫고 나가기 위해 대안을 조합하는 과정이 필요하므로 시간이 더욱 걸린다. 보통 창의성이 뛰어난 천재들은 어려운 프로젝트를 끝까지 끈기 있게 헤쳐 나간다. 하지만 그들은 아직 발견에 무르익지 않은 문제를 피하기도 한다. 걸출한 존스홉킨스대학교 연구자들을 조사한 전기작가이자 과학작가 로버트 카니겔Robert Kanigel에 따르면 래스커상을 수상한 신경과학자 솔로몬 스나이더Solomon Snyder는 '헛된 시도를 하게 만드는 과학적 질문을 감지하고 피하는 육감'을 가졌다고 한다.[46]

에디슨은, 동시에 여러 가지 발명 작업을 진행함으로써 이 문제를 해결했다. 한 번에 여러 프로젝트를 진행하면서, 막힐 때마다 다른 작업을 오갔다. 그러다 마주하는 우연한 발견도 이용했다. 새로운 가능성이 등장하여 이전에 모호했던 부분이 확실해진 것이다. 작가들은 다음에 쓸 이야기를 위해 메모를 많이 한다. 그러다 조각이 충분히 모이면 그

제서야 적극적으로 작업을 시작한다. 이렇게 아이디어가 무르익기를 기다리면 창의적인 해결책을 예상하는 것은 불가능할 수 있지만, 현재 가지고 있는 지식과 문제 해결을 위해 필요한 지식의 간극이 얼마나 큰 지 알 수 있다.

전략③ 위험성을 완화하라

창의성에서 우연의 역할은 고무적인 작품을 만드는 데 실패하는 또 다른 이유를 제시한다. 바로 필요한 위험을 감수하지 않는 것이다. 창 의적인 분야에서 성공을 거둔 사람들도 꽤 많은 실패를 경험한다. 충분 한 전문 지식과 생산성은 결과물의 평균적인 품질을 높여주지만, 창의 적인 일에는 많은 변동성이 따르기 때문에 이 분야에 종사하지 않으려 는 사람들이 많다. 에디슨은 일이 잘 풀리지 않으면 언제든 전신 기사 로 다시 경력을 시작하면 된다고 스스로 합리화하면서 발명가라는 직 업에 따르는 위험을 감수했다. 이미 가난을 겪어본 그였기에 안락한 삶 을 살아온 사람과 달리 만약 경제적으로 실패해도 큰일이 아니라고 여 겼을지도 모른다.

누구나 에디슨처럼 대단한 정신력을 지닌 것은 아니다. 만약 실패해 도 소득원이 있어서 일을 계속할 수 있도록 믿을 만한 방편을 마련해두 면 창조적 위험을 더 많이 무릅쓸 수 있다. 창의성 투자 이론에 따라 일 을 일종의 창의적인 포트폴리오로 생각할 수도 있다. 창의적인 프로젝 트를 고위험 주식 종목처럼 바라보는 것이다. 엄청난 수익을 올릴 수 도, 돈을 전부 잃을 수도 있다. 투자의 효율성을 높이려면 위기 상황에 서 언제든지 의지할 수 있는 국채 같은 저위험 투자도 병행해야 한다.

전략④ 창의적이지 않은 일에 쓰는 시간을 줄여라

일하는 시간이 전부 새로운 작업에 쓰이지는 않을 것이다. 창의적 아웃풋의 상당 부분이 회의 참석이나 이메일 작성, 행정적 관리 업무 등과 같은 사소한 일에 소모된다. 해리엇 주커먼이 진행한 노벨상 수상자 연구에서 많은 과학자가 상을 받은 후에 연구 이력이 진척되는 속도가 매우 느려졌다고 밝혀졌다.[47] 동기가 약해졌을 수도 있지만, 다수의 과학자가 급격하게 커진 관심에 압도당했다고 말했다. 이름이 알려지지 않았을 때는 오로지 일에만 많은 시간을 쏟을 수 있었다. 하지만 유명세를 얻은 후에 그들은 인터뷰 요청을 받거나 공개적인 행사에 초대받거나 권위 있는 위원회의 장을 맡아 달라는 제안을 점점 더 많이 받았다. 에디슨도 나이가 들면서 생산성이 떨어졌는데, 이는 사업 규모가 확장되면서 점점 불어난 기술자 팀을 관리해야 했기 때문이다.

창의성에는 민첩성과 함께 불확실한 프로젝트에 시간을 투자하는 능력이 필요하다. 그런데 이 두 가지는 성공에 따라온 추가적인 의무가 끼어들면 유지하기가 어려워진다. 그러므로 효과적인 창의성을 위해서는 창의적이지 않은 일에 잠식되는 것을 피해야 한다. 노벨상을 수상한 물리학자 리처드 파인먼은 시간을 많이 잡아먹는 업무에 휘말리는 것을 피하기 위해 무책임한 척하는 전략을 사용했다.[48] 베스트셀러 작가이자 컴퓨터공학 칼 뉴포트Cal Newport 교수는 '딥 워크'deep work(완전히 집중한 상태로 일을 수행하는 것—옮긴이)라는 엄격한 경계를 정하여 아무런 방해도 받지 않고 생각할 수 있는 시간을 충분히 확보하는 식으로 어려운 문제에 대한 진전을 이루는 방법을 추천한다.[49] 이외 다른 어떤 전략을 사용하든, 총 작업 시간에서 창의적인 프로젝트에 쏟는 시간의 비율을 높게 유지해야만 개인 생활을 완전히 희생하지 않고, 생산적인 커리어를 만들어갈 수 있다.

연습했다면 이제 피드백이다

●

지금까지 네 개의 장에서 난이도의 스위트 스폿 찾기, 마음은 근육이 아닌 이유, 유연한 기술을 함양하는 가변성의 힘, 창의적 과제에서 양과 질 사이의 놀라운 연결성을 살펴보았다. 이어지는 네 개의 장에서는 학습에서 피드백이 어떤 역할을 하는지 알아볼 것이다. 불확실성이 존재하는 환경에서 학습이 이뤄지는 법부터, 정확한 판단을 위해 피드백을 강화해야 하는 일의 중요성을 살펴본다. 학습할 때 상호 작용이 중요한데, 일상적인 기술 숙달을 위해 현실과의 접촉은 꼭 필요하지만 동시에 우려를 일으키기도 한다. 그다음에는 탈학습unlearning의 역할을 알아보고, 기술의 숙련도가 커질수록 실수와 오개념을 수정하는 것이 중요하다는 사실을 짚어본다. 마지막으로는 학습 과정에서 경험하는 불안감을 다룬다. 우리를 두렵게 하는 상황에서 직접적인 피드백이 두려움을 극복하는 가장 효과적인 방법 중 하나인 이유를 알아본다.

제3부

피드백 받기 Feedback

: 경험을 통해 배워라

제9장

경험이 많다고 전문가는 아니다

진정한 직관적 전문성은 장기간에 걸쳐 실수에 대한 좋은 피드백을 받으면서 학습된다. _대니얼 카너먼, 심리학자[1]

- 직관적 전문성의 전제 조건은 무엇인가?
- 혼란스러운 피드백이 있는 불확실한 환경에서 어떻게 개선할 수 있는가?
- 직감을 믿어야 할 때와 숫자를 믿어야 할 때는 각각 언제인가?

열아홉 번째 생일을 하루 앞둔 2007년 9월 17일, 애넷 오브레스터드 Annette Obrestad는 월드시리즈 포커대회의 최연소 우승자가 되면서 새로운 역사를 썼다.[2] 이 대회에서 이 노르웨이 소녀는 362명의 참가자를 물리치고, 100만 파운드의 상금을 손에 넣었다. 모두 1만 파운드를 내고 대회에 참가한 이들이었다. 포커는 우연의 게임일 수도 있지만 오브레스터드의 우승은 결코 우연이 아니었다. 그녀는 이미 온라인에서 막강한 플레이어로 알려졌으며, 아직 고등학생이지만 이미 정규직 직장인인 어머니보다 많은 돈을 벌고 있었다.[3] 월드시리즈가 열리기 몇 달

전에 그녀는 179명의 경쟁자들과 온라인 대회에 참가했다. 그리고 재미 삼아 컴퓨터 화면에 테이프를 붙여 자신의 카드가 보이지 않게 한 상태로 얼마나 오래 버틸 수 있을지 알아보기로 했다.[4] 결과는 어땠을까? 그녀의 우승이었다.

오브레스터드는 TV에서 볼링 경기를 보다가 온라인 포커 사이트 광고를 접하고 포커를 시작했다.[5] 어릴 때 아빠와 카드놀이를 즐긴 경험이 있어 재미있을 거라고 생각했다. 당시 고작 15세여서 실제 돈을 건 도박을 하기는 너무 어렸기 때문에 온라인에서 게임 화폐로 참여했고, 놀랍게도 그녀는 포커에 소질을 보였다. "나는 포커 게임에 타고난 능력이 있었다. 무언가를 처음 시작할 때 이상하게도 다들 못하는데 나만 잘하는 그런 경우가 있지 않은가? 나에겐 포커가 그랬다." 이후 그녀는 온라인 포커 대회에서 9달러를 벌었고, 그 돈을 시작으로 수입이 점점 더 늘어났다. 돈을 한 푼도 투자하지 않고 다른 플레이어들과 진짜 돈을 걸고 포커를 해서 이겼다. 그렇게 4년 동안 오브레스터드는 온라인에서 수십만 달러를 벌었다. 카지노에서 합법적으로 도박할 수 있는 나이가 된 후로는 오프라인에서도 포커를 하기 시작했고, 은퇴할 때까지 그녀가 오프라인 게임으로 번 돈만 390만 달러가 넘었다.[6]

오브레스터드는 새로운 유형의 포커 플레이어에 해당한다. 담배 연기 가득한 카지노에서 엄청난 금액의 판돈을 걸고 뻐기듯 게임하는 전형적인 갬블러와는 거리가 먼 이 신세대 플레이어들은 집에서 컴퓨터로 포커를 통달했다. 오브레스터드 같은 플레이어들이 어떻게 그렇게 짧은 시간에 엄청난 실력자가 될 수 있었는지 알기 위해서 먼저 포커가 거쳐온 변화 과정을 알아야 한다.

경험과 피드백의 힘을 보여주는 포커

초창기에는 포커를 잘한다는 것은 속임수에 능하다는 뜻이었다. 미시시피강에 늘어선 선상 카지노들은 플레이어와 그들의 돈을 실어 나르며 미국 남부 전역에 포커를 퍼뜨렸다. 발명가 조지 데볼George Devol 같은 이들이 그 시대에 활약했다. 데볼은 자서전《미시시피에서 갬블러로 산 40년》Forty Years a Gambler on the Mississippi에서 어떤 속임수로 다른 이들의 돈을 따냈는지 자랑한다.[7] 가장 일반적인 속임수는 표시가 된 덱(카드 뒷면에 미세한 얼룩을 표시한다)을 이용해서 더 나은 패를 가진 비양심적인 플레이어에게 정보를 주는 것이었다. 그는 상대 플레이어가 몰래 표시된 덱을 사용하는 것을 발견하고 혼쭐낸 일도 자랑했다. 사기꾼을 속이려는 사기꾼이었다. 한번은 이런 일도 있었다. 데볼이 뛰어난 포커 플레이어라는 소문을 듣고 한 투자자가 데볼에게 4,000달러를 투자할 테니 수익금을 나눠달라고 했다. 데볼은 계략을 쓴 상대 플레이어에게 당해서 모든 돈을 잃었지만 다행히 투자자에게 한 푼도 갚지 않고 위기에서 벗어날 수 있었다. 포커 플레이어이자 작가인 마튼 마자르Marton Magyar는 이렇게 설명했다. "미시시피 증기선에 앉아 포커 게임을 한다는 것은 아예 사기를 당하게 해달라고 부탁하는 것과 같았다."[8]

이런 부적절한 시작에도 불구하고, 포커는 단순한 기만이 아닌 기술의 게임이라는 명성을 얻었다. 마크 트웨인도 포커를 매우 좋아했으며 "미국에서 포커 게임은 용납하기 힘들 정도로 무시당하고 있다."라고 말하기도 했다.[9] 하지만 그런 상태는 그리 오래가지 않았다. 프랭클린 델러노 루스벨트Franklin Delano Roosevelt는 4선 대통령으로 재임하는 동안

정기적으로 스터드 게임stud game을 했고,[10] 드와이트 아이젠하워Dwight Eisenhower는 자신을 포커 플레이어라고 칭했다. 심지어 리처드 닉슨Richard Nixon은, 초기의 대선 운동 자금의 일부를 포커에서 딴 돈으로 조달하기도 했다.[11]

포커 게임은 플레이어들에게 확률뿐 아니라 상대 플레이어도 평가할 수 있게 했다. 전문 도박사이자 포커 전략에 관한 최초의 베스트셀러를 쓴 도일 브런슨Doyle Brunson은 이렇게 설명했다. "포커는 사람을 다루는 게임이다. 포커 게임에서 인간의 진정한 감정을 엿볼 수 있다."[12] 그 책에서 브런슨은 확률에 기반한 신중한 전략적 추론과 초감각적 인식에 대한 믿음, 이성적 분석보다 직감을 신뢰하는 것의 중요성 등 공상적인 요소를 섞어 설명했다. 또한 그는 오늘날까지도 이어지는 포커에 대한 대중적인 인식을 잘 포착했는데, 바로 포커 게임 실력은 주로 확률이 아닌 심리학의 문제라는 것이다.

포커의 다음 혁명은 2003년에 크리스 머니메이커Chris Moneymaker(놀랍게도 본명이다)가 온라인 대회에서 39달러의 상금을 획득해 월드시리즈 포커대회 참가권을 얻으면서 일어났다.[13] 회계사이자 아마추어 포커 플레이어인 그는 각자 1만 달러를 내고 참가한 839명의 경쟁자를 이기고 250만 달러의 상금을 손에 넣었다. 노련한 프로들을 물리친 머니메이커의 깜짝 승리는 온라인 포커에 대한 폭발적인 관심으로 이어졌다. 이른바 '머니메이커 효과'로 여러 온라인 포커 웹사이트가 수만 명을 끌어들이며 기하급수적으로 규모가 성장한 것이다.

컴퓨터로 포커를 하는 것은 카지노에서 하는 것과 다르다. 가장 분명한 차이점은 정신적인 측면에서 분석할 수 있는 여지가 별로 없다는 것이다. 상대에 대해 알 수 있는 것이라고는 화면에 표시된 닉네임뿐이다. 다시 말해서 상대가 허세를 부린다는 신호를 주의 깊게 관찰하는 것보다 좀 더 근본적으로 카드를 다루는 방식에 대한 분석이 더 중요하다는 뜻이다. 이보다 덜 명백한 차이점도 있는데, 온라인 포커는 게임에 대한 경험을 쌓을 수 있는 속도를 극적으로 가속화한다. 이에 대해 전문 포커 플레이어 대니얼 네그라뉴Daniel Negreanu는 "예전에는 라스베이거스에서 거대한 판돈을 걸고 플레이하는 사람을 본 경험이 없다는 것은 실력이 별로라는 뜻이었다."라고 설명했다. 그러면서 그는 새로운 유형의 온라인 포커 플레이어에 대해 이렇게 묘사했다. "여러 판에 걸쳐 플레이할 수 있어 경험이 빠르게 쌓인다. 한 번에 열두 판을 하기도 한다. 현재 여든네 살의 나이가 된 도일 브런슨 같은 사람은 50~60년 동안 거의 매일 포커를 했다. 그런데도 그는 스물세 살밖에 안 된 플레이어들보다 적은 경기를 치렀다."[14]

어쩌면 광범위한 경험보다 중요한 것은 온라인 게임으로 얻을 수 있는 향상된 피드백인지도 모른다. 구식 플레이어들은 중요한 패를 어떻게 다뤄야 하는지에 대해 주로 기억에 의존할 수밖에 없었다. 그러나 온라인 경기는 인간의 약한 기억력을 하드 드라이브로 대신 보완해 준다. 저장된 정보로 패는 물론이고, 정기적으로 함께 플레이하는 상대방에 대해서도 계속 추적할 수 있다. 머니메이커가 새롭게 연 포커의 시대 초기에 경력을 시작한 오브레스터드는 그 기회를 이용해 평범한 플레이어에게는 절대 불가능하고, 카지노를 자주 들락거리는 프로들에게만 가능한 경험과 피드백을 얻을 수 있었다.

불확실성을 이기는 실력 기르는 법

●

포커 같은 게임에 통달하는 어려움을 이해하려면 또 다른 대표적인 두 뇌 게임인 체스와 비교하면 도움이 된다. 체스의 플레이는 완전히 결정 론적이다. 같은 동작을 취하면 매번 똑같은 결과가 나온다. 반면 포커 는 우연의 게임이다. 텍사스 홀덤 게임에서 최고의 시작 패인 에이스를 두 장 들고서도 여섯 번에 한 번은 무작위적인 패에 질 가능성이 있다. 이 무작위성 때문에 실수에서 배움을 얻기가 훨씬 어렵다. 운이 없어서 진 건지, 단지 기술이 부족해서 진 건지 알기 어렵다는 의미다. 무작위 성을 해결하는 한 가지 방법은 경험을 더 많이 하는 것이다. 경험이 충 분하면 결국 운은 평균이 된다. 확률을 배운 적 없는 초기의 포커 플레 이어들은 단순히 반복을 통해서 직감을 얻었을 것이다. 같은 패를 수십 번 보면 그 효과에 대한 평균적인 감각이 점차 정답에 가까워질 수 있 기 때문이다. 하지만 포커에는 잠재적인 패가 무수히 많다는 사실을 고 려할 때, 이런 접근법으로 포커 기술을 향상하는 것은 매우 불리하다.

다행히도 대안은 있다. 확률 이론으로 올바른 선택을 계산하고, 실제 결과를 무시하는 것이다. 오늘날 포커 플레이어를 꿈꾸는 사람들은 빠 른 속도로 기초 수학에 정통한다. 플레이어는 자신의 패를 완성하기 위 해 필요한 카드의 수를 세고, 또 자신의 패를 이길 수 있는 패의 수를 센다. 이처럼 확률을 계산하고 이를 베팅 규모와 비교해 보면 각각의 베팅이 가치를 위한 것인지(즉 이길 확률과 비교할 때 베팅 금액이 그만한 가치가 있는지), 아니면 단순히 허세인지 분명해진다. 포커 게임은 무작 위로 진행될 수 있지만 카드는 확률의 법칙을 따르므로, 셈을 하는 방식은 직감에 의존한 결정보다 우월한 전략이다.

하지만 포커를 어렵게 만드는 것은 운만이 아니다. 체스에 비해 포커는 숨겨진 정보의 게임이다. 체스 플레이어는 상대가 체크메이트를 숨겼다가 갑자기 기습적으로 수를 내놓을까 봐 걱정할 필요가 없다. 반면 포커에서는 베팅하기 전에 상대의 카드를 확신하기가 어렵다. 다시 말하자면 내 패가 무작위로 선택된 패를 이길 확률뿐 아니라 예상되는 상대의 패를 이길 확률, 상대가 추측하는 내 패까지 전부 고려해서 최적의 전략이 정해져야 한다는 뜻이다. 그래서 포커는 계산의 게임이다. 만일 좋은 카드를 가지고 있을 때만 베팅하면 상대가 당신의 플레이 스타일을 빠르게 간파하고 당신이 베팅 금액을 크게 올릴 때마다 패를 접을 것이다. 반대로 당신이 자주 허세를 부려도 상대가 간파하고 자주 베팅에 맞설 것이다. 포커 전략에는 당신의 플레이 스타일에서 상대가 간파하고 이용할 수 있는 패턴을 제거하는 세심한 균형 잡기가 필요하다. 포커 결과의 본질적인 무작위성과 좋은 전략을 개발하는 데 필요한 신중한 보정 모두 온라인 게임을 통해 더 쉽게 해결할 수 있다. 과거 카지노에서 포커를 한 플레이어들은 나중에 분석하기 위해 중요한 패를 메모해 두었을 수도 있다. 하지만 신세대 플레이어들은 자신이 플레이한 모든 패를 다운로드하여 소프트웨어 분석 프로그램으로 돌려볼 수 있다. 따라서 확률 계산의 실수를 알 수 있고, 자신의 플레이 스타일에서 상대에게 이용당할 수 있는 패턴을 발견할 수도 있다.

분석 도구의 등장은 포커 전략의 진화를 가속했다. 플레이어들은 게임이론의 점점 더 정교한 계산술을 적용하고 있다. 게임이론은 숨겨진 정보 게임을 할 때 전략적 선택을 다루는 수학의 한 갈래다. 게임이론에 따른 최적의 전략은 그 어떤 조합에서도 허세와 진짜 베팅을 정확하게 계산하고, 상대가 당신의 플레이 패턴을 악용할 가능성을 제거하고자 한다. 오늘날 많은 플레이어는 브런슨처럼 상대의 마음을 읽는 베테랑들에게 간파당하지 않기 위해 이를테면 시계의 초침을 본 다음에 숫자가 짝수이면 한 패를, 홀수이면 다른 패를 선택한다든지 하는 방법으로 무작위적인 선택을 한다. MIT 경영대학원에서는 포커 이론 강좌를 제공하기도 했는데 이는 현대의 포커가 수학적으로 정교한 게임이라는 사실을 반영한다. 그러나 포커가 어떤 새로운 방향으로 나아가는지와는 상관없이, 플레이어들이 기술을 강화하기 위해 점점 더 정교한 이론을 발달시키고, 매우 상세한 피드백으로 배움을 얻는다는 사실을 고려할 때 포커는 앞으로도 계속 멈추지 않고 진화할 것이다.

직감을 믿어야 할 때는 언제인가

●

포커는 불확실성 속에서의 학습이 얼마나 어려운지를 잘 보여준다. 포커 플레이어들은 확률 이론과 향상된 피드백을 통해 경험만으로 쉽게 얻을 수 있는 것 이상의 선택을 계산해 낸다. 그러나 강력한 이론이나 피드백을 얻을 수 없다면 어떻게 해야 할까? 전문가들은 어떻게 유용한 직관을 얻을까? 놀랍게도 그들은 아예 직관을 얻지 않을 수 있다.

1954년, 심리학자 폴 밀Paul Meel은《임상적 예측 대 통계적 예측: 이론적 분석과 증거 검토》Clinical versus Statistical Prediction: A Theoretical Analysis and Review of the Evidence라는 제목의 책을 썼다. 해당 저서에서 그는 두 가지

결정 방식을 비교해 설명했다. 첫 번째는 그가 '임상적' 방식이라고 부르는 것으로, 의사나 상담사, 교사 또는 가석방 위원회 판사들이 주관적인 인상에 따라 사례를 검토하고, 개인의 미래를 예측하는 방식을 가리킨다. 두 번째는 '통계적' 또는 '보험계리적' 방식이다. 이것은 기초 데이터를 사용하는 방식으로, 환자에 대한 기본 데이터를 컴퓨터로 계산해서 답을 찾는다. 수많은 전문가가 그들의 전문적인 견해는 결코 기계적인 공식으로 대체될 수 없다고 불만을 토로했지만, 밀은 통계적 방식이 임상적 판단을 능가하는 경향이 있다는 사실을 발견했다.

또한 직감을 이기기 위해 특별히 정교한 공식을 사용할 필요도 없었다. 사회학자 어니스트 버지스Ernest Burgess는 한 실험에서 3,000명의 가석방된 복역자를 조사해 재범률을 예측했다.[15] 버지스는 각 범죄자의 스물한 가지 기본 요인(나이, 과거 범죄 이력, 범죄 내용 등)에 대한 정보를 가져와 가석방자에게 유리한 요소를 더하고 불리한 요소를 뺐다. 그리고 이 가중치 없는 총합을 정신과 의사 세 명의 전문적 의견과 비교했다. 결과는 어땠을까? 가석방자의 회개 성공률을 예측하는 데에 버지스의 단순 계산법은 정신과 의사들의 분석보다 약간 뒤처졌지만, 실패율 예측에서는 크게 앞질렀다. 모든 사례에 보험통계법을 사용해서 정신과 의사들이 일부 까다로운 사례에 대한 견해를 생략했기 때문에 비교 방식 자체가 다소 불공평했는데도 말이다. 간단히 말해서 전문가의 직관과 단순 계산 공식의 예측 능력을 비교한 결과, 공식이 이긴 것이다.

밀의 저서가 출간될 당시에는 직관적 판단과 통계적 계산의 비교 효과를 직접적으로 알아보는 연구가 약 20개 정도밖에 되지 않았다. 그래서 그는 장기적으로 어느 쪽이 우세할지에 대한 확신이 없었다. 주관성이 컴퓨터의 이성적인 계산 처리보다 더 효과적인 분야도 있지 않을까? 밀은 임상적 방식의 잠재적 이점을 옹호했다.

어떤 교수가 어느 특정한 날에 영화를 보러 가는지 예측한다고 해보자. '가설적 계산'에 따르면, 그가 오늘 금요일 밤에 동네 극장에 갈 확률이 90퍼센트라는 결과에 도달한다. 하지만 임상의는 이 사실 외에도 그 교수가 최근 다리가 부러졌다는 사실을 추가로 알고 있다. 이 사실 하나가 90퍼센트의 확률을 0으로 바꾸기에 충분하다.[16]

다리가 부러지는 경우는 드물지만, 어쨌든 다리가 부러졌다는 사실은 매우 중요한 정보를 제공한다. 밀은 이런 종류의 단서들이 임상의에게 매우 유리하게 작용한다고 추측했다. 통계 알고리즘에 나타나지 않지만 임상의가 이러한 사실을 안다면 더 나은 추측을 할 수 있기 때문이다. 그는 비록 당시 얻을 수 있는 20여 개의 연구에서는 보험계리적 방식을 선호했지만 앞으로 임상적 판단이 들어갈 틈새가 발견되기를 희망했다.

안타깝게도 밀의 낙관론은 실현되지 못했다. 그 후 수십 년 동안 100개가 넘는 연구가 축적되었지만, 불확실성 속에서 내려지는 결정에는 직관적인 판단보다 단순한 공식이 유리하다는 사실이 더 분명해졌다. 40년 후에 밀은 이렇게 적었다. "초기 연구비교의 분량을 넘을 정도로 증거가 축적됨에 따라 비공식적인 임상적 판단이 통계 공식보다 정확하다는 결과가 나올 가능성은 거의 없다는 사실이 분명해졌다." 또 그는 이렇게 덧붙였다. "(임상적 방식과 보험계리적 방식을 비교한) 연구의 5분의 2에 해당하는 결과에서 두 방식의 정확도가 거의 비슷했고, 5분의 3 정도는 보험계리적 방식이 훨씬 더 뛰어난 것으로 나타났다."[17]

흥미롭게도 환자들과의 긴 면담이 추가될수록, 즉 공식에 들어갈 수 없는 서사적 정보가 풍부해질수록 임상적 예측의 정확성은 떨어졌다. 이러한 일관되게 비관적인 연구 결과를 감안할 때 밀은 여러 전문 분야에서 단순한 규칙과 모델이 직관적인 판단을 대체해야 한다고 제안했다. 예컨대 정신의학에서 이뤄지는 진단은 상담사의 직감을 이용하기보다 증상의 체크리스트를 따르는 데 의존해야 한다는 것이다. 계산이 직관을 확실하게 능가하는 영역에서는 이 방법이 의사결정의 정확도를 높일 수 있다. 임상의의 직관이 알고리즘과 동등한 수준인 영역이라면 계산이 막대한 비용을 절약해 줄 수 있다. 일반적으로 단순한 현상 유지를 위해 높은 보수를 받는 전문가들의 오랜 심사숙고가 투입된다는 점을 고려한다면 말이다. 스프레드시트에 데이터를 입력하는 것만으로 간단한 모델을 효과적으로 계산할 수 있다. 밀이 연구한 임상의들은 숙련된 포커 플레이어들의 모습과 현저한 대조를 보였다. 포커 플레이어들은 최근 딥러닝이 발달하고 슈퍼컴퓨터가 알고리즘을 가속화하기 전까지는 정교한 포커 소프트웨어와의 게임에서도 이길 수 있었다.

임상의는 왜 단순한 계산 공식보다 수행 능력이 떨어질까? 한 가지 가설은 직관이 보험계리에서 사용하는 가중 합산 방식과 비슷한 원리로 작용하지만 정확성은 떨어진다는 것이다. 이 관점에 따르면 가석방 결정을 내리는 정신과 의사는 무의식적으로 여러 요인의 증거를 비교하는 방식은 똑같이 수행하지만 단지 계산 공식보다 정확성이 떨어질 뿐이다. 이 지점이 예측을 어렵게 만든다. 연구자 에릭 존슨Eric Johnson은 이 가설을 시험하기 위해 병원 관계자들이 레지던트 과정에 지원한 대학원생들에게 질문하고, 답을 듣고, 합격자를 결정하는 과정이 담긴 녹취록을 검토했다.[18] 그 결과 존슨은 "심사위원들이 평가를 내릴 때 선형 모델에서 오류 수준 내 근사치를 따지는 것이 아니라 정보를 사용하는 방식 자체가 상당히 다른 듯하다."라고 설명했다. 그들은 통계학적 접근 방식으로 표현할 수 있을 만큼 빈번하게 나타나지는 않는 매우 구체적인 정보를 사용하는 것처럼 보였다. 밀의 예를 통해 설명하자면, 직관적인 전문가들은 교수의 다리가 부러진 것과 같은 예외적인 정보를 찾으려 하고, 그가 보통 금요일에 영화를 보러 간다는 일상적인 사실은 무시했다.

이야기를 구성하는 원리로 작동하는 직관이 어떻게 실패하는지 알아보기 위해 대니얼 카너먼과 아모스 트버스키Amos Tversky가 보여준 유명한 직관의 실패 사례를 살펴보자.[19] 먼저 린다라는 여성에 관한 다음의 간단한 내용을 읽어보자.

린다는 31세이고, 미혼이며, 자기주장이 강하고, 매우 똑똑하다. 그녀는 철학을 전공했다. 학생 시절에 그녀는 차별과 사회 정의의 문제에 관심이 많았고, 반핵 시위에도 참여했다.

이제 다음 두 가지 명제 중에서 어느 쪽이 사실일 가능성이 높은지 생각해 보자.

1. 린다는 은행원이다.
2. 린다는 은행원이고, 페미니스트 운동에 적극적이다.

많은 사람이 두 번째 명제가 사실일 가능성이 높다고 생각하지만 엄밀히 말하자면 첫 번째보다 가능성이 적다. 페미니스트 운동에 적극적으로 참여하는 은행원의 집합은 은행원 전체 집합의 부분집합이다. 벤다이어그램으로 상상해 봤을 때 하나가 다른 하나를 완전히 포함하므로 논리적으로 보자면 첫 번째 명제가 사실일 확률은 두 번째보다 크거나 같아야 한다. 하지만 우리의 직관은 종종 정반대의 답을 내놓는다. 린다에 대한 묘사가 그녀를 페미니스트 운동에 적극적인 은행원에 더 가까워 보이게 만들기 때문이다. 주관적인 판단이 통계적인 계산보다 정확성이 떨어지는 이유는, 우리의 직관이 과거 경험을 토대로 매우 생생한 그림을 만드는 훌륭한 이야기꾼인 반면 예측력이 강한 일상적 정보를 종합하지는 못하기 때문이다.

전문가의 직관은 기술인가, 자만인가?

•

제4장에서 눈에 보이지 않는 지식을 만들어내고 그다지 깊은 사고 과정 없이도 훌륭한 결정을 이뤄내는 전문성의 놀라운 힘을 살펴보았다. 이제 전문성이 단순 통계를 능가하지 못하는 상황에 대해 살펴보자. 과연 전문성은 진짜일까, 가짜일까? 전문가의 빠른 판단은 확실히 정확한가, 아니면 자신만만한 허풍인가? 이런 질문들은 게리 클라인과 대

니얼 카너먼이 쓴 〈직관적인 전문성의 조건: 이견에 대한 실패〉Conditions for Intuitive Expertise: A Failure to Disagree라는 논문에서 제기되었다. 제4장에서 소개했듯이 클라인은 직접 현장에서 소방관들을 연구한 결과, 그들이 불가사의할 정도로 선견지명이 있는 결정을 대단히 빠른 속도로 내린다는 것을 발견했다. 한편 카너먼은 직관적 판단과 그런 판단의 잦은 실패에 대한 연구에 헌신했다. 평소 연구를 보면 두 사람은 전문가 직관의 장점에 대한 논쟁에서 서로 반대편에 자리하지만, 전문성을 개발하는 데 필요한 조건에는 대체로 동의했다.

> 직관적인 판단(인식)이 발달하기 위해서는 두 가지 조건이 충족되어야만 한다. 첫째, 환경이 상황의 본질에 대한 타당한 단서를 제공해야 한다. 둘째, 단서와 관련된 것을 배울 기회가 주어져야 한다.[20]

예측의 힘이 개별적으로는 약한, 서로 다른 수많은 단서를 합치는 데서 비롯될 때 전문가의 판단은 통계적 접근보다 더 나쁜 성과를 내는 경향이 있다. 클라인과 카너먼은 이렇게 설명했다. "간단하고 타당한 단서가 존재할 경우, 인간은 충분한 경험과 신속한 피드백이 주어지면 단서를 찾을 것이다. (…) 통계 분석은 타당성이 떨어지는 단서를 찾아낼 가능성이 높고, 예측 알고리즘은 그런 단서들을 일관성 있게 사용하여 평균 이상의 정확성을 유지할 것이다." 다시 말해 안정적이고 예측 가능성이 높은 특징이 있는 환경에서 전문가의 직관은 의사결정에 효과적이다. 반면 결과와 상관관계가 적은 조건들만 계속 추가하면서 결정을 내려야 할 때는 단순한 공식이 더 효과적이다.

물론 전문성이 직관적인 판단에 국한될 필요는 없다. 포커 플레이어는 대개 수많은 패를 다뤄본 경험에서 얻은 인식 중심의 직관이 발달한다. 하지만 훌륭한 플레이어들은 수학에도 능통해서 확률이 허락하지 않을 때는 유혹적인 직관을 제쳐둘 수 있다. 직관이 제한적인 영역을 인식할 수 있다면 데이터가 타당할 때 기꺼이 데이터를 따르게 되므로 상대보다 우위를 점하고 싶은 전문가에게는 강력한 이점이 된다. 오늘날 은행 대출은 은행원의 직관이 아닌 보험계리적 공식을 기반으로 이루어진다. 이것은 은행원이라는 직업에도 유리하게 작용한다. 공식을 사용하기 때문에 대출 담당 인력의 필요성이 사라지는 것이 아니라 은행 정책에 내재된 잠재적 편견과 오류의 원인이 줄어들기 때문이다.

예측하기 어려운 환경을 다루는 방법

포커는 체스나 체커보다 불확실성이 훨씬 더 크지만 클라인과 카너먼이 주장하듯 학습자에게 친화적 조건을 가졌다는 특징이 많이 엿보인다. 단서가 매우 유효하고, 피드백이 즉각적이며, 결과를 해석하는 강력한 수학적 이론이 존재한다. 우리가 통달하고자 하는 기술들은 대부분 학습자에게 호의적이지 않다. 대체로 우리는 밀이 연구로 밝혀낸 상황, 즉 평생의 경험이 상당한 자신감으로 이어지지만 예측력은 부족한 상황에 놓여 있다. 이러한 대조적인 상황을 고려할 때, 우리가 연습을 통해 포커와 같은 학습 환경에 가까워지고, 밀이 연구에서 관찰한 전문가들과는 달라질 수 있는지 생각해 볼 필요가 있다.

주요 정치 사건의 미래를 예측하는 것은 매우 어려운 학습 환경이 따르는 과제다. 해당 영역에서 벌어지는 일에는 매우 복잡한 원인이 존재한다. 하나의 원인이나 요인만 가지고 절대로 충분한 설명이 되지 않는다. 역사는 반복되지 않는다. 실수에서 배움을 얻으므로 똑같은 상황을 여러 번 경험할 가능성은 없기 때문이다. 작은 변화가 큰 효과로 증폭될 수 있다. 튀니지 과일 상인의 시위 행위가 '아랍의 봄'을 촉발하리라고 누가 예상했을까? 중국 우한에서 발생한 바이러스 때문에 1년 후 미국 고등학생들이 집에서 시험을 보게 될 줄 누가 알았을까? 예측은 어렵지만 너무나 중요하다. 정치인이나 비즈니스 리더, 주식 투자자, 전문가 모두 미래를 좀 더 확실하게 내다볼 수 있어야 한다.

이처럼 사악할 정도로 어렵지만 매우 중요한 예측을 전문가들은 얼마나 잘할까? 심리학자 필립 테틀록Philip Tetlock은 10년에 걸쳐 진행한 전문가의 정치적 판단을 추적하는 프로젝트에서 바로 이 질문을 던졌다.[21] 다양한 분야의 전문가들이 참여해 (당시 아직 일어나지 않은) 다양한 사건들의 확률을 제시했다. 남아프리카공화국의 아파르트헤이트apartheid 폐지, 소련의 해체, 퀘벡주의 독립 등을 말이다. 그 결과, 전문가들의 예측 성적은 우연보다는 나았지만 그렇게 뛰어난 수준은 아니었다.[22] 전문성이 엄청난 자신감을 부여했지만 확신이 더 정확한 예측으로 이어지지는 않았다. 테틀록은 이렇게 설명했다. "자신들의 정확성에 대한 전문가들의 생각과 실제 결과물에는 흥미로운 반비례 관계가 존재한다."[23] 불확실성 속에서 발휘되는 전문성을 살펴본 다른 연구들에서도 비슷한 결과가 나왔다. 전문가들은 초보자들보다 뛰어난 성과를 보였지만(그들은 캘리포니아대학교 버클리 캠퍼스의 심리학 학부생들을 가볍게 제압했다) 과거의 동향을 추론한 간단한 분석 모델보다는 확실히 뒤졌다. 테틀록의 연구에서 전문가들은 자신의 분야 이외에 다른 영역과 관련된 질문에 답할 때는 심지어 똑똑한 비전문가들보다도 뒤처지는 모습을 보였다.

비록 전문가들이 우연을 훨씬 능가하는 능력을 보여주지는 못했지만 테틀록은 놀라울 정도로 예측 능력이 뛰어난 예측자들의 하위 집합을 파악할 수 있었다. 뛰어난 예측자와 평범한 예측자의 가장 큰 차이는 여러 상충된 관점을 얼마나 잘 통합하는가였다. 예측 능력이 뛰어나지 않은 사람들은 모든 상황을 단 하나의 전제로 삼은 세계관에 맞추는 경향이 있었다. 이러한 자신감과 일관성은 개인의 강력한 견해를 담는 에세이와 널리 인용되는 학술 논문을 작성하는 데는 이로울 수 있다. 하지만 현실 세계의 복잡성을 해결할 때는 효과가 떨어진다. 반면 예측 능력이 뛰어난 사람들은 해리 트루먼 대통령이 "글쎄요, 다른 한편으로는 …." 식으로 말하는 사람들에게 질려서 불평 삼아 '한 손 경제학자'onehanded economists(영어에서 '다른 한편으로는'이라는 뜻을 'on the other hand'라고 표현한다. 이때 손이라는 의미의 단어 'hand'를 쓰는 것을 풍자해 붙인 별명이다—옮긴이)라고[24] 불렀던 전문가들과 비슷한 경향을 보인다. 이런 모호함은 짜증을 불러일으킬 수도 있지만 다양한 관점을 준비하여 결과적으로 더 정확한 예측이 가능하도록 만든다. 지적인 자신감은 추종자들을 끌어당길 수는 있지만 미래 사건을 올바르게 예측할 때는 지적인 겸손이 더 효과적인 듯하다.

테틀록은 전문가의 정치적 판단 연구를 토대로, 뛰어난 예측자들을 찾아내어 훈련할 수 있는지 알아보고자 했다. 미국 지능고등연구계획

활동Intelligence Advanced Research Projects Activity, IARPA의 막대한 자금을 지원 받는 예측 대회에 참가한 테틀록의 슈퍼예측팀은 경쟁 상대들을 성적에서 60~78퍼센트 차이로 따돌렸고, 심지어 기밀 데이터에 접근할 수 있었던 팀들보다도 뛰어난 예측 능력을 보였다.[25] 테틀록은 그의 프로젝트를 통해 예측에 도움 되는 몇 가지 전략을 발견했다.

① 큰 문제를 작은 문제로 나눠라

직관은 눈앞에 놓인 질문을 비슷하지만 대답하기 더 쉬운 질문으로 바꾸며 작용할 때가 많다. 뛰어난 예측자들은 문제를 작게 나누는 방식으로 그 유혹을 이겨냈다.[26] 팔레스타인 정치인 야세르 아라파트Yasser Arafat의 유해에서 방사선 독극물이 검출될 가능성을 예측하라는 문제에서 초보 예측자는 아라파트가 이스라엘 스파이들에게 독살당할 가능성으로 답을 추측할지도 모른다. 그러나 뛰어난 예측자는 문제를 여러 부분으로 나누는 데서 시작한다. '방사선 독극물은 어떻게 부패하는가?', '방사선 독극물이 몇 년 후에 검출될 가능성은 얼마나 되는가?', '그 독극물이 아라파트의 몸에서 발견될 가능성은 얼마인가?' 뛰어난 예측자들은 복잡하고 큰 하나의 질문을 여러 작은 질문으로 나누면서 눈앞의 문제를 적당하다고 느껴지는 문제로 바꾸려는 유혹을 물리친다.

② 기본 확률을 활용하라

간단한 공식이 직관을 능가하는 가장 큰 이유는 우리가 매우 생생한 정보의 존재를 과대평가하고, 비교적 일상적인 단서는 무시하기 때문이다. 테틀록의 슈퍼예측팀은 비슷한 유형의 사건에 대한 전체적인 확률을 파악함으로써 그 경향에 맞섰다. '군사 쿠데타는 얼마나 자주 성공하는가?', '나스닥 지수가 1년 후에 더 높은 가치로 마감할 확률은 얼마인가?' 이렇게 비슷한 유형의 자료들을 비교하여 미세 조정이 미처 이루어지기 전에 답이 적절한 범위에서 출발할 수 있도록 해야 한다.

③ 건설적인 토론 그룹을 만들어라

테틀록은 예측자들이 혼자일 때보다 팀을 이룰 때 더 뛰어나다는 사실을 발견했다.[27] 특히 다수로 이루어진 집단 내에서 토론과 정보 공유가 이뤄질 때 더 많은 관점이 모이고, 하나의 관점으로 성급하게 결론을 내리는 경우가 줄어들었다.

④ 기록하고 계산하라

정확한 확률 척도로 예측하는 일은 자연스럽지 않다. 아무리 예측을 자주 하는 전문가라도 미래에 대해 백분율을 내세워서 예측하는 경우는 이례적이다. 테틀록이 훌륭한 예시를 제공한다. "이런 세계를 한번 상상해 보자. 사람들이 달리기를 무척 좋아하는데도 평균 달리기 속도가 얼마인지, 또 달리기를 가장 잘하는 사람들은 얼마나 빨리 달릴 수 있는지 모른다. 기본적인 규칙(제자리에 멈춰 있다가 총이 발사되면 달리기 시작하고 정해진 거리를 달린 후에 결승선에서 멈춰야 한다는 것)에 대한 합의가 이뤄지지 않았고, 결과를 측정하는 달리기 경주 관계자와 기록 계측원이 없기 때문이다. 이런 세계에서 달리기 기록이 개선될 가능성은 얼마나 될까? 그리 크지 않을 것이다."[28] 예측자들은 모호하고 장황한 설명을 피해야만 유효한 피드백을 얻고 앞날의 결정을 계산할 수 있다.

테틀록의 슈퍼예측자팀은 예언자가 아니다. 아무리 예측 능력이 뛰어나도 10년 후를 예측할 수 없다.[29] 강력한 피드백과 직관을 과신하는 경향을 피하기 위해 훈련된 방법을 사용하더라도 세상은 너무 예측 불가능하므로 학습하기 어려울 수 있다. 그러나 테틀록의 실험은 우리가 사악한 학습 환경을 조금이라도 길들여서 비록 불완전하더라도 진정한 전문성을 기를 수 있음을 암시한다.

불확실성을 극복하는 4가지 학습 전략

•

경험이 진정한 전문성을 보장하지는 않는다. 상대적으로 학습자 친화적이라는 평가를 받는 포커 게임 환경에서도 확률에 대한 이해와 계산된 피드백이 없으면 미신과 잘못된 판단으로 이어질 수 있다. 특히 정확성이 떨어지는 영역에서는 끔찍한 결과가 일어나기도 한다. 수십 년의 직접적인 경험을 쌓은 전문가라도 단순한 통계에서 나오는 결과물보다 성과가 뒤떨어질 수 있다.

하지만 테틀록의 연구가 보여주듯, 상황이 절망적이지만은 않다. 올바른 접근 방식을 택한다면 더 잘 생각하고 결정할 수 있다. 불확실성 속에서 더 효과적인 학습을 보장하는 네 가지 전략을 살펴보자.

전략① 통계 기반 모델을 사용하라

직관적 판단의 약점을 피하는 가장 확실한 전략은 간단하다. 무시하면 된다. 베팅 금액이 적절한가를 직감으로 느낄 필요가 없다. 자신의 패를 완성할 확률을 계산하고, 이를 판의 규모에 따라 베팅에 필요한 확률과 비교 가능하다면 말이다. 마찬가지로 많은 전문 분야에서 직관적인 추측을 통계 기반 모델로 대체하면 개인의 전문성이 향상될 것이다. 모델은 복잡할 필요가 없다. 어떤 결정에 대한 찬성 및 반대 요소를 계산하는 것은 그리 복잡하지도 않고, 주관적인 판단보다 정확할 때가 많다. 스프레드시트에 정보를 입력하면 데이터에 가장 적합한 가중치 합계를 쉽게 얻을 수 있다.

모델은 최종적인 의사결정에 활용하지 않더라도 추가 분석의 좋은 출발점을 제공한다. 앞서 언급했듯 인간의 직관은 환경의 드문 특징을 파악하는 경향이 있으나 종종 미약하지만 예측에 도움 되는 정보들을 적절하게 합치지 못한다. 따라서 모델은 추측이 좋은 출발점에서 시작되도록 돕는 작업을 해줄 수 있다. 또 관련 있는 추가 정보가 있다면 그 추측을 상향 혹은 하향 조정할 수 있다.

전략② 결과의 피드백만 얻지 말라

결과에 대한 피드백만으로는 정확한 직관을 발달시킬 수 없다. 자신의 베팅이 유리하거나 불리할 확률 중 어느 쪽이 55퍼센트인가를 파악하고, 무엇이 올바른 선택인지 분명히 알기까지는 수백 개의 패를 다뤄봐야 할 것이다. 그러나 그런 약간의 우위는 절대로 사소하지 않다. 장기적으로 포커 게임의 승패를 가늠하는 차이일 수도 있다. 마찬가지로 다수의 직업에서 결과의 피드백은 규칙적이지 않다. 채용을 담당하는 관리자들은 훌륭한 인재를 데려온 자신을 칭찬할 것이다. 하지만 과연 그들은 면접에서 별로 인상적이지 않아서 숨은 진주 같은 인재를 떨어뜨린 사실에 대해 다시 짚어볼까? 연구에 따르면 결과의 피드백만 제공되면 예측 능력이 충분히 개선되지 않는다.[30] 심지어 한 실험에서는 그러한 경험이 늘어날수록 예측 능력이 오히려 더 나빠지기까지 했다.

개선을 위해서는 피드백의 품질이 좋아져야 한다. 이는 결정의 과정을 추적하는 일에서 시작한다. 우리 뇌의 기억은 오류가 일어나기 쉬워서 실제 일어난 일을 왜곡할 수 있기 때문이다. 그다음에는 자신감을 평가해야 한다. 테틀록이 피험자들의 예측력을 평가한 기준에는 올바른 방향으로 예측했는가(즉 '자신이 일어나리라고 예상한 일들이 실제로 일어난 경우가 더 많았는가?') 뿐만 아니라 얼마나 적절하게 확신했는가 (즉 '99퍼센트의 확률로 일어날 거라고 예상한 사건 범주가 실제로 99퍼센트의 확률로 발생했는가?')도 포함되었다. 환자의 예후를 예측하든, 판매될 예상 수치나 세계적으로 벌어질 사건을 예측하든, 교정해야 하는 부분에 대한 피드백을 얻는 것이 중요하다. 과신은 미래에 실수가 일어날 때 어떠한 오류의 여지도 남기지 않는 결정으로 이어질 수 있기 때문이다.

전략③ 고문단을 만들어라

여러 사람의 머리가 하나보다 더 낫다. 우호적인 토론이 가능한 집단에 합류하면 의사결정의 품질을 개선하는 데 두 가지 측면에서 도움을 얻을 수 있다. 첫째, 더 많은 정보를 수집할 수 있다. 유전학자 프랜시스 골턴Francis Galton은 시골에서 열리는 가축 품평회에서 소의 무게를 추측하는 게임을 관찰하고, 이 효과의 힘을 처음으로 증명했다.[31] 정확히 정답을 맞힌 사람은 아무도 없었지만 사람들이 내놓은 추측값의 평균치는 정답에 거의 가까웠다. 토론이 진행되면 처음에는 고려하지 않았을 수도 있는 정보를 합쳐서 의사결정에 반영할 수 있다.

또 다른 장점은 토론이 사고를 분명하게 해준다는 것이다. 사회학자 댄 스퍼버Dan Sperber와 인지과학자 위고 메르시에Hugo Mercier는 인간의 추론 자체가 문제의 답을 찾는 개인적인 기술보다 자신의 행동과 신념을 정당화하는 사회적 행위에 맞춰진다고 주장했다.[32] 심리학자 데이비드 모시먼David Moshman과 몰리 게일Molly Geil은 피험자들에게 웨이슨 네 장 카드 과제를 내주었다.[33] 까다로운 과제인 만큼 피험자의 9퍼센트만 정답을 맞혔다. 그런데 토론이 허용되자 변화가 나타났다. 소규모 그룹의 성공률이 75퍼센트까지 올라간 것이다. 이 토론이 골턴이 관찰한 소 체중 맞히기 게임과 마찬가지로 평균화 과정일 뿐이라면 토론에서 가장 많이 나온 오답도 결과적으로는 승리를 거둘 것이라는 뜻이다.

그룹 환경에 질문이 던져지면 정확한 해결책을 찾은 사람들은 비록 그들이 소수이더라도 다른 사람들을 설득할 수 있다. 흥미롭게도 모시먼과 게일의 실험은 몇몇 그룹이 처음에 아무도 답을 제안하지 않았는데도 결국 정답에 이르렀다는 사실을 보여준다. 그들은 이렇게 설명했다. "이러한 결과는 개별적인 수행 상황에서는 도달하기 어려운 이해 수준이 협력적 추론의 맥락에서 극복될 수 있음을 암시한다."

토론이 반드시 정답을 수렴한다는 보장은 없지만(이데올로기나 집단 사고, 지배적 구성원들의 존재가 토론을 방해할 수 있다) 혼자 고립된 상태에서 생각할 때보다 정답에 근접할 가능성이 더 크다. 서로 다른 관점을 가진 동료 실무자들로 이루어진 그룹을 구성해서 어려운 문제 해결에 함께 뛰어든다면 테틀록이 성공적인 예측자에게서 관찰한 정확한 판단의 핵심인 민첩하고 다중적인 사고방식을 구현할 수 있을 것이다.

전략④ 직감을 믿어야 할 때를 인식하라

직관에 대한 연구의 가장 유익한 점은 성공할 가능성이 있는 상황과 과신할 가능성이 있는 상황을 구분하게 한다는 것이다. 직관은 분별력 있는 단서가 사건을 안정적으로 예측하는 데 도움이 되고, 수행자는 빠른 피드백을 통해 배우는 능력이 있을 때 가장 잘 작동한다. 이러한 유리한 조건이 없을 때는 직관을 좀 더 신중하게 다뤄야 한다. 여기서 진정한 전문성을 얻으려면 직감을 넘어 과거 데이터에서 얻은 추정치와 명백한 추론에 의존해야 한다. 그래야 직관이 어려운 문제를 쉬운 문제로 대체하려는 유혹을 피할 수 있다.

경험은 피드백으로 보완한다

●

피드백은 우리의 판단을 교정하는 역할을 한다. 하지만 역동적인 기술에서는 더 중요한 역할을 한다. 물리적·사회적 환경과 상호 작용하는 것은 연습을 통해 실전에서 사용하는 기술을 습득하는 데 필수다.

제10장

연습은 현실과 맞닿아야 한다

우리는 변호사든, 군인이든, 상인이든 직접 그 사람이 되어서 행동하는 법을 배운다.
행동을 가르치는 것은 목사가 아니라 삶이다. _올리버 웬들 홈스 주니어Oliver Wendell
Homes Jr., 법학자[1]

- 실전 연습은 얼마나 중요한가?
- 왜 교실에서 배운 기술이 실제 능력으로 이어지지 못할까?
- 기술이 실제 쓰이는 상황에 어떻게 접근할 수 있는가?

1977년 3월 27일 늦은 오후, 테네리페섬에 위치한 로스로데오스 공항
주변의 언덕에 안개가 자욱하게 꼈다. 네덜란드 조종사 야코프 벨트하
위젠 반 잔텐Jacob Veldhuyzen van Zanten은 비행기를 빨리 다시 띄우고 싶었
다. 이 공항에 들른 것은 예정에 없던 일이었기 때문이다. 원래 향하던
목적지는 스페인 카나리아제도의 일부인 모로코의 바로 앞바다에 위치
한 그란카나리아였다. 하지만 카나리아 분리주의자들이 그란카나리아
공항에 폭탄을 터뜨려 모든 항공기가 인근의 테네리페섬으로 가게 되
었다. 몇 시간을 기다린 끝에 그란카나리아 공항이 다시 문을 열었고,

반 잔텐은 이륙을 위해 비행기를 활주로로 옮기고 비행을 재개할 준비를 했다.

그가 조절판을 당겼을 때 부조종사가 아직 이륙 허가를 받지 않았다고 말했다. 반 잔텐은 답답한 듯 "알아."라고 대답했다. 안개가 금방이라도 다시 짙어져서 이륙에 필요한 최소한의 가시거리도 확보할 수 없을 것 같았다. 그러면 그와 승무원들, 235명의 승객들은 꼼짝없이 하루 동안 테네리페섬에 발이 묶일 터였다. 반 잔텐은 "얼른 요청해."라고 명령했다.[2] 부조종사가 관제탑에 "이륙 준비 완료."라고 무전을 보내자 "알았다. 이륙 대기한다. 다시 연락하겠다."라는 답이 돌아왔다. 바로 그 순간, 또 다른 비행기 팬암 1736편에서도 똑같은 라디오 주파수로 관제탑에 이렇게 무전을 보내고 있었다. "아니다. 우리는 아직 활주로를 내려오고 있다!" 결과적으로 네덜란드 비행기의 조종석에는 신호 방해 때문에 관제탑으로부터 "오케이."라는 말만 들렸다. 이륙 허가가 났다고 믿은 반 잔텐은 활주로를 따라 가속하기 시작했다. 그가 활주로를 달리던 보잉 747기를 발견했을 때는 속도가 너무 빨라서 멈출 수 없었다. 반 잔텐은 활주로 긁는 소리를 내며 비행기를 상공으로 띄우려고 했지만 시간이 너무 촉박했다. 결국 두 비행기는 충돌했고 583명의 사망자가 발생했다. 오늘날까지도 이 사건은 역사상 최악의 항공 사고로 남아 있다.

테네리페섬 사건은 비극이었다. 하지만 이 비극에서 배움을 얻으려면 우선 다른 질문을 고려할 필요가 있다. '일반적으로 비행기가 안전한 이유는 무엇인가?' 비행기 참사가 더더욱 우리의 관심을 끄는 이유는 비행 자체가 매우 일상적인 일이기 때문이다.[3] 이동거리 1마일당 기준으로 비교하면 비행기보다 자동차나 버스, 기차를 타다가 사고를 당할 가능성이 훨씬 더 크다. 하지만 비행기가 처음부터 안전했던 것은 아니다. 초기의 조종사들은 상공에 올라갈 때 커다란 위험에 직면했다. 오늘날 비행기의 안전은 훌륭한 조종 훈련법과 이를 개발한 사람 덕분이다.

실전을 위한 연습이 중요한 이유

●

좋은 것이든 나쁜 것이든, 많은 신기술이 전장에서 그 진가를 발휘한다. 등자(말 안장 밑에 달린 발 받침대)의 발명은 귀족 기사들이 농민 보병들을 지배할 수 있도록 만들며 유럽 사회를 변화시켰다.[4] 오스만 제국은 화약 대포 덕분에 율리우스 카이사르 사후 1,500년에 마지막 로마 황제의 치세를 끝내고 콘스탄티노플을 함락할 수 있었다.[5] 비행기도 예외가 아니었다. 비행기가 발명된 순간부터 누가 하늘을 지배할 것인가를 놓고 새로운 군비 경쟁이 시작되었다.[6] 이 새로운 기술은 실전에 사용되기까지 오랜 시간이 걸리지 않았다. 라이트 형제의 전설적인 비행 이후 10여 년 만에 유럽에서 제1차 세계대전이 시작되었기 때문이다.

영국은 해안을 보호하고 해외 식민지를 통제하기 위해서 오랫동안 강력한 해군에 의존해왔다. 하지만 하늘을 차지하려는 전투에서 그들은 지고 있었다. 그들의 약점은 기술적인 문제이기도 했다. 한편 독일은 앤서니 포커Anthony Fokker가 제작한 아인데커Eindecker 비행기의 도입으로 우위를 점했다. 이 비행기에 내재된 혁신적인 동기화 기어는 조종사가 회전하는 프로펠러 날개를 통해 직접 기관총을 발사할 수 있게 했다.[7] 날개에 총을 장착하는 기존의 방법은 매우 부정확했다. 총알 세례로부터 프로펠러를 보호하기 위해 고안된 장갑판에 맞고 튀어나온 총알에 조종사가 맞을 위험도 있었다. 새로운 발명은 비행기를 단순 정찰도구뿐 아니라 그 자체로 무기가 될 수 있도록 만들었다. 공중에서 벌어지는 도그파이트는 하늘을 지배하기 위한 필수 전략이 되었고, 영국은 그 기술에서 매우 뒤처진 상태였다. 1916년에 영국군항공대Royal Flying Corps는 조종사의 3분의 1을 잃었다.[8] 이는 모든 영국군을 통틀어 가장 높은 사상자 수였다.

기술적 우위는 독일이 가진 이점의 일부에 지나지 않았다. 영국이 뒤처진 가장 큰 원인은 형편없는 훈련 때문이었다. 평시에 진행되는 교육 과정은 항공기의 기계적인 운항, 항공기의 구성, 비행 이론을 강조했다. 그에 반해 실제로 비행기를 조종하는 실전 경험은 턱없이 부족했다. 대체로 교관들이 학생들을 태우고 시험 비행을 하면서 조종기 작동법 시범을 보여주었다. 좌석이 부족할 경우 시험 비행 동안 학생이 날개 보를 붙들고 있어야 했다.[9] 이론적으로 준비를 마치면 학생은 교관과 자리를 바꿔서 직접 조종석에 앉는다. 그러나 실제로 교관들은 추락 사고가 발생할까 두려워서 학생에게 조종석을 내어주는 것을 꺼렸다. 결과적으로 많은 조종사가 실제로 조종해 본 적도 없는 비행기를 맡아서 전선으로 내보내졌다. 영국군항공대 사령관 휴 트렌처드Hugh Tren-chard는 1916년 4월 한 달 동안에만 공군부와 육군성에 열악한 훈련에 대해 항의하는 편지를 여섯 통이나 보냈다.[10] 1916년 초에 또 다른 장

교는 새롭게 합류한 부조종사가 "이 나라에 존재하는 그 어떤 종류의 항공기도 조종해본 적이 없다."라는 내용의 편지를 보냈다.[11] 그래서 당시 많은 신입 조종사가 첫 비행에서 사망했다.

이 상황에 대해 격렬하게 비판한 사람은 로버트 스미스배리Robert Smith-Barry 소령이었다. 1914년에 추락 사고에서 살아남았지만[12] 두 다리가 부러져 평생 절뚝거리며 살게 된 그는 조종사들이 제대로 된 훈련을 받지 못하는 상황을 개선하기 위해 나섰다. 1916년에 남긴 기록에서 그는 "조종사들의 비행 경험이 7시간밖에 안 됩니다. 이것은 살인과 다를 바 없습니다. 심지어 전투는커녕 조종법조차 거의 배우지 못했습니다."라고 목소리를 높였다.[13] 스미스배리는 트렌처드에게 보낸 여러 통의 편지에서 현재의 훈련 방식에 불만을 제기했고, 신입 조종사들이 '독일 포커 아인데커의 총알받이'에 불과하다고 주장했다.[14] 이에 트렌처드는 "더 이상의 불만으로 우리를 걱정시키지 마라. 더 잘할 수 있다고 생각한다면 직접 한번 해봐라."라는[15] 답과 함께 스미스배리를 고스포트 시설의 훈련책임자로 임명했다.

스미스배리는 훈련 프로그램을 완전히 손보았다. 그는 이중조종장치 시스템을 마련해 긴급 상황에서 교관이 학생 대신 조종할 수 있는 백업 조종 장치를 비행기에 달았다. 교관들은 이 장치를 이상적인 조건에서 매끄럽게 비행하는 데 쓰는 것이 아니라 의도적으로 비행기를 회전시키거나 급강하하도록 조종해 학생들이 직접 문제를 해결하도록 했다. 또 일명 고스포트 튜브Gosport tube라는 장치를 만들어 비행 도중에 이뤄지는 의사소통도 개선했다. 학생들의 헤드폰과 교관의 입 위쪽에 고정된 깔때기를 호스로 연결한 이 장치를 사용함으로써 귀를 먹먹하게 만드는 비행기의 소음 속에서도 교관들이 지시를 내릴 수 있게 했다. 스미스배리는 교과 과정도 개정해, 이론 수업을 줄이고 비행 시간을 늘렸다. 그는 학생들이 항상 조종석에 있어야 한다고 굳게 믿었다.[16] 비행기 조종법을 배우는 가장 좋은 방법은 비행기를 직접 조종하는 것이었고, 스미스배리는 이를 안전하게 가르칠 수 있는 방법을 찾았다.

스미스배리의 혁신은 놀라운 성공을 거두었다. 그가 구축한 고스포트 시스템 이전에는 열 번의 훈련 비행마다 한 번꼴로 추락 사고가 발생했다.[17] 그런데 사고율을 약 3퍼센트로 줄인 동시에 학생들에게 가르치는 조종 훈련의 난이도를 높였다. 강화된 훈련은 조종사들의 생존율을 크게 올려주었다. 1918년에 항공기 함대 규모가 무려 354퍼센트나 증가했는데 사상자 수의 증가는 65퍼센트에 그칠 뿐이었다.[18] 영국군이 독일 영토에 공세를 퍼붓는데도 전투 비행은 더 안전해졌으며, 사고가 발생해도 이전보다 심각성이 덜했다. 역사학자 로버트 몰리Robert Morley에 따르면 스미스배리의 훈련 개혁 이전에 추락 사고의 다수는 치명적인 수준이었고, 거의 조종사의 중대한 실수로 일어난 결과였다. 그러나 이후의 사고들은 거의 전적으로 착륙 중에 발생했고, 대부분 항공기를 파괴할 만큼 심각하지 않았다.[19]

스미스배리의 조종사 훈련 개혁은 전쟁이 끝난 후 영어권 국가에서 널리 채택되었다. 몰리는 "이중조종장치를 단 항공기와 학생 우선주의 철학은 오늘날까지도 민간과 군 조종사 훈련 모두의 기본 원리로 남아 있다."라고 설명했다.[20] 스미스배리의 불만에 처음에는 짜증을 냈던 트렌처드도 나중에는 조종사 훈련에 기여한 그의 공로를 인정하고 "세계의 공군에 비행법을 가르친 사람"이라고 격찬했다.[21]

기술이 뛰어나도 피드백은 필수다

●

항공기 공학과 조종사 훈련의 꾸준한 개선 덕분에 상업용 제트기가 가장 안전한 여행 수단으로 자리 잡을 수 있었다. 그러나 조종사이자 교육자 티머시 마빈Timothy Mavin과 패트릭 머리Patrick Murray 교수는 이러한 발전이 "비행 기술이 더 이상 항공 사고에서 중요한 비중을 차지하지 않는다."라는 사실을 의미한다고 말한다.[22] 실제로 테네리페섬 사고 당시에 반 잔텐 기장은 KLM 항공의 수석 조종 교관이었고, 비행 경력만 1만 1,000시간에 달했다. 참사 직후 KLM 경영진은 사고 항공기의 기장이 그일 거라고 전혀 생각하지 못한 채 충돌 사건을 조사하라는 임무를 맡겼을 정도였다.[23]

　테네리페섬 참사는 조종 훈련에 대한 생각의 변화를 가져왔다. 훈련 시에 개인의 조종 기술을 넘어 대인 관계의 측면을 강조하기 시작한 것이다. 사건 조사관들은 사고의 책임이 통신 문제라고 결론지었다. 당시 부조종사의 "이륙 준비 완료."와 그에 대한 관제탑의 "오케이."라는 말은 표준이 아닌 모호한 표현이었고, 상호 간에 오해를 불러일으켰다. 팬암 항공기는 활주로에서 관제탑이 지시한 유도로로 빠지지 못하는 바람에 현재의 위치에 대한 혼란이 생겼다. 무엇보다 사고의 주요 원인은 허가도 받지 않고 이륙을 준비한 반 잔텐의 무단 이륙 결정 때문이었다. 평소 이 네덜란드 기장은 승무원들과 좋은 관계를 유지했지만 부조종사는 그가 조직 내에서 가진 권위 때문에 무단 이륙 결정에 이의를 제기하기가 어려웠을 것이다. 테네리페섬 참사 이후 조종 훈련에서는 오해의 여지를 전혀 남기지 않는 표준화된 통신 프로토콜과, 하급 조종사들이 위험을 인식했을 때 의사를 표현하도록 격려하는 대인 관계 훈련을 강조하게 되었다.

스미스배리의 경험이 보여주듯, 비행기 조종 기술은 교실이 아니라 실제 조종석에서 배울 수 있는 기술이다. 가장 큰 이유는 그 기술이 역동적이기 때문이다. 비행기를 조종하는 동안 이뤄지는 사고방식은 조종사와 항공기의 끊임없는 대화와 같으므로 고립 상태에서는 효과적으로 수행할 수 없다. 또한 테네리페섬 참사는 훈련에서 필수적인 상호작용 요소를 생략하는 것이 얼마나 위험한지 보여준다. 비행기 조종은 단지 사람과 기계의 대화가 아니라 조종사와 주변 사회적 환경의 대화이기도 하다. 반 잔텐의 사례가 보여주듯 아무리 수준 높은 조종 실력을 갖추었어도 위험한 맹점이 있기 마련이다.

실전 연습은 어떻게 이뤄져야 할까?

●

역동적인 기술을 배우려면 실전 연습이 필수지만 그리 간단한 문제가 아니다. 스미스배리의 훈련 개혁 이전에 조종사 훈련 교관들은 부주의했을지언정 비이성적이지는 않았다. 10분의 1에 달하는 확률로 추락 사고가 일어나는 상황에서 그들은 학생들에게 조절판을 내어주기가 분명 내키지 않았을 것이다. 무엇보다 비용 측면도 무시할 수 없다. 광범위한 이론 훈련은 능숙한 조종사를 만들어내지는 못해도 부족한 항공기 문제를 효과적으로 분담했다. 이는 항공 분야에만 국한된 문제들이 아니다. 의학에서도 같은 딜레마에 직면한다. 자격을 갖춘 의료인의 부족은 의대생 정원 부족보다는 병원 내 레지던트 자리가 부족한 탓이 크다.[24] 많은 나라에서 영어 실력을 갖추는 일은 중요하지만 원어민과 소통할 수 있는 접근성이 좋지 않다. 그래서 언어를 처음 배우는 단계에서 매우 효과적인 몰입형 전략은 대다수의 외국어 학습자에게 비현실적인 방법이다. 이처럼 실전 연습은 위험하거나 비용이 많이 소요되거나 희소성의 문제를 가진 경우가 많기 때문에 많은 연구자가 그러한 연습이 꼭 필요한 경우를 알아내고자 했다. 항공 훈련 영역에서 상당한 관심을 쏟은 것은 바로 비행 시뮬레이터다.

비행 시뮬레이터는 비행기가 개발된 직후에 나왔다. 초기 모델인 앙투아네트 훈련기는[25] 학생들이 앉을 수 있도록 단면을 세로로 자른 통으로 구성되었다. 교관들은 비행기를 흔들어 비행 상황을 모의 시연하고, 학생들이 도르래에 부착된 조종 장치를 조정하는 방식으로 반응했다. 하지만 비행 시뮬레이터는 에드워드 링크Edward Link가 링크 훈련기를 발명한 1929년이 되어서야 상용화되었다.[26] 링크는 비행기 훈련 비용에 대한 우려를 해결하기 위해 압축 공기와 아버지 공장의 풀무를 사용하여 시뮬레이터를 개발했다. 처음 그 제품은 동전으로 작동하는 장난감 장치로 시중에서 판매되었다. 하지만 미군이 그 제품에서 조종 훈련에 사용할 수 있는 가능성을 발견하고 수천 개를 사들이기 시작하면서 시뮬레이터는 규모가 큰 사업이 되었다.[27] 오늘날 비행 시뮬레이터는 몇십억 달러 규모의 산업이며 사실적인 컴퓨터 그래픽과 조종석 복제품, 모션 컨트롤을 제공한다.

비행 시뮬레이터는 얼마나 유용할까? 여러 연구에서 이 질문에 대한 일관된 결과를 보여주는데, 시뮬레이터는 조종법을 배우는 초기 단계에서는 실제 항공기보다 더 효과적이다.[28] 약간의 경험을 쌓은 후에도 시뮬레이터 훈련이 여전히 도움은 되지만, 실제 조종석에 앉는 것보다 효과가 떨어진다. 그러나 일반적으로 시뮬레이터의 비용이 실제 항공기 사용료의 5~20퍼센트라는 사실을 감안하면 비용면에서 훨씬 효율적이다. 다만 일부 연구에서는 학생들이 실제 항공기에 없는 시뮬레이터의 특징에 의존하게 되므로 결국 시뮬레이터에서 보내는 시간이 해롭다는 사실을 보여주기도 한다. 비행 시뮬레이터의 항공 훈련 적용을 전문적으로 연구하는 심리학자 스탠리 로스코Stanley Roscoe는 추가적인 시뮬레이터 교육의 이점이 감속 곡선으로 나타난다는 가설을 세웠다. 그는 1971년에 시뮬레이터의 상태를 언급하며 이렇게 말했다. "지상 훈련기에서 훈련을 받는 첫 한 시간은 사전 단독 비행 훈련을 한 시간 이상 절약해 줄 수 있다. 하지만 지상 훈련기에서 보낸 15시간은 당연히 그런 효과가 없을 것이다."[29]

후속 연구는 로스코의 곡선 형태 이론을 지지하지만 정확한 숫자에 대한 질문을 제기한다. 1990년에 이뤄진 메타분석에 따르면 존 제이컵스John Jacobs, 캐럴린 프린스Carolyn Prince, 로버트 헤이스Robert Hays, 에두아르도 살라스Eduardo Salas는 검토한 연구의 90퍼센트 이상이 항공기 훈련만 하는 것보다 시뮬레이터 훈련에 추가적으로 항공기 훈련을 더하는 것이 효과적이라는 결과를 밝혔다.[30] 1998년에 토머스 카레타Thomas Carretta와 로널드 던랩Ronald Dunlap이 시행한 검토 연구에서도 시뮬레이터가 도움이 되지만 훈련 횟수 25회 이후에는 그 효과가 줄어든다는 사실이 나타났다.[31] 또한 2005년 에사 란타넨Esa Rantanen과 도널드 텔루어Donald Talleur가 내놓은 분석 결과에서도 비슷한 곡선이 발견되었다.[32]

처음 몇 시간은 시뮬레이터 비행이 실제 조종보다 더 효과적이지만(물론 실제 조종도 효과적이다) 그 이후에는 결국 실제 조종석에서 훈련하는 시간보다 효과가 떨어졌던 것이다.

시뮬레이션 연습이 실제 비행보다 유용한 이유는 무엇일까? 비행기 조종을 처음 시도할 때 압박감과 스트레스가 매우 심하다. 이때 시뮬레이터로 구현된 단순화된 환경은 비행의 기본을 쉽게 이해하도록 돕는다. 연구자 윌리엄과 브라이언 모로니Brian Moroney는 "시뮬레이터는 구현의 충실성과 실제성을 강조하지만 전혀 현실적이지 않다. 어떤 의미에서 현실성의 부재가 시뮬레이터의 효율성에 기여할 수도 있다."라고 밝혔다.[33] 단순화가 초보자에게 유익하다는 증거는 시뮬레이터로 착륙 절차를 훈련한 1990년의 연구에서 발견된다. 해당 연구에서 한 그룹은 옆바람이 있는 상태에서 훈련하고, 다른 그룹은 없는 상태로 훈련했다.[34] 당시 시험은 옆바람이 있는 상태로 이루어졌는데도 옆바람이 없는 상태에서 훈련받은 그룹이 더 나은 수행력을 보였다. 옆바람이 만든 왜곡이 조종 장치가 비행기의 움직임에 어떤 영향을 미치는가에 대한 이해를 어렵게 만든 듯했다.

현실성의 유형도 중요하다. 초보 조종사들은 실제로 공중에 있는 상태와 되도록 일치하는 경험을 원하지만 관련 연구에 따르면 시뮬레이터와 실제 비행기 간에 기능적 대응이 훨씬 중요하다. 윌리엄과 모로니는 "제어 장치와 디스플레이, 환경 역학의 정확한 복제는 높은 충실성을 갖춘 시뮬레이션이 시뮬레이터 훈련에서 배운 것을 실제 항공기 조종에서 많이 구현하도록 돕는다는 근거 없는 믿음에 기반한다."라고 지적했다.[35] 즉 중요한 것은 화려한 그래픽이 아니라 의사결정에 사용된 정보와 시뮬레이터 안에서 취하는 행동이 실제 비행기 조종 시에 필요한 행동과 유사해야 한다는 것이다.

그러나 앞서 언급했듯 비행기 조종은 제어 장치 조작이 전부가 아니다. 주변의 사회적 환경도 무시할 수 없다. 기계적인 비행기를 시뮬레이션하는 것도 어렵지만 근무 환경을 시뮬레이션하는 것은 거의 불가능하다. 쉽게 말해서 표준 운영 절차는 가르칠 수 있지만 그것이 실제로 어떻게 적용되는지는 기술을 수행하는 사람들에 따라 유기적으로 나타난다. 숙련도를 늘리기 위해서는 학습을 촉진하거나 접근을 제한하기도 하는 사회적 환경을 탐색해야 한다.

주변 환경과 소통하며 배운다

●

항공 산업이 조종 기술을 수행할 때 주변 환경과 상호 작용이 중요하다는 사실을 깨달을 즈음, 일부 심리학자는 심리학이 일상생활에서 사고와 분리되어 있다는 사실에 의문을 제기하기 시작했다. 《인지심리학》Cognitive Psychology으로 새로운 사고 과학에 혁명을 예고한 울릭 나이서Ulric Neisser는 후속작 《인지와 실제》Cognition and Reality에서 심리학의 새로운 접근법인 인지심리학의 원칙을 다수 비판했다. 특히 그는 현실과 동떨어진 실험실 환경에서 이루어지는 문제 해결과 목록 학습에 관한 연구가 진정한 사고의 중요한 측면을 간과할지도 모른다는 우려를 표했다. 상황적 인지Situated cognition는 우리가 한 개인으로서 생각한다는 사실뿐 아니라 생각이 우리 주변의 물리적·사회적 환경에 따라 제약되고 촉진된다는 사실에 초점을 둔 움직임에서 시작되었다.

상황적 인지의 단순명료한 예는 야구에서 플라이 공을 잡는 법을 배우는 것이다. 떨어지는 공의 정확한 궤적은 계산하기 어렵다. 중력, 바람, 심지어 공 자체의 회전까지 고려하는 미분방정식을 이해해야 한다. 공이 정확히 어느 지점에 착륙할지 아는 것은 대부분의 정신적 능력을 벗어난다. 그렇다면 야구라는 운동은 어떻게 하는 것일까? 그 답은 우리가 지름길을 사용할 수 있다는 데 있다. 공을 쫓아 달려가고, 내 몸과 움직이는 발사체 사이의 일정한 각도를 유지하면 미적분학을 몰라도 공이 착륙하는 지점으로 갈 수 있다. 이 기술에는 공을 잡기 위해 개인과 환경 사이에 지속적인 피드백 고리를 만드는 것이 필요하다. 물리학자가 되고 싶은 사람은 교실에서 공의 궤적을 계산하는 연습을 하면 되지만 외야수를 맡은 선수는 그렇지 않다.

상황적 인지의 옹호자들은 우리의 사고가 외부로부터 지속적인 피드백을 받는 상호 작용이 공을 잡거나 비행기를 조종하는 일에만 국한되지 않는다고 주장한다. 이상한 소리를 들어보려고 엔진을 작동시키는 자동차 정비공이나 생산을 늘리기 전에 테스트 제품을 만드는 기업가, 향신료를 더 추가할지 결정하기 전에 맛을 보는 요리사가 즉흥적인 과정에 개입한다. 이 견해에 따르면 우리는 기계공이나 기업가, 요리사가 연습하는 환경을 고려하지 않은 채 그들이 아는 것을 이해할 수 없다. 그들의 머릿속에 있는 지식은 물리학자의 궤적 계산법보다 외야수의 노하우에 더 가까울 것이다. 즉 명백한 이론이 아니라 현실에 더 의존한다는 의미다.

즉흥적 과정은 다른 사람들과의 상호 작용으로 확장된다. 보험금 심사 담당자는 까다로운 사건에 대한 보험금 지급 여부를 판단할 때 동료들과 상의한다.[36] 시간이 지나면서 그 대화는 프로토콜을 어떻게 적용할 것인지에 대한 집단적 해석이 된다. 이 대화에 합류한 새로운 담당자는 표준적인 운영 절차뿐 아니라 그 절차를 논의해 온 선배들의 해석에도 적응할 필요가 있다. 이 과정은 모든 직업 분야에서 발생한다. 예를 들어 자신의 연구 결과가 사실로 밝혀지기 전까지 동료들의 판단을 따라야 하는 과학자부터, 합리적인 사람에 부합하는 행동의 기준은 무엇인지와 같은 모호한 개념의 의미를 협상해야 하는 변호사까지 말이다.[37] 이러한 지식의 내재적 특성은 종종 지식을 생성된 맥락에서 따로 분리해내는 일을 어렵게 만든다.

이론보다 견습 활동이 실전에 강하다

●

인류학자 진 레이브Jean Lave와 제자 에티엔 벵거Etienne Wenger는 사람들이 학습 공동체의 문화에 적응한다는 '합법적인 주변 참여'legitimate peripheral participation 이론을 제안했다.[38] 레이브는 서아프리카 재단사들을 대상으로 한 현장 연구에서 견습생들이 스승의 명시적인 지시를 통해 배우는 경우가 드물다는 사실을 발견했다. 대신 그들은 지극히 소수를 제외하고는 실제 작업을 점진적으로 접하는 방식으로 숙련된 전문 재단사가 되었다.[39]

이 과정의 핵심은 합법성과 투명성이다. 우선 합법성은 공동체의 구성원들에게 완전한 참여를 인정받는다는 뜻이다. 자격증이 없는 연구조수와 박사 과정을 이행하는 학생은 실험실에서 비슷한 일을 수행하더라도 후자만이 과학자가 되는 합법적인 길에 놓여 있다. 마찬가지로 법원에서는 아무리 법률 지식이 많아도 법학 학위를 대신할 수 없다. 그러나 자격증은 합법성의 가시적인 표현일 뿐이다. 내부 승진만 가능하다는 비공식적인 방침을 가진 기업은 경영에 대한 대안적 경로의 합법성에 대해 암묵적으로 주장하고 있는 것이다.

투명성은 공동체에 존재하는 문화적 관행을 관찰하고 이해하는 능력을 말한다. 레이브와 벵거는 식료품점에서 고기를 다듬어 판매하는 정육업자는 포장대에 배치되고, 경험이 많은 도축자들은 안쪽에서 따로 작업한다는 사실을 발견했다. 이에 정육업 견습생들은 "안쪽으로 들어가는 게 무섭다. 그곳은 내가 있을 곳이 아니라는 느낌이 든다. 그 안에 있으면 어떻게 해야 할지 몰라서 가지 않은 지 오래됐다."라고 말했다.[40] 말하자면 견습생들은 실질적인 작업 수행을 접할 기회는 갖지 못한 채 작업에 거의 사용되지 않는 기술을 강조하는 형식적인 교육만 받고 있었다.

레이브와 벵거는 학습 과정은 머릿속에서만 일어나는 일이므로 눈으로 볼 수 없는 것이라고 주장한다. 대신 학습은 공동체의 활동이다. 새로운 구성원의 문화화, 집단 내부와 외부 세계의 상호 작용으로 지속되는 분야의 진화를 모두 아우른다. 이러한 추론에 따라 그들은 견습 제도가 광범위한 교육보다 실전의 길을 걸어가는 데 더 타당하다고 주장한다.

실전 학습에서 주의해야 할 것들

●

실천을 통한 학습은 낭만적으로 묘사될 때가 많다. 하지만 실전 학습은 교실 학습만큼 단점이 많다. 앞서 살펴본 것처럼 전문가들은 그들이 수행하는 기술의 기초를 명확하게 설명하지 못하기 때문에 교사로서 형편없는 경우가 많다. 또 설명할 수 있어도 가르칠 시간이 없을 때도 많다. 대기업 인턴의 경우, 해당 분야로 천천히 진입할 기회를 제공받는 대신 노동력을 값싸게 착취당하는 경우가 많다. 지위가 높은 집단의 기존 구성원들은 새로운 사람들이 들어오지 못하도록 장벽을 세우기도 한다. 이러한 진입 장벽은 경쟁을 제한하고 기존 구성원들의 특권을 지켜준다. 또한 진입하는 데 필요한 비용을 인상하거나 그 직업의 필수 요건에 대한 접근을 제한하는 경향도 있다. 경제학자 모리스 클라이너Morris Kleiner와 예브게니 보로트니코프Evgeny Vorotnikov는 전문 자격증 비용이 미국 경제에 연간 1,830억~1,970억 달러의 부담을 지운다고 추정한다.[41] 이런 세태에 대해 조지 버나드 쇼는 1906년에 연극 〈의사의 딜레마〉The Doctor's Dilemma에서 "모든 전문 직종은 일반 대중을 등쳐 먹기 위한 음모다."라고 지적한 바 있다.[42]

공동체의 상호 작용에서 생기는 비공식적인 문화가 항상 긍정적인 것은 아니다. 상호 간 팀워크와 지원만큼 괴롭힘과 공격적인 형태가 일어날 가능성도 크다. 반 잔텐이 테네리페섬의 참사를 일으키게 만든 것은 허술한 의사소통 규범과 조종실 내 위계질서였다. 이러한 문제는 항공 업계의 문화가 스스로 고치기를 희망하기보다 공식적으로 조종사 훈련에 더 많은 주의를 기울이면서 개선되었다.

이러한 우려에도 불구하고 실무에 참여하려는 초보자든, 해당 실무가 공공의 선에 이바지하기를 바라는 당국과 교육자든 사회적 환경을 무시할 수 없다는 사실은 분명하다. 어떤 분야에 막 합류한 구성원은 자신이 숙달하고 싶은 기술의 내용뿐 아니라 그 기술에 접근하게 하는 사회적 환경에도 관심을 쏟아야 한다. 그리고 교육자와 고용주는 공식적인 수업과 표준 운영 절차가 실제로 작업을 수행하는 사람들과의 협상 및 합의를 거쳐서 나와야 한다는 사실을 알아야 한다.

현실 속에서 연습하라

상황 학습 Situated learning(실제 사용되는 맥락 속에서 과제를 제시함으로써 지식이 일상생활에서 적용되고 전이될 수 있도록 하는 교수법 — 옮긴이)은 실전 연습의 강력한 필요성을 보여준다. 처음에는 이론 학습과 시뮬레이션이 필수지만 결국 모든 기술은 현실 세계에 대한 참여로 이어져야 한다. 다음은 연습을 할 때 사회적·물리적 장애물을 극복하는 데 도움이 되는 교훈이다.

교훈① 분야의 '진짜' 진입 경로를 연구하라

합법성은 어떤 분야에 참여할 수 있는 경로를 제한한다. 일부 분야에서 이런 제약이 특히 눈에 띈다. 의사가 되려면 자격증이 필요하거나 장군이 되기 전에 장교를 거쳐야 하는 것처럼 말이다. 그런가 하면 어떤 분야에 완전히 참여할 수 있는 경로가 불분명할 수도 있다. 조지타

운대학교 철학과 교수 제이슨 브레넌Jason Brennan은 저서 《할 수 있다면 좋은 일》Good Work If You Can Get It을 통해 학계에서 성공하는 사람들을 파악할 수 있는 자료를 검토했다.[43] 그는 학생들이 공부할 곳을 선택할 때 대학 순위가 다른 모든 고려 사항보다 중요하다는 사실을 발견했다.

학계에서 성공하고 싶다면 취업이 가장 잘되는 최고의 대학원을 선택하라. 이것이 적합성이나 연구에 대한 공통의 관심사, 생활비 보조금의 규모, 학교의 위치 등과 같은 다른 무엇보다 가장 중요하다.

브레넌은 교수법에 너무 집중하지 말라고 조언한다. "교수법을 완성하는 데 많은 시간을 할애하는 학생일수록 졸업 후에 교수로서의 경력을 이루지 못할 가능성이 크다. 불공평하게 들리지만 현실은 그렇다."[44] 그는 명망 있는 지도 교수를 만나야 하는 중요성도 강조한다. "좋은 경험칙은 이것이다. 당신은 지도 교수가 얻지 못한 일자리를 절대로 얻을 수 없다. 지도 교수가 프린스턴대학교에 들어갈 경쟁력이 없으면 당신도 똑같을 것이다."[45]

브레넌의 조언은 학계뿐 아니라 거의 모든 전문 직종에 뛰어드는 일에서도 적용된다. 연기자, 기업가, 언론인, 음악가 등 모든 직종에 종사하는 사람들에게 성공으로 가는 길은 놀라울 정도로 좁다. 성공하는 소수가 되고 싶다면 준비가 필요하다. 현장이 어떻게 돌아가는지 알아야 한다. 받아들이고 싶지 않은 사실을 알게 될 수도 있지만 장애물도 눈에 보여야 피할 수 있다는 사실을 기억하자.

교훈② 능력을 보여줄 방법을 찾아라

제대로 된 연습 기회가 부족한 경우가 많기 때문에 어떤 분야든 되도록 유능한 지원자에게만 제한하려고 할 것이다. 하지만 그 직업을 얻기 위해 필요한 기술이 직무 수행에 필요한 기술이 아닐 때는 갈등이 발생한다. 교육의 신호이론signaling theory에 따르면, 광범위하고 값비싼 교육의 역할은 유용한 실무 기술을 쌓거나 양심적인 시민의식을 함양하는 것이 아니라 좋은 일자리 수를 제한하고, 현장에서 제공되는 직업 훈련이 최고의 지원자들에게만 돌아갈 수 있도록 걸러내는 것이다.

경제학자 브라이언 캐플란Bryan Caplan은 저서 《교육에 반대하다》The Case Against Education에서 신호이론을 열정적으로 옹호했다. 그는 경제적 데이터가 인적 자본(학교가 유용한 기술과 지식을 가르쳐서 사람들을 더 생산적으로 만든다는 주장)과 능력 편향(애초에 똑똑한 사람들이 대학에 진학하므로 대학을 중퇴해도 고소득을 올린다는 주장) 같은 대안 이론보다 신호이론에 더 잘 들어맞는다고 주장했다. 캐플란은 학위효과sheep-skin effect를 증거로 제시하는데, 이는 졸업하는 해를 맞이한 대학생들이 추가로 1년 더 다니면 보상이 극적으로 증가한다는 것이다. 인적 자본 이야기를 믿는 사람이라면 학교 교육을 한 해 더 받을 때마다 학생들의 생산성이 커진다고(따라서 임금을 더 많이 받는다고) 기대할 것이다. 하지만 학교 교육이 지식과 직업정신, 또는 사회적 순응을 내세우는 것이라고 믿는다면, 대학 교육의 가치는 대부분 졸업장에 들어 있다고 할 수 있다. 검정고시에 해당하는 북미 지역의 종합교육개발General Education Development은 또 다른 증거를 제공한다. 이 자격증을 가진 학생들은 고등학교를 졸업한 사람들과 같은 학업 능력을 가졌으나 검정고시의 혜

택은 고등학교 졸업장보다 훨씬 약하다.[46]

일반적인 능력을 알리는 데 가치가 있는 완전히 쓸모없는 활동은 극단적이다. 실제로 대부분의 개선은 숙련도 강화와 신뢰할 수 있는 의사소통 능력의 혼합에서 이뤄진다. 새로운 기술의 자격증을 취득한 프로그래머와 비공식적으로 공부만 하는 사람은 똑같은 양을 학습해도 전자의 경우에만 그 사실을 이력서에 넣을 수 있다. 마찬가지로 중요한 프로젝트에서 팀을 성공으로 이끈 관리자는 리더십에 대한 유용한 가르침을 얻었을 수도 있지만 실질적인 측면에서 승진을 위해서는 성공의 가시성이 더 중요하다. 이처럼 신호이론은 단순히 능력을 키우는 것만 중요한 것이 아님을 뜻한다. '능력을 보여줄 방법'을 찾아야 한다.

교훈③ 공동체의 구전 지식을 얻어라

제4장에서 기술을 수행하는 데 공동체의 구전 지식, 즉 비공식적 지식이 필요하다는 이야기를 했다. 구전 지식을 갖고 있다는 것은 특정 집단의 구성원이라는 신호를 제공하기도 한다. '약리학의 아버지' 버나드 브로디Bernard Brodie는 새로운 신경전달물질 분야에서 어떤 연구에 주목할지 결정할 때 자신이 사용한 휴리스틱에 대해 이렇게 이야기했다. "실험이 잘 되면 우리는 세로토닌에서 '토닌'을 강조해서 말했다. 반면 '세로'를 강조해서 발음할 때면 실험이 잘 안 된 것이라는 걸 알고 집 밖으로 나가지 않았다."[47]

교육이론가 허슈E. D. Hirsch는 교육이 이뤄지는 사회에 존재하는 구전 지식을 얻는 것이 학교의 주요 기능이라고 주장했다.[48] 〈뉴욕타임스〉나 《디 애틀랜틱》 같은 학식 있는 출판물들은 독자들에게 최소한의 문화적 지식 수준이 있다고 가정한다. 그러한 배경지식은 교육받은 사람들 간에 의사소통도 원활하게 해준다. 노예해방선언이 무엇인지, 마그나카르타(대헌장)가 왜 중요한지 등을 알 것이라고 가정하기 때문이다. 이런 지식이 없으면 비공식적인 토론을 이해할 수 없다. 그러나 구전 지식은 단순히 일반교육의 특성을 띠지 않는다. 모든 전문 분야가 대화를 용이하게 하기 위한 은어를 개발하기 때문이다.

글로 된 텍스트가 있는 경우, 새로운 전문 용어를 다루는 한 가지 해결책은 천천히 읽으면서 잘 모르는 단어나 구절을 전부 찾아보는 것이다. 이 접근법이 처음에는 힘들 수 있지만 결국에는 기본 개념이 충분히 쌓여서 새로운 자료를 유창하게 읽을 수 있게 된다. 또 다른 사람들에게 단어의 뜻을 물어보는 방법은 바보처럼 느껴지고 창피할 수 있지만 해당 내용을 이해하기 위해서 치러야 하는 가장 단기적인 비용일 수 있다.

기술이나 지식을 숙달하기 위해서는 실전 연습이 꼭 필요하지만 그것만으로 충분하지 않다. 실수와 오개념을 바로잡아야 개선이 이루어진다. 다음 장에서는 피드백이 새로운 것을 배울 때뿐 아니라 나쁜 습관과 잘못된 생각을 버릴 때도 중요하다는 사실을 살펴본다.

제11장

개선의 길은 직선이 아니다

지혜는 새로운 것을 더 많이 아는 것이 아니라 틀린 것을 더 적게 아는 것이다. _헨리 휠러 쇼Henry Wheeler Shaw, 유머작가[1]

- 학습을 더 잘하기 위해 더 못해야 한다는 의미는 무엇인가?
- 탈학습에 따르는 위험은 무엇인가?
- 교정적인 피드백이 없을 때 발전은 왜 멈추는가?

타이거 우즈처럼 골프라는 스포츠를 지배한 선수는 많지 않다. 우즈는 생후 10개월 때 아기 의자에서 내려와 플라스틱 클럽으로 아버지의 골프 스윙을 흉내 냈다.[2] 두 살이 됐을 때는 마이크 더글러스 쇼에 출연해 믿을 수 없는 공을 쳐서 방청객들을 놀라게 하며 전국 방송에 데뷔했다.[3] 또 그는 열다섯 살에 전미 주니어 아마추어 대회에서 사상 최연소 우승자가 되었고, 이후 3연패를 달성했다. 스탠퍼드대학교를 중퇴하고 프로로 전향한 후 마스터스 대회에서 열두 타 차이로 신기록을 세우며 우승을 거두기도 했다. 이렇게 승승장구하던 우즈는 누구도 예상하지 못한 결정을 내렸다. 스윙 방법을 완전히 바꾸기로 한 것이다.

길고 강력한 드라이브로 유명했던 우즈는 채찍을 휘두르는 것 같은 동작으로 공을 칠 때 최대 시속 200마일의 속도에 이르도록 했다.[4] 하지만 그 힘을 내기 위해 고관절을 너무 빨리 돌려서 팔이 따라가지 못할 때도 있었다. 이런 지연된 동작 때문에 우즈의 클럽 페이스는 바깥쪽을 향했다. 이를 교정하지 않으면 공이 페어웨이에서 멀리 떨어진 오른쪽으로 날아갈 수 있었다. 우즈는 운동감각적 직관으로 스윙 도중에 일어나는 이 불일치를 교정할 수 있었다. 팔이 멈출 때마다 두 손을 살짝 비틀어 클럽 페이스를 회전시켜서 공에 정면으로 부딪히게 만든 것이다. 하지만 이 즉흥적인 행동은 운과 정확성에 달려 있었다. 그는 마스터스에서 신기록을 거둔 우승을 분석하며 이렇게 말했다. "나는 완벽한 타이밍 덕분에 우승했다. 그렇지 않았다면 우승 가능성이 없었을 것이다."[5] 적어도 이론적으로는 우즈는 스윙을 바꾸면서 천재적인 운동 능력에 꾸준한 실행력까지 더하게 됐다.

하지만 동작을 재설계하는 결정에 위험이 따르지 않는 것은 아니다. 스윙을 바꿨다가 야망이 산산조각 난 선수들도 있었다. 데이비드 고셋David Gossett은 19세에 전미 아마추어 대회에서 우승하고 골프 신동으로 불렸다. 프로가 된 후 그는 자신의 스윙이 부족하다고 느꼈다. 하지만 스윙에 변화를 주려는 시도가 실패하면서 결국 그의 경력도 끝나버렸다. 나중에 그는 기자들에게 이렇게 말했다. "훌륭한 스윙은 전능함을 좇으려는 것일 뿐 존재하지 않는다." PGA 투어에서 4승을 거둔 칩 벡Chip Beck도 공을 더 높이 칠 수 있는 새로운 동작이 필요하다고 느꼈다. 그러나 몇 년 후 그는 골프를 그만두고 보험 판매원이 되었다. 이외 데이비드 듀발David Duval, 이언 베이커핀치Ian Baker-Finch, 세베 발레스테로스Seve Ballesteros도 스윙을 바꿨으며 그중 누구도 골프 선수 생활을 계속 이어간 경우는 없었다. 이에 대해 스포츠 저널리스트 스콧 이든Scott Eden은 이렇게 설명했다. "골프 업계에 종사하는 사람은 누구나 저마다 '타고난' 또는 '자연스러운' 스윙 방식을 가지고 있으며 그 자연적인 스윙을 바꾸려는 것은 영혼을 건드리는 일과 같다는 고정관념이 깊이 뿌리내려 있다." 그래서 우즈가 경쟁력에서 밀리는 상황도 아니고, 심지어 신기록을 세운 후에 그러한 파격적인 선택을 한 것은 정신 나간 일처럼 보이기에 충분했다. 한 평론가는 마이클 조던이 재미 삼아 왼손으로 점프슛을 쏘기로 결정한 것과 같다고 말했다.[6]

분명 위험이 따랐지만 우즈는 어중간한 변화를 원하지 않았다. 그는 스윙 코치 부치 하먼Butch Harmon의 제안에 따라 점진적으로 교정하는 것이 아니라 한 번에 완전히 바꾸고자 했다. 변화를 주면서 계속 경기를 하는 것은 결코 쉽지 않을 것이라는 하먼의 지적에 우즈는 "상관없다." 라고 답했다.[7] 그는 역대 최고의 골프 선수가 되고 싶었기 때문에 그 목표를 이루기 위해서라면 처음부터 스윙을 다시 시작해야 한다고 해도 상관없었다. 18개월간의 뼈를 깎는 연습과 낯선 스윙에 따른 불가피한 성적 부진을 감수하면서 그는 새로운 동작에 익숙해졌다.[8] 그리고 이듬해에 무려 여덟 개 대회에서 우승했다. 이는 1974년 이래로 누구도 이루지 못한 업적이었다. 그 후 우즈는 최연소로 모든 메이저 대회를 제패하는 그랜드슬램을 달성하고, 사상 최고의 골프 선수로서 자리를 확고히 했다.

하먼과 함께한 황금기 이후, 우즈는 적어도 세 번 이상 스윙에 크게 변화를 주었다. 몇몇 평론가는 이런 잦은 변화가 그의 전성기에서 몇 년의 시간을 빼앗은 바람에 메이저 대회 통산 18회 우승이라는 잭 니클라우스Jack Nicklaus의 전무후무한 기록을 깨지 못했다고 말한다(그는 총 15회 우승을 기록했다). 하지만 스타일을 바꾼 덕분에 골프 선수로서 오래 활동할 수 있었다는 평가도 있다. 10대 시절에 취했던 나선형 스윙은 근육이 많이 붙는 30대의 몸으로는 효과적이지 못했을 것이고, 점점 심해지는 무릎과 허리 부상 때문에 상당한 조정이 불가피했을 것이다. 우즈의 변화를 도움으로 보든 방해로 보든, 그가 역사상 최고의 골퍼 중 한 사람이라는 사실에 누구도 의문을 제기할 수 없을 것이다.

탈학습: 도약을 위해 웅크리기

우즈처럼 대중의 날카로운 감시와 관심 속에서 성적에 큰 압박감을 느껴야 하는 사람은 많지 않다. 하지만 누구나 살다 보면 한 번쯤은 더 나은 성취를 위해 잠시 주춤해야 하는 상황에 놓인다. 이를테면 경력의 변화가 그렇다. 재정적으로는 더 안정적인 상황을 마련할 수 있지만 새로운 산업에서 밑바닥부터 다시 시작해야 한다. 혹은 만족스러운 연인이나 배우자를 만나기 위해 지금의 답 없는 관계를 먼저 끝내야 한다. 기업의 경우, 새로운 경쟁자를 물리치려면 기존 사업을 단계적으로 축소하는 전략이 필요하다. 어떤 경우에서든, 새로운 정점에 도달하려면 지금 서 있는 언덕에서 내려와야 하며, 저 밑의 골짜기에서 다시 위로 오르지 못할 위험을 무릅써야 한다.

탈학습의 어려움은 운동 기술에서 쉽게 확인할 수 있다. 1967년에 심리학자 폴 피츠Paul Fitts와 마이클 포즈너Michael Posner는 운동 숙련도가 발달하는 방법에 대한 유력한 가설을 제안했는데[9] 학습의 과정이 다음의 세 가지 단계로 이루어진다고 주장했다.

1. 인지 단계 과제가 무엇이고, 어떤 기술이 필요하며, 그 기술을 어떻게 수행하는가를 이해하는 노력이 이루어지는 단계다. 학습자는 올바른 기술을 파악하기 위해 의식적이고 의도적으로 움직임을 통제하는 경우가 많다.

2. 연상 단계 기술에 대한 기본적인 이해가 이뤄진 후에 학습자는 다양한 시도를 취한다. 해당 단계에서 가장 큰 오류들이 점진적으로 제거되면서 더 매끄러운 수행이 가능해진다.

3. 자율 단계 오류가 제거되면 크게 힘들이지 않고 기술을 수행하게 된다. 해당 단계에 이르면 첫 단계에서 학습한 명시적인 설명을 잊었을 수도 있다. 기술 수행은 의식적인 통제에 의존하지 않는, 거의 반사 반응과 같이 이뤄진다.

초보 골퍼의 경우, 스윙에서 아직 인지 단계에 머물러 있다. 좋은 코치는 그 선수가 만들어내야 하는 대략적인 움직임을 안내할 수 있다. 이 단계에서 선수는 성과를 내는 명확한 규칙들을 익히고 떠올릴 것이다. 공을 친 후에 너무 빨리 고개를 들지 않는다거나 백스윙에서 몸을 충분히 회전시키는 것 등을 생각하려고 노력한다. 초보 선수는 다양한 조건에서 연습하면서 연상 단계로 넘어간다. 여러 조건에 맞춰서 움직임을 조정하므로 우든클럽과 아이언클럽으로 모두 스윙할 줄 알고, 페어웨이와 러프에서 모두 정확한 샷을 날리기 위해 힘을 조절하는 법을 익힌다. 마지막으로 움직임을 반복적으로 연습할수록 세부적인 사항은 의식에서 사라진다. 이런 상태에 이르면 신체 움직임의 본질에 대해 생각하는 것이 오히려 자율적인 기술을 방해할 수 있다. 움직임을 실행하는 방식이 아니라 움직임의 목표에 외부적으로 집중해야 최고의 실력을 발휘할 수 있다.[10]

피츠와 포즈너의 이론은 우즈의 스윙 변화에 따른 위험을 이해하는 데 도움이 된다. 우즈는 스윙에 커다란 변화를 줄 때마다 기술 습득의 인지 단계로 매번 되돌아가고 있었다. 새로운 기술이 성공하기 위해서는 다시 연상 단계를 거치며 다양한 플레이 조건에서 발생할 수 있는 오류를 제거하고, 충분한 반복을 통해 새로운 동작이 자동적으로 수행되도록 해야 한다. 특히 경기에서 압박감이 심할 때 이전의 스윙이 튀어나오지 않도록 신경 써야 한다.

그러나 기술 습득의 각 단계는 커다란 변화가 종종 필요한 이유를 알려주기도 한다. 어떠한 숙련된 움직임도 기계와 같이 정밀하게 반복되지 않는다.[11] 그런 경우가 있다면 운동 성과라는 것이 불가능하다. 바람, 풀 또는 땅의 단단함에 따라 일어나는 변화가 골프 선수의 동작에 큰 변화를 주어 공을 일관되게 치는 것이 불가능하다. 모든 기술에는 어느 정도의 유연성이 요구되며 수행자는 변화하는 조건에 적응해야 한다. 이때 유연성은 무한하지 않다. 독수리 타법으로 키보드를 치는 사람이 큰 키보드에서 작은 키보드로 바꿀 수 있지만, 아무리 연습해도 절대 키보드를 보지 않고 입력하게 될 수는 없다. 기술을 수행하는 새로운 방법을 찾으려면 기존의 운동 방식에 변화를 주는 것만으로는 부족하다. 아예 새롭게 움직이는 방법을 찾아야 한다.

기존 능력이 새로운 성과를 방해한다면

●

기존의 능력이 새로운 성과를 방해할 수 있는 학습 영역은 운동 기술뿐만이 아니다. 심리학자 에이브러햄 루친스Abraham Luchins는 과거에 성공적으로 문제 해결을 한 경험이 미래의 성과를 방해할 수 있다는 점을 연구했다.[12] 그는 퍼즐 실험에서 피실험자들에게 특정한 용량의 병만 이용해서 물통에 물을 채우도록 했다. 예를 들어 29리터의 병 하나와 3리터의 병 하나만 써서 물통에 20리터를 채워야 하는 퍼즐이었다. 정답은 29리터 병에 물을 담아서 물통에 부은 후 3리터 병으로 물을 세 번 버리는 것이다. 이때 루친스는 모두 똑같은 패턴을 반복해서 풀 수 있도록 일련의 문제들을 제시했다. 두 번째 병을 더하고, 첫 번째 병을 빼고, 세 번째 병을 두 배로 곱하는 패턴이었다. 이 패턴을 여러 번 반복하고 난 후 그는 피실험자들에게 그들이 배운 좀 더 복잡한 패턴(즉 B-A-2C) 또는 더 간단한 해결책(A-C)으로 풀 수 있는 퍼즐을 냈다. 첫 실험에서는 피실험자 중 누구도 더 간단한 해결책을 알아차리지 못했다. 루친스는 이처럼 늘 하던 습관적인 방식으로 문제를 해결하려는 현상을 아인슈텔룽 효과Einstellung effect라고 불렀다. 말하자면 유기체를 하나의 운동 유형 또는 하나의 의식적인 행동으로 유도하는 마인드셋을 가리킨다.

오래된 사고 습관을 고집하는 것은 문제 해결 영역에만 국한되지 않는다. 게슈탈트 심리학자 카를 던커는 어떤 물체의 쓰임새에 대한 고정 관념이 자리 잡혀서 다른 곳에 사용할 생각을 하지 못하는 경향을 가리켜 기능적 고착functional fixedness이라는 용어를 만들었다.[13] 그는 유명한 실험에서 피실험자들에게 벽면에 양초를 고정하는 문제를 냈다. 첫 번째 조건에서는 상자, 양초, 압정이 주어졌다. 두 번째 조건에서는 모든 재료가 같았으나 상자에 압정이 들어 있었다. 첫 번째 조건에서는 모든 피험자가 해결책을 찾았다. 상자를 압정으로 벽에 고정해서 작은 받침대로 삼고 양초를 받친 것이다. 하지만 상자에 압정을 넣어둔 두 번째 조건에서는 해결책을 발견한 사람이 절반에 불과했다. 상자를 잠재적

그림 11

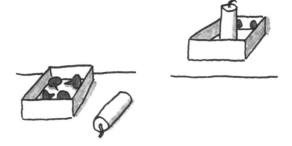

양초를 벽면에 고정하는 과제. 양초, 압정, 상자가 도구로 주어진다. 이때 압정이 상자에 담겨서 전달될 경우, 상자를 양초의 받침대로 쓰는 해결법을 떠올린 사람들이 훨씬 적었다.

인 받침대로 생각하지 못하고 압정을 담은 용기로만 여긴 것이 문제를 인식하는 방식에 큰 영향을 미친 것이다.

문제에 대한 잘못된 사고방식을 버리는 탈학습의 필요성은 교육에서 매우 중요한 사안이다. 경제학, 물리학, 심리학 같은 분야에서 학생들은 일상적인 주제에 대한 완전히 다른 사고방식을 대면한다. 그러나 여러 연구에 따르면 많은 학생이 교실에서 배운 추론을 일상의 문제로 옮기지 못한다.[14] 물리학에서 학생들은 힘과 운동량을 계산하는 법을 배우지만 교실 밖에서는 계속 아리스토텔레스처럼 생각한다.[15] 경제학을 배우는 학생들은 복지 증진 이론을 익히지만 공공 정책을 평가할 때 중상주의자처럼 생각한다.[16] 제6장에서 살펴보았듯 반대 증거가 쏟아지는데도 여전히 정신은 근육과 같다는 생각이 널리 퍼져 있다.

버려야 하는 지식이 일반적으로 널리 퍼진 오개념일 수도 있다. 다시 말해 사람마다 학습 유형이 다르고(시각적, 청각적 또는 운동감각적 유형 등),[17] 각자 선호하는 유형을 활용할 때 가장 효과적인 학습이 이루어진다는 생각을 뒷받침하는 근거가 거의 없다. 그럼에도 이러한 주장은 여전히 대중 사이에서 떠돌고 있다. 사람들이 스스로 학습 유형 이론에 대해 배웠기 때문이 아니다. 그 주장이 직관적으로 그럴듯해 보이는 데다 전혀 사실이 아니라는 결과를 밝혀낸 연구를 잘 아는 사람이 거의 없기 때문이다.

오개념이 더 깊숙이 내재된 경우도 많다. 교육 영역의 바깥에서 생기는 기본적이고 직관적인 세계관을 반영하는 것이라 버리기가 더 어려울 수 있다.[18] 임페투스 운동 이론Impetus theories of motion은 훌륭한 물리학 개념이 아니지만 일상적인 마찰이 큰 환경에서는 유용한 대체물이 될 수 있다. 물리학자가 되기 위해 공부하는 사람들은 민간의 직관을 진짜 과학에서 나온 공식적인 체계로 대체하는 것이 아니라, 더 엄격한 체계를 병행해서 학습한다. 그러다가 전문성에 충분히 깊이가 생기면 물리학 지식이 필요한 문제를 마주했을 때 순수한 직관을 성공적으로 억제할 수 있다.

하지만 전문성으로 가는 길은 직선이 아니라 구불구불하다. 한 실험에서 연구진은 두 개의 공이 서로 다른 트랙을 따라 이동하는 경주를 시뮬레이션했다. 두 개의 트랙은 똑같은 높이에서 시작하고 끝났지만 움푹 파인 곳이나 언덕의 모양은 달랐다. 한 시뮬레이션에서 두 개의 공 중 하나가 언덕을 올라갈 때 가속 현상이 일어나 다른 공을 따라잡았다.

아무리 물리학에 익숙하지 않은 학생이라도 이러한 움직임이 현실적이라고 생각할 사람은 없을 것이다. 하지만 놀랍게도 대학에서 물리학 수업을 들은 학생들조차 이 움직임이 현실적이라고 생각하는 경우가 많았다![19] 그들은 두 개의 공이 최종 높이에 도달했을 때의 속도는 똑같지만 그 지점에 동시에 도달할 필요가 없다는 역학적 에너지 보존conservation of mechanical energy을 떠올리며 이 비현실적인 움직임을 정당화한 것이다. 물리학 초보자들은 수업 시간에 배운 아이디어를 적용할 수 있지만 언제 적용해야 하는지 정확히 알기가 쉽지 않다. 심신에 깊게 뿌리박힌 골프 스윙법을 바꿀 때와 마찬가지로, 평생 자연스럽게 발달한 직관을 버리려면 상당한 노력이 필요하다.

나쁜 습관을 싹둑 자르다

•

탈학습 문제를 다루는 가장 쉬운 방법은 애초에 필요하지 않은 기술(지식)로 만드는 것이다. 처음부터 정확하게 배우면 나중에 수정할 필요가 없다. 그러므로 코치나 개인 교사의 도움을 받는다면 나쁜 습관이 생겨 굳어지는 일을 막을 수 있다. 대개 최상의 방법을 학습하면 다시 배워야 할 필요가 없다.

　최상의 방법을 학습해야 하는 중요성은 아이들이 여러 자릿수의 뺄셈 같은 수학 개념을 배우는 과정에서 확인할 수 있다. 인지과학자 존 실리 브라운John Seely Brown과 쿠르트 반렌Kurt VanLehn은 아이들이 이 계산 원리를 배울 때 저지르는 많은 실수가 마치 버그 많은 컴퓨터 코드 같다는 사실을 발견했다.[20] 아이들이 원리를 완전히 이해하지 못해서 정확하지 않은 과정을 사용하는 것이었다. 예를 들어 뺄셈 문제에서 가장 흔하게 목격되는 오류는 항상 작은 수에서 큰 수를 빼는 것이다. 한 학생이 이 버그 알고리즘을 이용해서 '22-14'를 푼다고 해보자. 학생은 10의 자리에서 1을 빌려와 '12-4= 8'을 푸는 올바른 뺄셈 절차를 따르는 대신 그냥 숫자를 바꾸어 '4-2=2'로 계산한 값을 1의 자릿수에 적을 것이다. 이 오류 알고리즘을 이용하는 학생들은 다른 문제로 연습을 더 한다고 해도 잘못된 원리가 더 깊이 새겨질 뿐이므로 도움이 되지 않는다. 따라서 성공적인 접근법은 교사가 학생에게 알고 있는 방법이 잘못되었다는 것을 설명하고, 뺄셈 기술이 가장 올바른 토대에서 계속 수행될 수 있도록 피드백하는 것이다.[21] 처음부터 나쁜 습관에 빠지지 않으려면 교정적인 피드백이 필수다.

많은 기술의 경우, 정확한 절차가 아니라 '더 나은' 절차가 존재한다. 경험 많은 교사들은 학생들이 코드를 쓰거나 야구 방망이를 휘두르거나 에세이를 쓰는 작업을 더 성공적으로 수행하도록 이끌 수 있다. 좋은 방법을 배우고 연습을 많이 하면 결국 자동으로 잘 이루어질 것이다. 효과적이지 않는 방법이 뿌리를 내리면 결국 엄청난 탈학습이 필요해진다. 나중에 힘을 들이지 않도록 처음부터 올바른 접근법으로 시작하는 것이 좋다.

하지만 탈학습을 완전히 피하는 것은 불가능할 때가 많다. 뺄셈의 기술은 설명만 따르면 올바른 방법을 사용할 수 있지만 보통 다른 기술들은 완벽한 토대에서 이뤄지지 않는다. 말하자면 영어권 국가의 아이들은 과거 시제를 배울 때 규칙적인 순서를 거친다.[22] 처음에는 일상 속에서 어른들에게 듣는 불규칙 동사(예를 들어 "I went there.", "I did it.")로 시작한다. 어느 정도 언어에 노출이 된 후에는 일반동사 뒤에 '-ed'를 붙이면 과거 시제가 된다는 규칙을 배운다. 그다음에는 과잉규칙화overregularization의 시기가 찾아온다. 즉 아이들이 과거 시제를 만드는 일반 규칙을 예외가 되는 불규칙 동사에도 적용해 go의 과거형을 goed라고 하는 것이다. 마지막으로 아이들은 불규칙 동사(예를 들어 go-went, do-did)를 정확히 알고, 불규칙 동사와 일반동사의 과거 시제를 모두 올바르게 사용한다.

이러한 변화는 단조로움과 거리가 멀다. 아이들이 처음 말하기를 시작할 때는 문법적으로 부족하지만 점진적으로 발전한다. 아이의 발음을 고쳐주려고 노력한 적 있는 부모라면 잘 알지만 아이들은 교정에 영향을 잘 받지 않는다. 아이들은 문법을 자동으로 배우며 특이한 상황을 제외하고는 올바른 말하기를 위해 지도가 필요하지 않다.[23] 노출과 상호 작용의 기회만 있으면 된다. 이러한 비단조성non-monotonicity은 학습의 다른 영역에서도 관찰된다. 의학 인지를 전문으로 다루는 심리학자 빔라 파텔Vimla Patel은 의대생들의 추론이 대개 질적으로 비슷한 변화를 겪는다는 사실을 발견했다.[24] 예를 들어 경력 초기의 의대생들이나 의학 전문가들은 모두 환자의 문제에 대해 생각할 때 정교화하는 경향이 있다. 반면 어느 정도 중반기에 접어들수록 초보자나 노련한 임상의보다도 훨씬 더 많은 추론을 끌어내고, 의료 정보를 들춘다. 소위 이 '중급자 효과'intermediate effect는 초보 단계에서 학생들이 기억할 만한 지식이 거의 없어서 문제가 막혔을 때 정교화에 실패하기 때문에 발생한다.

반면 전문가들이 과정을 자세히 설명하지 않는 이유는 좀 다르다. 그들은 답을 알 가능성이 크기 때문에 문제와 관련 없는 측면은 무시하고, 관련 있는 중요한 정보에만 집중한다. 마찬가지로 발달심리학자 로버트 시글러Robert Siegler는 사람들이 어떤 분야든 중간 수준의 경험과 가장 다양한(좋든 나쁘든) 전략을 가지고 있다는 '적당한 경험 가설'moderate experience hypothesis을 주장한다.[25] 이 수준에서 우리가 가진 지식은 문제의 여러 가지 해결 방법을 알 정도는 되지만 최적의 방법이 모든 대안을 억제할 정도는 되지 않는다. 비단조성은 숙달로 가는 길이 항상 직선이 아니라는 것을 의미한다. 그 길에는 움푹 파인 곳도 있고, 우회하는 지점도 있다.

다른 경우에는 처음에 시작할 때 최선의 방법을 이용할 수 없어서 어쩔 수 없이 나중에 탈학습이 필요해지는 경우도 있다. 말하자면 과학 분야에서 박사 과정 학생들이 혁명을 주도할 가능성이 높다. 그들은 오래된 기존 문제에 대한 고정관념에 비교적 영향을 덜 받기 때문이다. 이 사실은 양자 혁명을 이끈 물리학자 중 한 명인 막스 플랑크Max Planck가 언급한 "과학은 장례식이 한 번 있을 때마다 발전한다."라는 말에도 잘 표현되어 있다.[26] 평생 특정 패러다임에 익숙해진 사람은 새로운 증거가 압도적으로 늘어난 후에도 관점을 새롭게 바꾸는 일을 어려워한다. 아인슈타인마저도 그에게 노벨상을 받게 해준 양자역학 이론이 지닌 비결정론적 성격에 끝까지 회의적인 태도를 보였다.[27] 이처럼 직업적 영역의 새로운 발전을 따라잡기 위해서는 불편한 조정이 필요할 때가 많다.

잘못된 사고방식을 마주하는 법

●

자신의 방식에 갇히지 않으려면 어떻게 해야 할까? 탈학습의 한 가지 방법은 직접적인 피드백으로 사고의 오류를 마주하는 것이다. 앤더스 에릭슨은 전문성의 비결인 의도적 연습의 핵심은 즉각적인 피드백과 코치의 지도와 도움을 받는 연습 시간이라고 주장했다.[28] 그의 이론에 따르면 정체된 기술의 문제는 피츠와 포즈너가 말한 학습의 자율적인 처리 방식으로 넘어가는 과정에서 나온다.[29] 의도적 연습에서 '의도적' 이라는 뜻은 기술 측면이 직접적이고 의식적인 감독의 영향을 받는 인지 단계로 되돌아갈 필요가 있음을 뜻한다. 이 노력과 함께 필요한 수행 방식과 즉각적인 피드백이 합쳐지면 수행자는 올바른 기술 수행에 적응하기 위해 의식적으로 노력할 수 있다. 이런 맥락에서 볼 때 타이거 우즈의 사례는 의도적 연습 모델에 완벽하게 들어맞는다. 그는 쉬지 않고 집요하게 연습하는 근면성실함으로 유명했을 뿐만 아니라 고의적인 관점으로 스윙의 여러 측면에 접근했다. 즉 피드백을 토대로 철저하게 생각하고 의식적으로 기술을 수정했다.

피드백은 물리학 같은 학문적 분야의 오개념을 마주하는 데도 활용될 수 있다. 전통적인 학습은 대부분 정확하게 정의된 문제 유형의 공식을 숙달하는 것에 초점을 맞춘다. 물론 이런 훈련은 그 분야를 통달하기 위해 꼭 필요하지만 학생이 자신의 잘못된 직관적 개념을 직접적으로 마주하는 데 도움이 안 된다. 그래서 노벨 물리학상을 수상한 칼 위먼Carl Wieman은 실제적인 물리학 시뮬레이션을 더 많이 접해야 한다고 주장한다.[30] 그래야 학생들이 최적화된 실험에서 사물의 움직임을 예측하고, 물리적 과정을 이해하는 올바른 정신적 모델을 더욱 분명하게 만들 수 있다는 것이다. 한편 다른 연구자들은 전통적인 학습만 사용하지 않고 상호적 시뮬레이션을 활용하면 개념적 지식이 개선된다는 사실을 발견했다.[31] 시뮬레이터를 이용한 순수한 놀이는 어떤 주제에 대한 과학적 수준의 이해를 이끌어낼 가능성이 적다. 하지만 좀 더 전통적인 연습법에 일련의 활동을 합치면 학생들이 교실에서 배우는 물리학 이론과 일상생활에서 움직이는 사물에 대한 추론 사이의 단절을 막아줄 수 있다.

안타깝게도 익숙한 전략의 실수를 직접적인 피드백만으로 바로잡기에는 충분하지 않을 수 있다. 대체할 전략을 충분히 연습하지 않으면 기존 방식과 싸우기 위해 너무 많은 노력이 들어가기 때문이다. 골프 선수들이 스윙법을 바꾸기가 상당히 어렵고, 압박감이 큰 상황에서는 쉽게 기존 습관대로 움직이게 되는 이유다. 수행에 실수가 있다는 것을 어느 정도 아는데도 새로운 방식이 그다지 효과가 없을 수도 있다! 마찬가지로 물리학 초보자들이 물리학을 활용하여 추론하기가 힘들고 오류도 발생하기 쉽기 때문에 교실 밖에서 직관적인 추론 방식을 계속 사용할 수도 있다.[32] 비록 그들의 직관 시스템이 항상 정답으로 이어지지는 않지만 빠르고 간단하다. 반면 전문가들은 그들이 가진 지식에 의존할 가능성이 훨씬 높다. 일상적인 직관을 믿을 수 없다는 것을 알기 때문이기도 하지만, 그들이 가진 전문성은 훈련이 너무 잘 되어 있어서 실행에 큰 노력이 필요하지 않기 때문이다. 효과적이지 않은 전략을 버리기 위해서는 실수에 직면할 뿐 아니라 실행 가능한 대안을 능숙하게 적용할 수 있어야 한다.

성공적인 탈학습을 위한 3가지 전략

탈학습은 결코 쉽지 않다. 새로운 방법이 기존에 익숙한 방식과 경쟁할 수 있을 때까지 연습에 투자해야 할 뿐 아니라 일시적인 성과 저하를 받아들이는 마음의 여유도 필요하다. 이처럼 무척 어려운 일이지만 누구나 살다 보면 탈학습이 꼭 필요한 상황을 마주한다. 연습 초기에 나쁜 습관이 뿌리를 내려 교정이 필요할 수 있다. 혹은 환경, 산업 또는 신체에 일어난 변화 때문에 기존과는 완전히 다른 방식이 필요해지기도 한다. 때로는 숙달에 이르는 길에서 단조롭지 않은 우회로를 거쳐야만 할 수도 있다. 그러다 보니 초보에서 달인이 되는 과정에서 수행 능력이 잠시 떨어지거나 주춤할 수 있다. 다음은 성공적인 탈학습을 위한 전략이다.

전략① 과제의 새로운 제약을 만들어라

기존의 사고 습관은 수행을 방해할 수 있다. 독창적인 시도를 하려 해도 익숙한 방식으로 되돌아간다. 이때 과제의 제약 조건을 바꿔서 이전의 방식으로 기술을 수행하기가 불가능하게 만들면 나쁜 습관으로 돌아가는 것을 막을 수 있다. 제약은 특정 행동을 금지하는 형태가 될 수 있다. 예를 들어 에세이를 쓸 때 수식하는 품사를 쓰지 않거나 색깔을 사용하지 않고 그림을 그리는 식으로 말이다. 혹은 행동의 필요조건에 제약을 둔다. 만일 작은 사이즈의 테니스 라켓 앞면으로만 공을 치는 연습을 한다면 정사이즈로 된 라켓의 중앙으로 공을 제대로 치게 될 것이다. 제약은 매우 잘 설계된 연습이 갖춘 특징이다. 유용한 해결책의 탐색 공간은 무척 크기 때문에 제약이 없다면 진부한 생각이 독창적인 선택지를 찾는 일을 제압하기 쉽다.

코치가 설계한 제약 조건을 이용하여 기술을 수행할 때 나타나는 불필요한 습관을 고칠 수 있다. 하지만 몸을 움직이는 방법을 의도적으로 연습하다 보면 학습의 인지 단계로 다시 돌아가게 되므로 원활하게 수행하는 데 원하지 않는 부작용이 일어날 수 있다. 골프에서 입스yips는 움직임에 지나친 주의를 기울인 나머지 스윙을 망치는 흔한 현상을 가리키는 말이다.[33] 이때 좋은 제약은 수행자가 나쁜 습관에 주의를 집중하지 않고 거기서 멀어지게 하는 것이다.

전략② 코치를 구하라

개선을 위해 자기주도적 학습을 할 경우, 실제 기술을 사용하는 동시에 자신의 수행력을 모니터링하는 것이 불가능하다. 골프에는 '느낌은 진짜가 아니다'라는 말이 있는데, 이는 스윙을 할 때 자신의 몸이 어떻게 움직이는가를 잘못 아는 사람들이 많다는 사실을 지적한다. 퍼팅할 때 그립을 거의 잡지 않는 듯하다고 생각하지만 완전히 꽉 누르고 있을 수 있다. 혹은 티오프할 때도 몸을 완전히 돌리고 있다고 생각하지만 실제로는 클럽을 필요한 지점의 절반까지만 휘두르고 있을 수 있다. 이렇게 왜곡된 자기 이미지는 개선을 어렵게 만든다.

코칭과 개인 교습이 중요한 변화를 가져올 수 있다. 코치가 당신보다 실력이 더 뛰어나지 않아도 된다. 우즈도 자신보다 골프 실력이 훨씬 더 낮은 코치들과 긴밀하게 작업했다. 코치는 기술을 수행하기 위해 정신적인 에너지를 쓸 필요가 없는 상태에서 수행자의 기술을 관찰할 수 있으므로 유익한 통찰력을 제공한다.

전략③ 기술을 새로 바꾸지 말고 개조하라

궁극적으로 잘 익힌 기술을 완전히 바꾸는 일은 예외적인 사례에 가깝다. 우수한 골프 선수 중에서 기본 동작을 자주 바꾸고도 계속 뛰어난 실력을 보여준 사람은 지극히 소수에 불과했다. 이는 우즈가 뛰어난 운동 기술과 직업정신으로 지극히 낮은 확률을 극복했다는 증거다. 대부분의 경우에는 기존의 것을 완전히 허물고 새로 시작하는 방법보다 기존 방식의 토대를 보강하거나 수정하는 방법을 선택하는 편이 더 낫다. 골프 스윙이든 과학적인 관점이든, 가장 안전한 선택은 변화를 원활하게 추구하는 것이다. 무작정 골짜기 밑까지 다시 내려가지 말고 산과 산 사이의 등성이를 찾아보는 것이다. 배의 나무판자를 하나씩 교체해서 원래 구조물을 하나도 남기지 않으면서 탈바꿈한 테세우스의 배처럼, 기초를 한꺼번에 완전히 허물지 않고 한 번에 하나씩 바꿔 나갈 때 관점의 급진적인 변화가 더 쉽게 일어날 수 있다.

탈학습의 필요성은 비단 지식이나 운동 기술에만 국한되지 않는다. 결국 개선의 가장 큰 장벽은 '감정'이다. 두려움과 불안이 학습의 길로 나아가는 나 자신을 가로막는다. 피드백은 오류를 고칠 뿐 아니라 불안을 시험하기 위해서도 중요하다.

제12장

두려움은 마주할수록 약해진다

모든 심리학 이론의 가장 큰 약점은 사람들이 위협과 스트레스에 매우 취약하다고 가정하는 것이다. 그 이론들은 인간보다 훨씬 더 겁이 많은 생명체를 위해 고안되었다. _스탠리 래크먼Stanley Rachman, 심리학자[1]

- 불안을 피하기 위해 취하는 많은 조치들이 왜 불안을 더 강화하는가?
- 안전지대에서 어떻게 벗어날 수 있을까?
- 용기는 두려움이 없는 상태와 같은가?

제2차 세계대전이 발발하기 이전, 독일과의 갈등을 피할 수 없었던 각국 지도자들은 새로운 위험의 가능성을 마주하기 시작했다. 비행기가 주요 인구 밀집 지역에 폭탄을 떨어뜨릴 가능성이 높아지고 있었기 때문이다. 제1차 세계대전 때는 공습이 제한적이었다.[2] 전쟁 동안 런던에 투하된 폭탄은 300톤에 불과했다. 하지만 제1차 세계대전과 제2차 세계대전 사이에 기술이 발달하면서 새로운 규모의 파괴가 이루어졌다. 연합국 지도자들은 독일이 공격 개시 후 첫 24시간 동안 3,500톤의 폭탄을 투하하는 전격전으로 시작해서 몇 주 동안 매일 수백 톤의 폭탄을 더 떨어뜨릴 것이라고 예상했다.[3] 그럴 경우 사상자는 수십만 명이 될 것으로 예측되었으며, 불과 몇 주 만에 도시 전체가 파괴될 수도 있었다.

정치인, 지도자, 심리학자들은 물리적 파괴를 넘어서 대규모의 집단 공황이 불가피할 것이라고 의견을 모았다. 영국 전 총리 스탠리 볼드윈은 하원에서 이 공포에 대해 이야기했다. "거리를 지나는 사람은 세상에 있는 그 무엇도 폭격으로부터 자신을 구해줄 수 없다는 사실을 깨닫게 될 겁니다. 사람들이 무어라고 하든 폭격기는 반드시 날아옵니다."[4] 대중 연설에서 윈스턴 처칠은 대도시 공습 이후 300만~400만 명이 도시를 떠날 것이라고 예상했다.[5] 수만 명의 경찰관은 피난길에 몰려들 대규모 인파가 서로 깔리지 않도록 막으라는 임무를 받았다.[6] 또 런던의 유명한 정신과 의사들은 심리적 피해자가 신체적 피해자보다 3대 1의 비율로 많을 것이라는 내용의 보고서를 작성했다. 런던의 유명 병원 관계자가 "전쟁이 선언된 직후와 첫 공습 직후에 신경증 사례 신고가 쇄도할 것은 누가 보기에도 확실하다."라고 지적했는데 이 말에 전문가들의 견해가 잘 표현되어 있다.[7]

그러나 실제로 전쟁이 시작되고 폭탄이 떨어졌을 때 그런 대규모의 집단 공황은 발생하지 않았다. 심리학자 스탠리 래크먼은 이렇게 설명했다. "거의 모든 사람이 놀랐지만 공격으로 발생한 사망과 파괴 사태에도 불구하고 심리적 사상자는 소수에 불과했다."[8] 한 보고서에 따르면 심한 폭격 이후 병원으로 옮겨진 578명의 사상자 가운데 가장 심한 증상이 심리적인 문제에 해당하는 건 두 명뿐이었다. 다른 경우에는 1,100명의 입원 환자 중에 열다섯 명만이 명백한 정신적 장애를 보였다.[9] 이처럼 정신적 충격이 발생해 신경증 환자가 쇄도하기는커녕

1940년에 정신병원에 입원한 환자의 수는 오히려 1938년보다 적었고, 이듬해인 1941년에는 더 줄어들었다.[10] 심리학자 어빙 재니스Irving Janis 는 "매우 확실히 드러나는 요점이 하나 있다. 집중 공습이 계속될수록 공격이 더 심해지고 파괴적으로 변했지만 사람들에게 나타나는 명백한 공포 반응은 확실히 감소했다."라고 지적했다.[11]

집중 공습 기간에 일상을 목격한 사람들의 증언은 일반인들에게 회복탄력성이 관찰되었다는 사실을 더욱 뒷받침한다. 전쟁 중에 근무한 수십 명의 의사와 심리학자를 조사한 심리학자 필립 버넌Philip Vernon이 밝혀낸 바로는 이랬다. "전쟁이 곧 시작될 무렵에는 사이렌 소리만 들려도 수많은 사람이 대피소로 갔다. (공습이 심해질수록) 런던 사람들은 비행기나 폭탄, 총소리가 동반되지 않는 한 그 소리를 신경 쓰지 않게 되었다. 심지어 일부 지역에서는 사이렌 소리가 났다는 사실을 언급하는 것 자체가 실례였다."[12] 또 다른 목격자도 이렇게 이야기했다. "평범한 사람들의 침착한 행동은 점점 더 큰 놀라움을 주었다. 어제까지 런던 도심에 사는 사람들보다 더 심한 폭격을 경험한 교외에 사는 이들은 출근길 기차에 함께 탄 사람들에게 아무렇지도 않게 그들의 동네에 폭격으로 엄청나게 큰 구덩이가 생겼다고 자랑하기까지 했다. 마치 평화로운 여름날에 정원의 장미와 호박을 자랑하듯 말이다."[13]

영국 사람들의 이러한 절제된 반응은 결코 특이한 것이 아니었다. 히로시마와 나가사키 지역의 원자 폭탄 생존자들 사이에서도 정신적 장애를 겪는 비율이 놀라울 정도로 낮게 나타났다.[14] 마찬가지로 폭격을 당한 독일 내 도시들에 관한 보고서 내용도 다르지 않았다.[15] 한 설문 조사에서 많은 응답자가 연속된 폭격을 경험한 이후에 두려움이 줄어들었다고 응답했다. 비교적 최근의 사례도 있다. 심리학자 필립 사이흐Philip Saigh는 1982년에 이스라엘군이 10주 동안 레바논 베이루트를 봉쇄한 사건이 일어나기 직전에 우연히도 불안 상태에 대해 연구하고 있었다. 당시 피험자들을 대상으로 후속 연구를 실시한 결과, 사이흐는 해당 사건 전후로 불안 수준에 아무런 차이가 없다는 사실을 발견했다. 따로 대피하지 않은 사람들은 오히려 전쟁과 관련된 공포 반응이 현저하게 감소한 것으로 나타났다.[16] 대참사에 대한 신경질적 공황은 실재적이기보다는 상상에 불과한 경우가 더 많다. 〈공황: 신화인가, 현실인가?〉라는 기사에서 사회학자 리 클라크Lee Clark는 할리우드 영화에서 흔히 보여주는 위급한 상황 속 사람들이 우르르 몰려서 깔리는 모습은 사실과 다르다며 이렇게 적었다. '홍수, 지진, 토네이도 같은 수많은 재난에 대한 50년간의 연구에서 가장 두드러지게 나타나는 결과는, 사람들이 통제력을 잃는 일은 드물다는 것이다.'[17]

집중 공습 기간에 목격된 영국인들의 경험은 중요한 심리적 원리를 보여준다. 두려움은 노출될수록 줄어드는 경향이 있다는 것이다. 공포의 경험은 직접적인 피해를 겪지 않아도 미래의 비슷한 상황에 대한 두려움을 줄여준다. 야간 폭격의 공포에 대한 전형적인 반응은 심해지는 불안이 아니라 적응이었다.

두려움과 안전의 심리학

●

개선을 위한 노력에서 두려움은 어떠한 지적인 어려움보다 더 크게 느껴진다. 말하자면 몇 년간 프랑스어를 공부했는데도 파리로 여행을 갔을 때 대화를 나누는 것이 불편하다거나 시험에 대한 공포증 때문에 모의시험을 치르기도 전부터 속이 울렁거리는 것을 느끼는 일처럼 말이다. 완벽히 자격을 갖추었지만 스스로 준비되지 않았다는 생각에 입사 기회를 거절하는 사람이나, 연습할 생각만으로도 큰 두려움을 느껴서 어떤 기술이나 분야를 아예 피하려고 하는 사람들이 얼마나 많을까? 이러한 문제에도 우리는 자신의 두려움을 이해하지 못하는 경우가 많다. 더 중요한 사실은 우리가 불안을 줄이려는 전략이 오히려 불안을 악화시킨다는 것을 알아차리지 못한다는 점이다.

심리학에서 불안의 근원은 오랫동안 추측의 대상이었다. 지그문트 프로이트는 불안이 '잠재의식 속에 억압된 유아기의 충동'이라고 주장했다. 또 윌리엄 제임스는 두려움이 선천적이며 적절한 경험으로 무르익는다고 믿었다.[18] 행동주의 심리학의 아버지 존 왓슨은 두려움이 단순히 조건화conditioning에서 생긴다고 주장했다. 악명 높은 아기 앨버트 실험에서 그는 생후 11개월의 아기에게 흰쥐를 보여주고, 그때마다 등 뒤에서 망치로 강철봉을 두드렸다. 아기는 소리에 대한 공포가 흰쥐와 연결되자 쥐뿐 아니라 온갖 하얗고 털이 많은 것들을 무서워하게 되었다. 공포의 조건화 이론은 영국 대공습 당시 전문가들의 예상과 시민들의 실제 반응이 달랐던 이유를 설명해 준다. 일촉즉발의 상태를 경험한 사람들(폭탄이 떨어진 건물 안에 있거나 죽음을 목격한 경우)은 공포감이 자주 일시적으로 되살아나는 것을 느꼈다.[19] 반면 직접적으로 경험하지 않은 사람들(멀리서 폭발음은 들었지만 직접적인 피해를 입지 않은 경우)은 오히려 두려움이 줄어들 가능성이 더 컸다. 노출에 따른 두려움의 증감은 부분적으로 위험성이 얼마나 직접적인가에 달려 있다.

그러나 두려움의 조건화 이론에 어려움이 없는 것은 아니다. 심리학자 마틴 셀리그먼은 윌리엄 제임스의 말을 인용하여 '사람들은 어떤 두려움에 유독 취약하지만 다른 어떤 두려움에는 그렇지 않다'라고 주장했다.[20] 다시 말해 뱀에게 물린 경우보다 전기 충격을 경험할 사람들이 훨씬 많은데도 전기 콘센트보다 뱀 공포증이 있는 사람들이 더 흔하다. 마찬가지로 두려움은 명백한 조건화를 겪은 일화가 없이도 나타날 수 있다. 영국에서 공습에 대한 두려움이 가장 컸던 때는 전쟁 전, 즉 아직 아무도 공습을 경험하지 않은 때였다. 일부 공포증과 불안의 경우 특히 충격적인 경험과 관련 있을 수 있지만, 아무런 자극 없이도 생기는 것처럼 보이는 경우도 있다. 두려움은 타인의 공포 반응을 관찰하거나 특정 지역에서 위험하다는 경고를 듣고 강도를 당할까 무서워하는 감정을 언어화하는 식으로 대리 경험을 통해 느낄 수도 있다. 인간이 본능적으로 위험을 피하는 것은 진화를 위한 명령이다. 인간에게 직접적인 경험 이외에도 두려움을 느끼게 되는 여러 경로가 있다는 것은 합리적인 관점이다. 만약 동물이 죽음을 코앞에서 마주친 순간에야 위험을 감지할 수 있다면 자손을 낳을 만큼 오래 생존하지 못할 것이다. 그래서 현대 이론들은 불안의 원인을 특정한 경험이나 일반적인 스트레스 요인, 선천적 요인을 포함해 여러 요소가 합쳐진 것으로 본다.[21]

두려움의 조건화 이론은 두려움이 어떻게 생기는가에 대한 깔끔한 설명을 제공하지는 않는다. 대신 무엇이 불안을 지속하는가에 대해 생각해보는 유용한 시작점을 제공한다. 심리학자 오벌 모러Orval Mowrer의 이중 요인 이론two-factor theory에 따르면 비합리적인 불안감이 계속되는 이유는 그 감정을 피하려고 애쓰기 때문이다.[22] 흔히 우리가 인지된 위협에 직면했을 때 자연스러운 반응은 그 상황을 무효화하는 방법을 찾는 것이다. 발표하는 일에 불안을 느끼는 사람은 직장에서 어떻게든 프레젠테이션을 피하려고 할 것이다. 방정식만 생각하면 속이 울렁거리는 학생은 수학 과목을 수강하지 않으려고 할 것이다. 불안이 심하고 내성적인 사람은 되도록 집에만 있으려고 한다.

그러나 두려움을 피하려고 할수록 두 가지 부작용이 발생하고, 결과적으로 불안감을 없애기가 더 어려워진다. 첫 번째 부작용은 잠재적인 위험 자극을 피하려고 하면 상상 속 위협과 현실에 관한 새로운 정보를 얻을 수 없다. 피드백을 피하면 두려움을 주는 자극과 실제 위협 사이에 조건화된 연관성이 제거되지 않는다. 즉 우리가 느끼는 두려움이 실제 현실 상황이 아니라는 증거를 직시하지 못하므로, 마치 호박에 갇힌 곤충처럼 공포는 보존된다. 두 번째 부작용은 회피에 자기강화적 속성이 있다는 것이다. 당신을 불안하게 만드는 상황(시험, 발표, 면접)을 상상해 보자. 그 일이 걱정스러워서 당신은 인지된 위협을 줄이기 위한 행동(수업 미참석, 대리 발표자 섭외, 면접 포기)을 한다. 이로써 불안감이 사라지고 안도감을 느낀다. 이때 안도감은 심리적 보상으로 작용해 미래의 회피 행동을 더욱 강화한다. 이런 유형의 조건화를 '부정적 강화'negative reinforcement라고 한다. 중추신경계에 긍정적인 신호로 작용하는 잠재적인 고통을 제거하기 때문이다. 회피는 불안을 영속시킨다.

회피에는 탈출의 방식만 있는 것이 아니다. 두려운 결과를 피하기 위해 특정 행동을 반복적으로 취하는 것이 주된 증상인 강박 장애도 있다. 손이 더러워졌을 때 깨끗이 씻는 것은 당연히 좋은 일이지만 15분마다 씻는 것은 과하다. 이 경우 의식화된 손 씻기가 회피 행동이 된다. 깨끗하지 않은 상태에 불안을 느끼고 곧바로 손을 여러 번 씻으면 인지된 위협이 가라앉는다. 손 씻기 행동은 시간이 지날수록 강화되고, 그것이 불필요한 행위라는 사실을 알려주는 피드백을 받지 못하게 만든다. 물론 모든 회피 행동이 도움이 되지 않는 것은 아니다. 중요한 시험에 불안감을 느끼고 공부를 더 열심히 하는 방식으로 반응하는 경우에도 똑같은 원리가 작용한다. 고소공포증에 시달리는 일이 없도록 절벽 끄트머리에 가까이 서는 일이 없게끔 신경 쓰는 것은 지극히 합리적인 행동일 것이다. 이처럼 불안과 회피는 인간이 설계상 가진 결함이 아니라 매우 유용한 기능이다. 회피 행동은 우리 삶을 방해할 때 문제가 될 뿐이다. 위험을 근본적으로 없애지 못하는 방법을 선택한다거나 예방 조치를 취하는 데 드는 비용이 실제 위험 수준보다 터무니없이 클 때, 불안은 적응적이라기보다는 파괴적인 반응이다.

노출은 소거extinction와 습관화habituation를 통해 불안을 줄여준다. 우선 소거는 동물 학습 연구에서 나온 용어다. 개에게 음식을 주기 전에 매번 종을 울리면 개는 종소리만 들어도 침을 흘린다. 하지만 이후 음식이 없는 상태에서 종만 울리는 일이 반복되면 학습된 반응은 결국 소거된다. 마찬가지로 공포 조건화 이론에 따르면 우리의 불안은 신호와 위험 사이의 연관성에 대한 학습이다. 위험을 겪지 않는 상태에서 신호에 노출되면 기대치를 수정하고, 결과적으로 기존의 학습된 공포가 억제된다. 노출의 두 번째 메커니즘은 습관화를 이용하는 것이다. 습관화는 자연스럽게 특정 반응을 일으키는 어떤 자극을 더 많이 경험할수록 그 영향이 줄어드는 것을 말한다. 갑자기 매우 큰 소리를 들었을 때 본능적으로 펄쩍 뛸 만큼 놀랄 수 있지만 그 소리를 반복해서 들으면 놀라는 강도가 약해진다. 소거와 습관화의 차이를 이해하려면 스탠드업 코미디에 대한 두려움을 극복하기 위해 누구나 발언하거나 노래를 부를 수 있는 오픈마이크 무대에 올라가는 상황을 상상해 보자. 막상 무대에 올랐을 때 생각보다 전혀 창피하지 않다는 걸 깨닫는다면 그것이 바로 소거다. 무대에서 내려와 사람들에게 야유를 받는 일을 많이 겪어 실제로 스탠드업 코미디를 할 때 야유가 쏟아져도 아무렇지 않게 된다면 이를 가리켜 습관화라고 부른다.

실제 위험이 없이 공포에 노출될 때 안전을 학습할 수 있다. 안전을 학습하는 일은 기존의 공포 조건화가 없어지면 가능하다는 가정에 혹할지도 모른다. 이처럼 중립적인 자극에 대한 두려움을 학습하는 것은 기존의 연상 요소를 점차 잊으면서 두려움을 없애는 공포의 조건화 과정처럼 보일 수 있다. 하지만 유감스럽게도 이는 사실이 아니다. 안전을 학습하는 일은 기존의 공포 반응을 억제하는 신경 회로를 이용해 새로운 기억을 구축하는 과정으로 보인다. 이러한 이중 기억 관점의 증거는 노출의 방식이 실제로 두려움을 줄여주지만 후천적인 공포가 학습된 안전보다 더 일반적이고 지속적이라는 사실을 보여주는 연구에서 나온다.[23] 결과적으로 소거된 두려움은 다시 생길 수 있다.[24] 그 결과 소거된 두려움은 노출되는 간격이 너무 벌어지면서 새로운 맥락에서 두려움을 마주하게 됐을 때 혹은 기존의 공포와는 무관한 일반적인 스트레스 요인 때문에 나타난다. 이 이론과 마찬가지로, 버넌은 전쟁 전에 느낀 공습에 대한 두려움이 마치 불안에 대한 예방 접촉의 효과가 사라진 것처럼 폭격에서 오랜 시간이 지난 후에 돌아올 수도 있다는 사실을 발견했다.[25] 노출은 매우 다양한 맥락에서 주어지고, 주기적으로 변화를 주면서 이뤄지면 더 효과적이다. 일부 연구에 따르면 이따금 강화(노출 중에 두려운 결과가 실제로 발생하는 경우)가 위험이 전혀 없는 노출보다 지속적인 효과가 크다.[26] 이는 안전에 대한 학습이 운이 좋지 않은 회피적인 경험으로 더 강력해지기 때문이다.

노출만으로 두려움을 극복할 수 있을까?

●

노출의 치료적 이점은 오래전부터 인정받았지만 완전한 이해가 이루어진 것은 아니었다. 철학자 존 로크는 〈교육에 관한 몇 가지 생각〉Some Thoughts Concerning Education이라는 논문에서 동물 공포증을 다루는 해결책으로 점차 접촉을 늘리는 방식을 내놓았다.[27] 마찬가지로 괴테는 어린 시절의 고소공포증을 교회의 창문 아래 선반에 서 있는 방법으로 극복했다.[28] 그 후 그는 두려움 없이 등산을 즐기고, 높은 건물에 올라갈 수 있게 되었다. 하지만 노출이 불안의 임상 치료법으로 자리 잡은 것은 1950년대에 심리학자 조지프 월프Joseph Wolpe가 체계적 둔감법systematic desensitization을 소개하면서부터다.[29]

월프는 우선 환자들이 두려움의 위계를 만들도록 도왔다. 두려움의 위계는 작은 불편함을 느끼게 하는 상황부터 점점 강도가 커져서 극도의 두려움을 일으키는 상황까지 순서대로 나열한 목록이다. 이완 기법과 함께 목록에 적은 상황들을 점진적으로 경험하면서 환자들이 느끼는 두려움이 줄어들었다. 월프의 이론은 이완과 불안이 서로를 억제하므로, 환자가 스트레스를 받는 자극에 직면하는 동안 호흡 기법을 이용해 이완하면 스트레스의 연관성을 상쇄할 수 있다는 것이다. 이 상호억제 이론은 유용성에도 불구하고 실질적인 결과가 입증되지 않았다. 후속 연구에서 이완이 잠재적으로 도움이 될 수 있지만, 필요한 효과를 가져오지 못할 수도 있다는 사실이 밝혀졌다.[30] 스트레스 강도가 전반적으로 높더라도 노출은 여전히 효과가 있었다.

월프가 체계적 둔감법을 고안했을 무렵에 홍수법flooding과 내폭요법implosive therapy이 두려움을 치료하는 과정에서 노출 효과를 이용하기 시작했다.[31] 홍수법은 노출량을 점차 늘리는 것이 아니라 처음부터 환자가 가장 두려워하는 상황을 제시하여 회피하지 못하게 한다. 예를 들어 개 공포증을 가진 사람을 짖는 개가 있는 방에 가둬 놓고 두려움이 가라앉을 때까지 나가지 못하게 하는 것이다. 내폭요법도 비슷하지만 실제 노출이 아니라 치료사가 안내하는 매우 생생한 가상의 시나리오로 작업이 진행된다. 두 이론은 모두 공포를 무찌르기 위해서는 공포를 완전히 활성화해야 하고, 가벼운 형태의 노출로는 온전한 치료 효과를 얻지 못할 수 있다고 가정한다. 역시나 정밀하게 연구한 결과, 이 치료법들에서 노출의 일반적인 가치는 증명되었지만 극도의 공포 자극은 꼭 필요하지 않은 것으로 밝혀졌다. 결과적으로 노출은 그 효과를 인정받았고, 한 번에 심한 수준의 공포에 뛰어들어야 하는가, 아니면 서서히 접해야 하는가에 대한 논쟁은 중요하지 않게 되었다.[32]

심리학 분야에서 인지적 접근법이 행동주의를 추월하게 되면서 생각과 신념을 조사하는 데 기초한 치료법들이 순수 행동 기법들을 능가했다. 인지 치료법은 자극과 반응의 언어를 사용해 환자의 행동만이 아니라 환자의 생각에 담긴 내용을 강조했다. 예를 들어 사회적 공포증이 있는 사람이 느끼는 파티에 대한 혐오는 단순히 습관적인 회피가 아니다. 사회적 거부를 경험할 가능성이 높다는 믿음처럼 왜곡된 세계관에 좌우된다. 이론적 토대와 상식적인 호소에도 노출 효과를 넘어서는 인지 치료법의 추가적 효능에 대한 증거는 약하기 일쑤였다. 보통 노출과 대화 치료가 모두 포함된 인지 행동 치료법은 노출 효과에만 근거한 치료법보다 효과가 뛰어나지는 않다.[33] 최근에는 마음챙김에 근거한 접근법이 불안 치료법으로 인기를 얻었지만 단순한 노출 방식보다 더 효과적인지는 아직 밝혀지지 않았다.[34]

노출 없이 신념을 바꾸거나 이완을 유도하거나 사고 유형을 바꾸고자 하는 치료들이 놀라울 정도로 효과가 없는 이유는 위협을 처리하는 신경 회로가 의식적으로 접근할 수 있는 기억과 신념을 처리하는 신경 회로와 다르기 때문이다. 이에 대해 신경과학자 조지프 르두Joseph LeDoux 는 이렇게 설명했다. "대화 치료법은 두려움의 근원 또는 영향에 대한 기억과 생각을 의식적으로 인출할 필요가 있으므로 외측 전전두엽 피질의 작업기억 회로에 의존한다. 반면 노출과 관련된 치료법들은 노출을 모델링하는 과정인 소거에 기여하는 내측 전전두엽에 의존한다."[35] 덧붙여 그는 "내측 전전두엽이 편도체와 연결되어 있다는 사실은 두려움과 공포증, 불안을 노출에 근거한 방법으로 치료하는 것이 더 쉽고 빠른 이유를 설명한다."라고 말했다. 다시 말해서 불안은 뇌의 다른 부분에 있는 신경 회로에서 처리되므로 신념을 해부하는 방법은 그다지 도움되지 않는다. 르두에 따르면, 비록 이러한 신경해부학적 구조의 차이가 있지만, 치료적인 맥락에서 행해진 노출과 동물을 대상으로 이루어진 소거 연구의 관계는 매우 복잡하다. 일반적으로 누군가를 그 사람이 두려워하는 상황에 노출시키려면 대화가 필요하다. 노출 효과에서 의식적으로 접근 가능한 믿음과 기대가 가장 중요하다고 말할 수 있지만 믿음과 기대를 바꾸는 최선의 방법은 그에 대한 논의가 아니라 직접적인 경험이다.[36] 의식적으로 머릿속 신념을 조정하는 것은 노출의 치료적 이점을 지속하고, 재발을 방지하는 데 유용할 수 있다. 하지만 연구자들은 무의식적인 신경 회로가 두려움을 이끈다는 견해와 일치하는 결과를 발견했다. 두려움의 자극을 의식적으로 인식할 수 없도록 가리는 식역하 노출subliminal exposure이 회피 행동을 줄여준다는 것이다.[37] 즉 불안에 대해 이야기하는 것만으로는 그 감정을 극복할 수 없다.

　노출 요법에 대한 일관된 개선책을 찾는 데 어려움은 있지만 기본 프로토콜은 여전히 놀라울 정도로 효과적이다. 노출 요법이 특정 공포증을 치료하는 데 사용된 사례에 대한 메타분석 연구에 따르면 위약이나 무치료 조건에 비해 효과가 큰 것으로 나타났다.[38] 노출 요법이 포함된 치료법들이 다른 치료법들보다 효과적이라는 사실도 함께 발견되었다. 또 다른 메타연구에서도 사회불안장애,[39] 범불안장애,[40] 공황,[41] 강박증에[42] 관해 비슷한 결론을 내놓았으며, 그 효과 크기가 약리학적 개입과 거의 동일했다. 노출은 외상 후 스트레스 장애 치료에도 성공적으로 사용되었다.[43] 노출이 외상을 더 악화시킨다는 고정관념이 널리 퍼져 있는 것을 생각하면 주목할 만한 사실이다. 노출이 개입된 치료 과정에서 환자들이 이탈할 가능성은 더 높지 않았으며 오히려 믿을 만하고 효과적인 방법이라고 생각하는 환자들이 많았다.[44]

　이처럼 노출 요법의 효과를 보여주는 실험적 증거가 매우 많지만, 조너선 어브래머위츠Jonathan Abramowitz, 브렛 디콘Brett Deacon, 스티븐 화이트사이드Stephen Whiteside에 따르면 불안장애 환자들의 대다수는 증거에 기반을 둔 심리 치료를 받지 못하고 있으며, 실제로 정신역동적 치료법이 인지 행동 치료법만큼 많이 행해진다고 한다'.[45] 노출 요법은 비록 널리 사용되지 않지만 분명 효과가 있다.

두려움을 없애야 학습이 쉬워진다

•

두려움은 학습 과정에 이중 타격을 준다. 첫째, 불안에 대한 자연스러운 충동 반응이 회피이므로 기술을 연습할 기회가 쉽게 만들어지지 않는다. 운전이나 발표, 수학을 두려워하는 사람들은 그 기술을 사용하는 상황을 피하려고 한다. 하지만 기술을 충분히 연습하지 못하면 능수능란해질 수 없고 학습하기에 더 어려워질 수밖에 없다. 이로써 회피 반응이 더 심해지는 악순환으로 이어진다. 더 좋지 않은 점은 불안이 문제에 대해 생각하는 공간을 저 멀리 밀어낸다는 것이다. 따라서 복잡한 기술은 불안한 상태일수록 배우기가 더 어렵다. 걱정으로 주의가 산만해지고 제한된 작업기억 용량이 다 채워지기 때문이다.

불안감을 극복하는 것은 쉽지 않지만, 적어도 노출 요법은 탈출 경로를 제공한다. 위험이 비교적 약한 상황에서 자신을 걱정에 노출시킨다면 결국 두려움이 줄어들 것이다. 두려움이 줄어들면 연습도 쉬워진다. 연습은 수행 능력을 끌어올리고, 필요한 노력을 줄여주고, 기술을 사용할 수 있는, 합리적이고 타당한 상황의 범위를 확장해 준다. 이전에 불안과 회피를 이끄는 자기강화적 유형들이 늘어난 자신감과 열정으로 대체된다.

물론 두려움을 회피하려는 유형에서 기꺼이 맞서려는 적극적인 사고 방식으로 바꾸는 것은 쉽지 않다. 노출 과정은 생각하는 것만으로 부담스럽게 느껴지지만 그 이론적 근거를 수용하고 이해한다면 한번 시도해보려고 마음먹을 수 있다. 공포에 완전히 사로잡혔을 때는 공포가 지극히 객관적으로 느껴진다. 사람들 앞에서 말하는 것은 모호한 상황에 주관적으로 반응하는 것보다 두려운 일이다. 그런 두려움에 사로잡히면 단순히 무대에 오르는 일을 여러 번 해볼수록 결국 쉽고 자연스러운 일이 된다는 생각 자체를 하기가 힘들다.

노출의 논리를 이해한다고 해서 용기가 필요 없어지는 것은 아니다. 앞서 말했듯 일반적으로 두려움은 그 요인에 대해 이야기한다고 사라지지 않는다. 하지만 전쟁의 폭격 같은 객관적으로 무서운 상황에서도 반복적인 노출을 통해 두려움을 느끼는 심리적 문제가 정상화될 수 있다는 사실을 생각해 본다면, 그보다 훨씬 약한 두려움을 마주할 용기가 생길지도 모른다.

두려움을 극복하는 4가지 전략

용기는 그저 전쟁에서 살아남은 생존자들의 영역이 아니다. 삶은 우리에게 무수히 많은 일상적인 두려움과 불안을 준다. 우리는 이에 어떻게 반응할 것인지 스스로 선택할 수 있다. 우리가 느끼는 두려움이 과연 실제인가를 시험해보든 그냥 외면하고 영원히 어둠 속에 내버려두든 말이다. 어쨌든 두려움을 극복하기 위해서는 피드백이 필요하다. 이는 머릿속 걱정이 과장되었다는 이론적인 이해뿐 아니라 직접적인 경험에서 얻는 본능적인 피드백도 필요하다.

두려움을 시험하기 위해 노출을 활용하는 네 가지 전략을 살펴보자.

전략① 두려움 목록을 만들어라

환자들에게 두려움의 위계를 만들게 한 월프의 방법은 오늘날까지도 불안의 인지 행동 치료에 사용되고 있다. 홍수법과 점진적 노출 중에서 어느 쪽이 더 나은가에 대한 논쟁은 이제 이론적으로 무의미해졌지만 실용적인 이유에서 단계적 방법을 선호하기도 한다. 그중 한 가지 이유는 간단하다. 두려움이 너무 강하면 노출 경험 자체가 불가능할 수 있기 때문이다. 옆에서 밀어붙이는 치료사의 권위적인 목소리 없이 스스로 노출 요법을 사용할 때는 특히 그럴 것이다.

어브래머위츠는 두려움의 상황적·인지적·생리학적 측면을 가능한 한 밀접하게 반영할 필요가 있다고 강조한다.[46] "두려움의 위계 목록을 환자의 실제 두려움과 최대한 가깝게 일치시켜야 하는 중요성은 아무리 강조해도 지나치지 않다. 말하자면 개를 무서워하는 사람은 반드시 그가 무서워하는 견종을 마주해야 한다. 병원의 세균을 두려워하는 사람은 반드시 병원에서 그 두려움을 마주해야 한다. 조명을 끄지 않아서 불이 날까 봐 두려워하는 사람은 집에 조명을 최대한 많이 켜둔 채로 나가야 한다." 이렇게 노출의 상황적 측면을 실제와 가깝게 일치시키면 그 사람이 두려움을 느끼는 시나리오를 정확히 알 수 있다. 표면적으로 비슷할 뿐 두려움을 발생시키지 않는 상황에 노출되는 것은 효과가 없다.

두려움의 위계를 만드는 것은 애초에 두려움을 자극하는 요인이 과연 합리적인지 질문을 제기하는 첫 단계가 될 수 있다. 아무리 끔찍한 악몽도 소리 내어 말하면 우스꽝스럽게 느껴질 수 있는 것처럼, 무엇이 두려운지, 무슨 일이 일어날 것이라고 생각하는지를 글로 적어보면 막상 현실적으로 느껴지지 않을 수 있다는 의미다. 앞서 말한 것처럼 믿음을 바꾸는 일만으로는 무의식적인 위협 감지 신경 회로를 이기기가 어려울 수 있지만, 노출을 독려해줄 수는 있다. 노출이 개입되지 않은 인지적 요법이 그리 효과적이지 않은 이유는 위협에 대한 믿음이 타당하다고 합리화한 후에 자체적인 노출이 이뤄지기 때문일 수도 있다.

전략② 괜찮아질 거라고 말하지 말라

걱정이 생기면 누구나 당연히 안심을 구하려고 한다. 하지만 이러한 행위에는 회피 행동과 똑같은 문제가 있을 수 있다. 이 점에 대해 어브래머위츠는 이렇게 설명한다. "노출 치료의 목적은 환자가 절대적으로 안전하거나 두려워하는 상황이 절대로 생기지 않을 거라고 그를 설득하거나 보장하는 것이 아님을 알아야 한다. (…) 치료사는 어떠한 상황에서도 '다 잘될 겁니다'라고 환자를 안심시켜서는 안 된다."[47, 48] 환자가 치료사가 옆에 있는 한 안전하다는 것을 알면 역설적이게도 치료사의 존재가 노출의 효과를 떨어뜨릴 수 있다.[49]

두려움의 목록을 만드는 일이 유용한 것처럼, 일반적인 회피 행동의 목록을 만드는 것도 도움이 된다. 여기에는 사회적 불안증 때문에 회의에서 발표하지 않는 것 같은 실질적인 회피 행동뿐 아니라 안전감을 느끼게 해주는 장치가 모두 포함될 수 있다. 땀을 너무 많이 흘려서 망신 당할까 봐 두려운 사람은 강력한 땀 억제제를 강박적으로 사용할 것이다. 이 행동은 불안감을 줄이는 데 효과가 있지만 실용적이지 않는데도 그 행동에 의존하게 될 수 있다. 땀 흘리는 모습을 보이면 다른 사람들에게 비판받을 것이라는 믿음이 잘못되었다는 것을 증명하려면 최대한 땀을 흘릴 생각으로 파티에 가는 방법이 더 효과적이다.

궁극적으로 노출은 두려움에 대한 기대를 시험하는 것이다. 잠재적인 위협을 무력화하는 방법을 찾아 실험이 훼손되면 그런 일은 일어나지 않는다. 사람들 앞에서 말하는 게 두려운 사람은 무대에서 당황할 수도 있다. 노출의 목적은 굴욕감을 느낄 일이 절대로 없음을 증명하는 것이 아니라 실제로 일어날 가능성이 적으며, 그런 일이 일어나더라도 생각보다 잘 대처할 수 있음을 깨닫는 것이다. 두려움을 시험하려면 너무 무모하게 맞선다거나 모든 위험을 제거하려고 헛되게 애쓰는 극단적인 방법을 택하지 말고, 허용 가능한 위험에 뛰어들어야 한다.

전략③ 여러 사람과 함께 마주하라

용기는 개인보다 공동체에서 더 발현되기 쉽다. 심리학자 스탠리 래크먼은 이렇게 말했다. "작고 응집력 있는 집단에 소속되는 것은 두려움 억제에 중요한 역할을 한다."[50] 그리고 그는 덧붙여 설명했다. "대부분의 사람은 혼자일 때 더 쉽게 공포를 느낀다." 제2차 세계대전 당시 런던에서 대공습이 벌어졌을 때 소방관과 구조대원, 간호사들이 심리적으로 끔찍한 영향을 받지 않을 수 있었던 것은 그들이 가진 사회적 목적의식 덕분이었다. 버넌은 혼자 사는 사람일수록 끊임없는 폭격 사태에 끔찍한 영향을 받았다고 주장했다.[51] 사람들이 재난 속에서도 놀라운 회복력을 보여줄 수 있었던 것은 두려움에 혼자 맞서지 않은 덕분일지도 모른다.

대중 연설에 대한 두려움은 프레젠테이션 능력을 위한 수사적 기술을 향상하는 것보다 더 중요한 문제일 것이다. 하지만 연습 기회를 얻기는 쉽지 않다. 무대 공포증은 제한적이고 빈번하지 않은 노출만으로는 줄어들지 않는다. 스피치 모임인 '토스트마스터스'Toastmasters 같은 단체가 도움이 될 수 있다. 대중 연설에 노출될 기회를 충분히 제공할 뿐 아니라 서로 지지하고 공동체적인 분위기 속에서 과제가 이루어지기 때문이다. 수학 스터디 모임이나 언어를 연습하는 회화 모임도 도움이 된다. 즉 불안을 일으키는 상황에 다른 사람들과 함께 있으면서 노출을 경험하는 것이다.

전략④ 용기와 두려움을 구분하라

용기는 두려움 없이 행동하는 것이 아니다. 래크먼은 "두려움은 하나의 덩어리가 아니다."라고 말한다.[52] 그에 따르면 두려움은 적어도 세 가지 서로 다른 요소 간의 상호 작용이다. 각성의 생리적 요소(빠른 심박수나 손바닥의 식은땀), 믿음과 감정의 주관적 요소, 회피와 안전 추구의 행동적 요소가 그것이다. 일반적으로 이 세 가지 시스템은 한 방향을 가리키지만 동일한 것은 아니다. 사람들은 생리적 및 주관적 두려움이 꽤 심한 상태일 때도 자신이 할 일을 해내는 경우가 많다. 용기는 두려움 없는 행동이 아니라 두려움을 무릅쓰는 행동이다. 노출 자체가 여러 가지 두려움을 광범위하게 일반화할 가능성은 낮다. 앞서 살펴본 것처럼 안전의 학습은 두려움의 학습보다 더 구체적인 경향이 있다. 따라서 노출은 다양한 맥락으로 제공되어야 하고, 자주 변화를 주면서 지속해야 한다. 하지만 용기는 삶에 대한 태도와 철학이라는 말이 더 적절할 수도 있다. 래크먼은 "사람들이 두려움의 대상이나 상황을 마주할 때 실제로 얼마나 큰 두려움을 느낄지 과대평가하는 경향이 강하다."라고 지적한다.[53] 그는 다양한 연구를 검토한 결과, 실제로 사람들이 사건에 대한 두려움의 반응을 과도하게 예측하고, 침착함을 유지하는 능력은 과소평가하는 경향이 있음을 발견했다. 궁극적으로 우리는 두려움을 마주하면서 위험뿐만 아니라 자신에 대한 현실적인 정보를 얻는다.

무엇이든 더 잘하는 법

●

보기, 연습하기, 피드백 받기는 무엇이든 더 잘하는 법의 핵심이다. 하지만 학습은 단순한 지적 과정 그 이상이다. 두려움에서 열정에 이르는 감정 또한 어떤 능력을 향상시킬지 결정하는 데 큰 역할을 한다. 이어지는 글에서는 지금까지 살펴본 다양한 관점을 종합하고, 개선의 길을 개척하는 몇 가지 실용적인 지혜로 마무리한다.

나오며

우리는 더 잘하는
사람이 될 수 있다

세 시간 동안 도끼로 큰 나무를 베어야 하는 나무꾼에 관한 옛날이야기가 있다. 나무꾼은 나무를 잘 베기 위해 두 시간 반을 도끼를 날카롭게 가는 데 썼다. 마찬가지로 우리는 무언가를 더 잘하기 위해 수많은 시간을 보낸다. 더 나은 부모, 전문직 종사자, 예술가, 운동선수가 되려고 말이다. 모든 일은 나무를 베는 것과 다름없지만, 우리는 도끼를 가는 데 너무 적은 시간을 쓴다.

나는 구체적인 독자를 염두에 두고 이 책을 썼다. 학습이 어떤 원리로 이뤄지는가에 관심 있는 사람들 말이다. 당신은 무언가를 더 잘하고 싶은 사람일 것이다. 시험에서 가장 좋은 성적을 받거나, 몸담은 분야에서 뛰어난 전문가가 되거나, 스포츠나 취미에 자신감을 느끼기를 원하거나, 혹은 다른 사람들이 더 잘할 수 있도록 돕는 일이 당신의 관심

사일지도 모른다. 주변의 누군가가 중요한 능력을 습득하도록 도와주고 싶은 코치, 선생님, 고용주, 부모일 수도 있다. 작가로서 독자에 대해 성급한 일반화를 하는 것은 전문가답지 못한 일이지만, 여기까지 이 책을 읽어온 사람이라면 분명 도끼를 날카롭게 갈고 싶은 사람일 것이라고 확신한다.

이 책에서 나는 학습의 원리에 대한 이야기와 연구 결과를 나누었다. 우리는 예제의 중요성, 즉 문제 해결의 시도가 다른 사람들의 지식을 토대로 한다는 사실을 살펴보았다. 또 마음의 병목 현상이 숙달의 길을 제약한다는 것도 알게 되었고, 성공의 경험을 기본적인 토대로 하여 기술을 쌓는 것이 중요하다는 사실을 배웠으며, 초보 시절을 잊기 쉬운 전문가들에게서 지식을 뽑아내는 방법도 들여다봤다.

또한 연습의 힘에 대해서도 파고들었다. 점점 더 어려운 과제를 시도할 필요가 있다는 것, 연습의 난이도를 조정해야 한다는 것, 정신이 근육이 아닌 이유, 개선을 위한 노력에는 정확성도 중요하다는 것, 기술의 유연성을 위해 가변성이 꼭 필요하다는 것, 창의성과 전반적인 생산성이 매우 밀접한 상관관계가 있는 이유를 다루었다.

마지막으로 피드백의 중요한 역할을 살펴보았다. 전문가가 불확실성의 환경에서 과신하는 이유, 물리적·사회적 환경이 통달해야 하는 기술에 영향을 끼치는 이유, 안전지대를 벗어나 새로운 것을 배울 때 두려움과 불안을 극복할 수 있다는 사실을 이야기했다. 모든 장에서 연구로 뒷받침되는 가장 대표적인 이론과 관점들을 소개하고, 실용적인 전략을 제안했다. 학습의 과학은 다양하고 논쟁의 여지도 있다. 분명 이 책의 결론에 동의하지 않는 사람들도 있겠지만 미주와 참고문헌에 소개된 자료들이 학습에 진심인 독자들에게 스스로 좋은 아이디어를 찾는 시작점이 되어주기를 바란다.

이 책을 마무리 짓기 전에 연구 근거에서 한 발짝 물러나 모든 다양한 관점들을 합쳐서 일반적인 조언을 제공하려고 한다. 무엇보다 학습자인 당신에게 초점을 맞출 것이다. 어떻게 하면 당신이 관심 있는 일을 더 잘할 수 있을까? 또한 어떻게 하면 학습에 도움이 필요한 이들에게 더 좋은 선생님, 코치, 멘토가 될 수 있는가에 대해서는 연구 결과에서 통찰을 얻는다.

더 잘하기 위해 던져야 할 3가지 질문

●

경제학자이자 작가 타일러 코언Tyler Cowen은 사람들에게 다음의 질문을 자주 한다. "당신은 피아니스트가 음계를 연습하는 것처럼 연습을 하는가?"[1] 그는 이 질문에 '네'라고 답할 수 없으면 능력 향상에 그리 진심이 아닌 것이라고 말한다. 세상은 빠르게 변하고 있다. 어떤 직업을 평생 유지해 온 기술이 첨단 기술로 자동화되어 곧 쓸모없어질 수 있다. 이제 "사람은 평생 배워야 한다."라는 말은 단순히 독려하는 말이 아니라 필수적인 사실이 되었다. 이처럼 학습이 중요한 만큼 당신이 더 잘하고 싶은 일에 대해 다음의 세 가지 질문을 던져보아야 한다.

질문 1. 보고 배우는 법을 어떻게 개선할 수 있을까?

앞서 살펴본 것처럼 복잡한 기술을 배울 때 예제는 중요한 역할을 한다. 다른 사람에게 배우는 능력은 인간이 다른 종과 구분되는 중요한 특징이다. 우리는 앞장서서 탐구해 온 사람들이 힘들게 얻어낸 문제 해결 방법을 통해 더 멀리까지 내다볼 수 있다. 학습 자료를 찾을 때는 다음의 사항을 꼭 고려하자.

1. 문제 해결에 필요한 모든 단계가 포함된 예를 찾는다. 기술을 수행하는 신체적 행동은 관찰하기가 쉽지만 정신적 행동은 눈에 보이지 않는다. 실제로 전문가에게 배울 때 위험한 점은 그들의 입장에서는 기술을 숙달한 상태이므로 중간 단계를 생략하는 경향이 있다는 것이다. 좋은 해결된 예제는 문제 해결 단계를 세분화하여 학습자가 모든 할 일을 충분히 이해할 수 있도록 돕는다.

2. 예제를 이해할 수 있을 정도로 배경지식을 충분히 배운다. 이해는 전부 혹은 전무로 구분되는 영역이므로 각자의 판단력을 사용해야 한다. 예제에 설명이 너무 적으면 지식의 일반성이 없고 문제의 답을 그냥 암기하는 것에 불과하다. 반면 설명이 너무 과하면 끝없는 토끼굴에 떨어지게 된다.

3. 다양한 예제를 접해서 문제 해결 패턴을 일반화한다. 구체적인 사례를 보고 추상적인 개념과 유사성을 찾는 능력은 유연한 사고에 매우 중요하다. 하지만 어떤 분야든 초보자들은 문제를 볼 때 깊은 원칙보다 피상적인 특징으로 인식하는 경향이 있다.[2] 넓은 범위의 가변성을 보여주는 다수의 예제가 있으면 그 공통점을 더 쉽게 뽑아낼 수 있다. 비

숫해 보이지만 미묘한 이유에서 같은 예제라고 할 수 없는 반례를 제시하는 것도 과도한 일반화를 막아준다.

예제를 찾을 때 가장 먼저 시선이 향해야 할 곳은 당연히 구성이 잘된 강의다. 배경지식을 이용할 수 있도록 예제가 순서화되어 있는 데다 전문가가 기술을 수행할 때 이루어지는 정신적 과정도 확인할 수 있다. 제3장에서 살펴본 것처럼 초기에 성공적인 토대에서 학습을 시작하는 것이 숙달과 동기부여의 결과를 좌우한다. 오프라인 수업이나 대규모 온라인 공개 강의, 교재 그리고 유튜브 동영상도 많은 기술을 익히기에 좋은 출발점이다. 형편이 된다면 일대일 학습이 매우 효과적이다. 특히 시중에서 학습 자료를 구할 수 없는 분야라면 더욱 그렇다.

어떤 분야든 경험이 쌓이고 수준이 올라갈수록 해결된 예제를 많이 보여주는 수업이 줄어든다. 이는 부분적으로 경제학의 문제다. 어떤 기술 영역이든 초보자가 대다수를 차지하므로 학습 시장 역시 초보자들에게 맞춰져 있다. 또한 수준이 올라가면 지식은 세분화하고 전문화된다. 따라서 당신의 기술이 발전할수록 중요한 모든 부분을 확실하게 다루기가 어려워진다. 그렇다고 상급 수준으로 올라갈수록 예제를 통해 배우는 것이 무의미하다는 뜻은 아니다. 제1장에서 소개한 앤드루 와일스는 페르마의 마지막 정리를 증명하는 데 필요한 수학 분야에서 박사 학위를 가졌는데도 2년 동안 닥치는 대로 읽으면서 문제 해결에 돌입할 준비를 했다. 강의에 깔끔하게 제시된 예제들을 넘어 앞으로 나아가려면 비공식적인 자원에 좀 더 의존할 필요가 있다.

입문 단계에서 다루는 지식을 넘어서 계속 발전하려면 당신이 통달하려는 기술 분야의 공동체에 합류해야만 한다. 특히 전문 기술인 경우에는 작업 환경에 접근하지 않으면 좋은 예제를 마주하기 어려우므로 더욱더 필수적이다. 과학이나 기술처럼 첨단 지식에 의존하는 분야에 새로운 업적을 더하고 싶다면 그 분야의 미개척 영역에서 일하는 공동체에 꼭 접근할 수 있어야 한다. 새로운 지식을 창출하는 데 의존하지 않는 직업이라도 엄격한 기준과 다양한 문제가 있는 환경에 접근하면 실력을 키우는데 도움이 될 수 있다. 경영 컨설턴트는 여러 회사와 일하므로 한 회사에서 일하는 사람들보다 훨씬 더 넓은 범위의 문제를 마주한다. 한 연구에서는 경영 컨설턴트들이 전반적인 교육 수준이 비슷한데도 레스토랑 매니저들보다 레스토랑에 관한 비즈니스상의 문제에 답을 더 잘한다는 결과가 나왔다.[3] 이렇게 가속화된 학습 환경에 참여할 수 있는 경로를 만드는 것이 흔하지 않지만 중요한 첫 단계다.

하지만 전문가와 한 공간에 있는 것만으로는 충분하지 않다. 전문가의 지식을 뽑아내는 것은 꽤 까다로운 일이지만 인지적 과제 분석에서 도움을 얻을 수 있다. 전문가에게 문제를 해결하는 모습을 바로 앞에서 보여달라고 부탁하고, 수행 과정의 타임라인에 주의를 기울이며 그들의 이야기를 듣거나 단순히는 그들에게 특정 주제에 관해 박식한 사람이 누구인가를 물어본다. 이렇게 하면 전문가의 숨겨진 경험이 드러나기 시작한다.

질문 2. 더 효과적으로 연습하려면 어떻게 해야 할까?

고품질의 예제에 접근하는 것은 효과적인 학습의 첫 단계일 뿐이다. 무엇이든 통달하려면 많은 연습이 필요하다. 안타깝게도 어떤 연습이 가장 효과적인가를 판단할 때 직관은 그리 믿을 만한 것이 아니다. 학생들은 기억 인출, 분산법, 인터리빙 등 바람직한 난이도를 이용한 연습법이 효과적이지 않다고 생각하는 경향이 있지만, 실제로는 효과가 더 뛰어나다. 올바른 연습법을 명확하게 알기는 어렵지만 지금까지 다룬 원칙들을 활용하여 적절한 방법을 발견할 수 있다.

첫 번째로 고려할 것은 복잡성이다. 작업기억은 제한적이지만 어떤 과제에 대한 인지 부하는 이전의 경험과 큰 관련이 있다. 가장 효과적인 연습법이 학습 과정에서 계속 변한다는 뜻이다. 초기에는 지도와 반복 및 예제 연구가 문제 해결에 더 큰 도움이 된다. 하지만 경험이 쌓이면서 방법이 바뀌어야 하는데 이때 덜 구조화된 문제, 가변적 연습, 점점 높아지는 난이도가 더 도움이 된다. 이 복잡한 변동성에 대해 이렇게 생각해 볼 수 있다. 처음에는 머릿속에 지식을 넣는 것이 핵심 과제다. 이는 직접 문제를 해결하는 방법으로 습득할 수도 있지만 방대한 문제 해결 공간을 탐색해야 하고, 수단-목표 분석 때문에 인지 부하가 높아지므로 예제 연구가 더 효과적이다. 일단 지식이 머릿속에 쌓인 후에는 그 지식을 제때 꺼내는 문제가 중요해진다. 그래서 연습이 필요하다! 처음에 배운 유형이 모호한 상황에 언제 적용될 수 있는가를 파악하는 것이다. 머릿속에 올바른 지식을 넣지 못하거나 지식을 제때 꺼내지 못하는 함정에 빠지지 않기 위해서는 연습 주기를 만들어야 한다. 예제 보기, 연습하기, 피드백 받기를 합치면 전문가의 수행 방식을 이해하기 시작할 수 있다.

또 다른 고려 사항은 연습의 규모다. 연습 주기는 특정 구성 기술, 즉 단어 플래시 카드나 테니스 서브, 수학 퍼즐 같은 것에 집중되어야 할까? 아니면 완전한 대화, 테니스 게임, 수학의 실생활 응용처럼 더 넓은 영역으로 향해야 할까? 전자를 옹호하는 사람들은 인지 부하를 줄여주는 부분 과제 연습법에 초점을 맞춘다. 이 방법은 전체 과제의 수행에 고전하는 학습자들에게 도움이 된다.[4] 부분 과제만 반복적으로 연습하므로 더 쉬울 것이다. 농구 선수를 보면 경기할 때보다 연습할 때 레이업 슛을 더 많이 던질 수 있다. 반면 전체 과제 접근법을 옹호하는 사람들은 완전히 자동적으로 이루어질 때까지 일부 과제를 반복적으로 훈련한다고 꼭 전체 과제를 능숙하게 수행할 수 있는 것은 아니라고 주장한다.[5] 플래시 카드로 훈련할 때는 단어를 금방 알아보더라도 대화의 맥락에서 마주하면 인식 속도가 느릴 수 있다. 또한 전체 과제 연습법은 행동이 유익한 맥락에서 이해되므로 더 효과적일 수 있다.

예제를 보는 방법과 직접 문제를 해결하는 방법도 각각 장단점이 있는 것처럼 부분 반복 연습과 전체 연습 모두 중요할 것이다.[6] 부분 반복 연습은 복잡한 기술의 까다로운 부분을 원활하게 해결하고 어려운 상황을 처리할 수 있도록 인지 부하를 줄여준다. 하지만 부분적인 기술들이 잘 합쳐지고 제대로 이해될 수 있도록 전체 과제도 많이 연습할 필요가 있다. 기본적으로는 보기, 연습하기, 피드백 받기가 합쳐진 연습 주기를 실행한 상태에서 부분 반복 연습과 전체 연습을 두루 적용한다면 두 가지 방법의 장점을 모두 취할 수 있다.

마지막 고려 사항은 기술이 무엇인가를 현실적으로 생각해야 한다는 것이다. 정신은 근육이 아니므로 더 나은 문제 해결 능력이나 전략적 사고, 창의성처럼 추상적으로 표현되는 능력은 일반적으로 개선하거나 연습할 수 없는 부분이다. 대신 우리는 특정 유형의 문제를 해결하는,

더 강력한 방법들을 축적해 나가면서 더 나은 문제 해결자가 된다. 특정 상황에 적용되는 특정한 전략과 정신 작동 모델을 학습하면서 더 나은 전략적 사상가가 된다. 마찬가지로 유용한 지식을 쌓고, 익숙하지 않은 방법으로 탐험할 수 있는 안전한 환경이 주어졌을 때 우리는 더 창의적인 사람이 된다. 개선의 목표가 넓다고 잘못된 것은 아니다. 한 언어의 모든 측면에 완전히 유창해지는 것은 멋진 목표다. 하지만 그 목표는 수많은 단어와 어구를 외우고 발음, 읽기, 쓰기, 듣기의 기술을 따로 연습하는 것으로 이루어진다. 말하기, 프로그래밍, 투자, 글쓰기, 미술 능력을 향상하겠다는 원대한 야망도 여러 특정한 기술과 지식을 쌓고 통합하는 과정으로 이루어진다는 사실을 알아야 한다. 기억하라. 교향곡은 음을 연주해야만 가능하다.

질문 3. 질 좋은 피드백을 위해 무엇이 필요할까?

마지막으로 고품질의 현실적인 피드백을 꼭 얻어야 한다. 어떤 피드백은 사후에 제시되는 예시에 불과하다. 수학 시험에서 틀린 문제에 대해 교사가 해결된 예제를 설명하며 올바른 해결 방법을 보여준다. 이런 종류의 피드백은 매우 유용하다. 예제를 접할 수 있을 뿐 아니라 최근에 틀린 문제이므로 좀 더 주의를 기울여서 연구할 가능성이 높기 때문이다. 이런 피드백은 정답이 하나뿐이고, 자신이 적용한 방법과 정답 해설을 비교하기 쉬울 때 특히 효과적이다.

그러나 대부분의 분야에서는 그렇지 않다. 에세이를 쓰거나 건물을 설계하거나 리더로 팀을 이끌거나 연설을 할 때는 매우 다양한 방법이 있다(방법 간에 우위가 있을지라도 말이다). 이런 경우에는 교정적 피드백이 매우 유용하다. 지식이 풍부한 선생님이나 멘토, 코치는 당신이 사용한 접근법을 정답과 비교만 하는 것이 아니라 고쳐줄 수도 있다. 피드백은 당연히 매우 값진 정보이지만, 다른 사람들에게 피드백을 받을 때 항상 긍정적일 수 없는 사회적·동기적 결과가 따르기도 한다. 특히 교정적 피드백은 평가적 판단과 합쳐지는 경우가 많다. 에세이로 받는 평가적 판단은 글을 좀 더 잘 쓰게 해주는 부드러운 개입일 수도 있지만 유급이나 졸업 여부를 결정하는 점수로 표현될 수도 있다. 또한 피드백은 학습자의 의욕을 꺾을 수도 있다. 정말 열심히 해낸 과제에 심하게 가혹한 반응이 돌아올 때가 그렇다. 하지만 긍정적인 피드백도 의욕을 꺾을 수 있기는 마찬가지다. 연구에 따르면 "넌 정말 똑똑해!"와 같은 식의 칭찬을 너무 많이 하면 능력을 개선할 필요가 없다는 인식을 갖게 하여 노력을 덜하게 만든다.[7] 이러한 사회적이고 동기적인 고려 사항들은 피드백의 이점을 쉽게 지워버릴 수 있다. 좋은 피드백 환경은 피드백이 성과에 대한 보상이나 처벌로 사용되는 것이 아니라 학습을 보조하는 데 사용되는 환경이다. 학습자를 비판하는 것이 아니라 상호 간의 신뢰와 존중을 바탕으로 과제를 수정하는 것으로 초점이 향해야 한다.

만일 정답이 없거나 더 좋은 방향으로 쉽게 이끌어줄 스승이 없는 분야는 어떨까? 제9장에서 보았듯 광범위한 경험은 전문성을 보장하지 않는다. 학습 환경이 불확실하고 피드백에 일관성이 없다면 자신감은 넘치는데 실력은 별 볼 일 없는 수준에 머무를지도 모른다. 환경에서 자연스럽게 제공되는 피드백의 질을 높이는 것은 기술을 연마하는 데 중요하다. 피드백을 강화하는 방법은 다음과 같다.

1. 점수를 기록하고 성과를 추적하라. 만약 결과의 변동성이 큰 기술이라면 자신의 결정이 장기적으로 적절한지 판단하기가 쉽지 않다. 그러므로 성과를 기록해서 자신이 생각만큼 능숙하지 않다는 사실을 깨닫고(자존심이 상할 수 있지만 말이다) 자신의 접근법을 수정할 필요가 있다. 물론 숫자가 전부는 아니지만 적어도 자신을 객관적으로 판단할 수 있게 해준다.

2. 사후 보고서를 만들어라. 첫 장에서 소개했듯 사후 보고서를 통해 모의 훈련에 대한 피드백을 얻은 것이 탑건 전투기 조종사들의 성공 비결이었다. 경험에서 배움을 얻는 것이 쉽지 않은 이유는 우리의 작업기억 용량이 어떤 기술을 수행하는 데 집중되어 있을 때 수행 성과를 반성하거나 평가하는 데 쓰일 여유가 거의 없기 때문이다. 따라서 연습에 관한 기록을 남겨서 나중에 분석하면 그 순간에는 놓쳤을지 모르는 개선점을 찾을 수 있다.

3. 고문단을 만들어라. 개인은 많은 인지적 맹점을 갖고 있다. 여러 사람이 모인다고 이 약점이 자동으로 해결되는 것은 아니지만 적어도 줄일 수는 있다. 구성원들끼리 서로의 작업을 분석하고 토론할 수 있는 집단에 합류하는 것은 평소 눈에 띄지 않는 자신의 약점을 발견해내는 강력한 도구가 된다.

피드백은 단순히 실수를 바로잡는 일이 아니다. 삶이 역동적이라는 사실을 기억해야 한다. 우리는 주변의 물리적·사회적 환경과 지속적으로 상호 작용을 한다. 기술에 조금씩 진전이 나타날수록 실전 연습의 중요성도 커지는 이유다. 환경과의 접촉에서 얻는 피드백이 기술에 합쳐지기 때문이다. 어떤 분야의 지식은 함께 일하는 집단의 활동에서 비공식적으로 나오는 경우가 많다 보니 사회적 환경도 중요하다. 책과 교실에서는 찾아볼 수 없거나 다를 수 있다. 그렇다고 실전 연습이 항상 가장 좋다는 의미는 아니다. 인지 부하, 비용, 접근성, 강화된 피드백 등의 요소가 모의 연습을 실전 연습보다 더 효과적인 것으로 만든다. 하지만 기술이 실제로 적용되는 환경에 직접 뛰어드는 실전 연습이 없으면 진정한 숙달 자체가 불가능하다.

걱정과 두려움도 피드백의 영향으로 생긴다. 새로운 언어를 배우거나 수학을 공부하거나 무대에 서거나 새로운 분야에서 일할 때 우리가 느끼는 불안은 기억이나 추론보다도 우리의 능력을 좌우하는, 더 중대한 요소가 된다. 하지만 합리적으로 생각해도 불안을 떨쳐내기는 쉽지 않다. 특정 위협이 심하게 과장된 환경에서 노출되는 피드백 신호가 우리의 생각뿐 아니라 감정에도 영향을 끼친다.

이 책을 통해 전하고 싶은 이야기

•

무언가를 더 잘하게 되는 과정은 흥분감과 좌절감을 동시에 안긴다. 마침내 어떤 과목을 이해하는 것, 스키를 타고 언덕에서 넘어지지 않고 내려가는 것, 보기에 훌륭한 그림을 완성하는 것, 외국어로 대화하는 것, 동료에게 인정받는 논문을 출판한 것… 어려운 기술을 통달하게 됐을 때는 무엇과도 비교되지 않는 짜릿함을 느낄 수 있다. 하지만 학습에는 좌절도 따른다. 몇 년 동안 연습해도 자신감이 별로 없을 수도 있다. 자신에게 제대로 배울 능력이 없다고 느끼며 취미나 스포츠, 경력의 기회를 포기한다. 내가 학습이라는 주제에 관심이 많은 이유도 이렇게 무언가를 더 잘하려는 경험의 양극단을 오간 적이 있기 때문이다.

이 책을 쓰기 시작했을 때, 이미 나는 20년 동안 학습에 대한 글을 쓰고 생각해 온 터였다. 작가로서의 내 경력 자체가 대학생 때 블로그에 공부법의 비결에 관해 올리면서 시작되었다. 대학 졸업 후 1년 동안 프로그래밍, 외국어, 그림 등을 배우는 프로젝트에 뛰어들었다. 이 프로젝트의 성공과 시련이 전작 《울트라러닝, 세계 0.1퍼센트가 지식을 얻는 비밀》의 배경이 되었다. 당시 나는 학습에 관한 거의 모든 것을 다루었다고 생각했고, 다른 중요한 주제로 넘어갈 준비가 되어 있었다. 하지만 두 가지 동기가 나를 이 책을 위한 연구로 끌어당겼다. 첫 번째는 '들어가며'에서 다룬 테트리스 게임 이야기를 접한 일이었다. 전작은 한 개인이 기술을 학습하는 과정에서 이룬 인상적인 성취와 노하우를 담은 반면, 테트리스 이야기는 특정 플레이어가 아니라 주변 환경이 능력 향상을 가능하게 했다는 사실을 보여주었다. 그래서 나는 학습을 위한 다양한 시스템에 관심이 생겼고, 르네상스 시대의 도제 방식이나 재즈 음악가들의 비공식적인 연습, SF 소설가들의 글쓰기 워크숍, 조종사들의 훈련 시스템, 파닉스 읽기 교육 등을 살펴보았다. 이 책에서는 무언가를 빨리 학습하는 소수의 이야기가 아니라 학습을 전체적으로 지탱하는 기본적인 요소들에 집중하고 싶었다.

이 책을 쓴 두 번째 동기는 전작의 해결되지 않은 문제 때문이었다.

전작에서 소개한 학습 전이에 관한 연구 결과들은 무척 실망스러웠다. 한 가지 기술의 향상이 다른 기술도 얼마나 향상시킬 수 있는지 말이다. 전작을 집필할 당시에는 기대한 정도보다 실제로 전이가 별로 이루어지지 않으므로, 관련 기술이 아닌 자신이 원하는 바로 그 기술을 많이 연습해야 한다는 사실이 명백해 보였다. 하지만 그때의 내 직관은 맞지도, 틀리지도 않고 더 복잡했다. 제6장에서 살펴봤듯 기술은 특수성을 띠는 경향이 있다. 그러나 과학은 우리가 배우고 싶은 기술을 연습하면 반드시 개선으로 이어진다는 관점을 지지하지 않는다. 존 스웰러의 인지 부하 이론에 대한 연구, 앨버트 밴듀라의 사회적 학습 이론 그리고 직접교수법의 성공은 좋은 예제와 명확한 설명의 중요성을 강조했다. 또한 임상적 직관에 대한 폴 밀의 연구는 다년간의 경험이 반드시 정확한 판단으로 이어진다는 생각을 복잡하게 만들었다. 다른 사람에게 배워야 하는 필요성도 내가 원래 가지고 있던 직관을 복잡하게 만들었다. 기술이 비교적 특수한 성격을 띤다고 해도 우리가 알아야 하는 것을 가르쳐 줄 완벽한 멘토를 만나기는 쉽지 않기 때문이다.

마지막으로 이 책에서는 서로 경쟁하는 두 가지 제약을 화해시키고자 했다. 무언가를 더 잘하기 위해서는 다른 사람에게 배워야 하고, 특수한 지식과 연습도 중요하다고 말이다.

《울트라러닝, 세계 0.1퍼센트가 지식을 얻는 비밀》에서 나는 그 책을 준비하는 과정이 책의 주제와 비슷했다고 말했다. 말하자면 자기주도적 학습자들을 위한 책을 쓰는, 자기주도적 학습 프로젝트였다. 반면이 책을 쓰는 과정은 폐쇄적인 전문가들의 공동체로 뛰어들어 서로 의견이 갈리는 연구 결과와 이론을 이해하는 과정이었다. 평생 그 주제를 연구한 전문가들의 생각을 이해하려고 애쓰는 동시에 다양한 기술과 주제를 배운 내 개인적인 경험을 참고하면서 학습의 원리에 대해 알아갔다. 부디 이 책이 일관성 있는 견해와 함께 다양한 관점과 광범위한 합의점도 보여주었기를 바란다. 판단은 독자들에게 맡긴다.

1%만이라도 더 잘할 수 있다는 것

●

무언가를 통달한다는 것은 절대 쉽지 않다. 평생 시간을 쏟아부어도 다 배우지 못할 정도로 배울 것이 너무 많다. 나는 이 책을 쓰면서 그 사실을 몇 번이나 느꼈다. 질문의 만족스러운 답을 찾았다고 느끼는 순간, 새로운 질문이 열두 개나 생겼다. 숙달이라는 목표를 추구하면 골치 아프기 십상이다. 목표에 다가갔다고 생각한 순간 어느새 멀어져 있기 때문이다. 산의 꼭대기에 도착하면 올라야 할 꼭대기가 더 많다는 것을 알게 되는 것처럼 말이다.

세계 최고 능력자들의 관점에서 보자면 우리 대부분은 평생 그 무엇 하나도 통달할 수 없을 것이다. 결코 워런 버핏처럼 훌륭한 투자자도, 마일스 데이비스처럼 탁월한 음악가도, 앤드루 와일스처럼 예리한 수학자도 될 수 없다. 숙달의 목적이 최고의 숙련도에 도달하는 것이라면 어차피 실패할 수밖에 없는 야망이다. 하지만 숙달에 이르고자 노력하다가 실패하는 것은 아주 멋진 실패다. 비록 최고가 되지 못하더라도 자신에게 중요한 일을 더 잘하게 될 테니 말이다. 아주 조금 더 잘하게 되는 것만으로도 너무나 충분하다!

감사의 말

이 책은 많은 사람의 도움이 없었다면 세상에 나오지 못했을 것이다. 이 책을 처음 구상할 때부터(중간에 여러 번 방향이 바뀌는 동안에도) 변함없이 이끌어준 나의 에이전트 로리 애브케미어Laurie Abkemeier에게 감사의 말을 전한다. 나를 믿어주고 도와준 편집자 홀리스 하임바우치Hollis Heimbouch를 포함해 이 책이 현실로 이루어지도록 열심히 뛰어준 하퍼비즈니스 팀원 모두에게도 감사한다. 아이디어를 떠올리는 과정에서 유익한 대화를 나눠 준 밧살 제이스월Vatsal Jaiswal, 메건 영Megan Young, 바버라 오클리Barbara Oakley, 칼 뉴포트, 트리스탄 드 몬테벨로Tristan de Montebello, 칼리드 아자드Kalid Azad도 빠뜨릴 수 없다. 시간을 내어 연구에 대한 이야기를 들려주고 엄청난 연구 문헌을 이해할 수 있도록 도와준 다음의 과학자와 연구자들에게도 감사드린다. 폴 키르슈너, 존 스웰러,

카를 베레이터, 빔라 파텔, 프레드 파스Fred Paas, 스티븐 리드, 제프리 카피키Jeffrey Karpicke, 리처드 메이어, 아서 레버Arthur Reber, 로버트 비요크, 페드로 드 브루크레Pedro de Bruyckere, 리처드 클라크, 데이비드 퍼킨스David Perkins, 앨런 션펠드Alan Schoenfeld, 리처드 니스벳, 브루스 롤링스Bruce Rawlings, 핼즈카 자로즈카Halszka Jarodzka, 데이비드 클라르, 마누 카푸, 로버트 드케이서, 존 셰이, 필립 테틀록, 데이비드 모시먼, 호세 메스트레Jose Mestre, 칼 위먼, 딘 사이먼턴, 예룬 반 메리엔보어. 만약 과학과 관련된 정보에 실수가 있다면 이들이 아니라 나의 잘못이다. 나의 부모님 매리언, 더글러스 영에게도 감사의 말씀을 드리고 싶다. 두 분 다 교육자로, 배움은 그 자체가 보상이라는 것을 나에게 가르쳐주었다. 마지막으로 언제나 변함없는 응원과 인내심, 조언을 보내주는 훌륭한 아내 조리카에게 감사를 전한다. 아내가 있었기에 이 책을 무사히 마칠 수 있었다.

$$\text{미주}$$

들어가며 당신은 무엇이든 더 잘 배우고, 더 잘할 수 있다

1   Joseph Saelee, "284 Lines (Full Video)", YouTube, February 16, 2020, 11:19, https://
    www.youtube.com/watch?v=L7SRuMG6AJc.

2   Joseph Saelee, "First Ever Level 34 in NES Tetris", YouTube, February 16, 2020, 3:19,
    https://www.youtube.com/watch?v=rWMUYBinriw.

3   Cornelius, *Ecstasy of Order*.

4   Schonbrun, "A New Generation".

5   이 이야기를 가장 먼저 공유해준 존 그린에게 감사를 전한다. John Green, "Why Are Humans
    Suddenly Getting Better at Tetris?", YouTube, October 18, 2018, 3:50, https://www.
    youtube.com/watch?v=twS0SrDg-fc.

6   Gaming Historian, "The Story of Tetris," YouTube, February 2, 2018, 59:30, https://
    www.youtube.com/watch?v=_fQtxKmgJC8.

7   Cornelius, 위의 자료.

8   Goldsmith, "Brain on Tetris."

9   Cornelius, 위의 자료.

10 Cornelius, 위의 자료.

11 Cornelius, 위의 자료.

12 Henrich, *Secret of Our Success*, 2.

13 Rawlings, "After a Decade of Tool Innovation".

14 Herrmann et al., "The Cultural Intelligence Hypothesis".

15 한 예로 얀 밥티스타 판 헬몬트 Jan Baptista van Helmont는 실험에서 무게를 매우 신중하게 측정
    했고, 한 실험에서 나무의 무게가 흙에서 나오는 것이 아니라는 사실을 처음 보여주었으며, 모
    래의 질량이 유리로 바뀌어도 변하지 않는다는 것을 증명했다. Principe, *Secrets of Alchemy*.

16 Principe, *Secrets of Alchemy*, 2.

17 Boyle, *New Experiments Physico-Mechanicall*.

18 Friedman, *Free to Choose*.

19 Haier et al., "MRI Assessment of Cortical Thickness".

20 Rowland, "The Effect of Testing versus Restudy on Retention".

21 Clark, "Antagonism between Achievement and Enjoyment".

22 Thorndike, *Human Learning*.

23 Ericsson, Krampe, and Tesch-Romer, "The Role of Deliberate Practice".

24 Choudhry, Fletcher, and Soumerai, "The Relationship between Clinical Experience and Quality of Health Care".

25 Ericsson, *Development of Professional Expertise*, 49.

26 Ericsson, 위의 자료.

27 Plato, *Phaedrus*.

28 Autor et al., "The Origins and Content of Work".

제1장 문제 해결은 탐색이다

1 Duncker, "On Problem Solving".

2 Singh, *Fermat's Last Theorem*, 49.

3 Singh, 126.

4 Singh, 136.

5 Singh, 23.

6 Singh, 203.

7 Singh, 241.

8 Singh, 246.

9 Singh, *Fermat's Last Theorem*(BBC 다큐멘터리).

10 Klahr, Exploring Science.

11 Kiersz, "Rubik's Cube".

12 Singh, *Fermat's Last Theorem*, 240.

13 Davis, Matijasevič, and Robinson, "Hilbert's Tenth Problem".

14 컴퓨터 과학자들은 문제 해결을 위한 효율적인 알고리즘이 존재하는지 알아보면서 문제의 복잡성을 연구한다. 예를 들어 루빅큐브는 (방법만 알면) 쉽게 풀 수 있고, 표준 3×3×3 큐브는 (마찬가지로 방법만 알면) 최대 20번만 움직이면 된다. 반면 스도쿠와 테트리스는 'NP-완전 문제'로, 이는 (널리 알려진 P≠NP가 옳다고 가정하면) 효율적인 알고리즘이 존재하지 않음을 뜻한다. 체스는 그보다 더 골치 아픈데 해결책을 찾기 위한 효율적인 절차가 없는 'EXP 문제'에 속한다.

15 맥스 블랙Max Black이 1946년에 제안함.

16 Langley et al., *Scientific Discovery*.

17 Newell and Simon, Human Problem Solving, 416.

18 Tricot and Sweller, "Domain-Specific Knowledge".

19 Examples include Duncker, "On Problem Solving"; Wertheimer, *Productive Thinking*.

20 아홉 개 점 퍼즐의 풀이 정답은 다음과 같다. 이 문제를 풀기 위해서는 선이 점 너머로 이어질 수
도 있다는 통찰이 필요하다.

21 Singh, *Fermat's Last Theorem*(BBC 다큐멘터리).

22 학습보다 수행을 강조하는 관점은 비교적 단순한 학습 메커니즘(실제 수행 알고리즘은 너무 복
잡해서 쉽게 명시하거나 이해할 수 없을지라도)에 초점을 맞추는 연결주의 모델connectionist
models(인간의 지각, 인지, 행동 양상과 각각에 근간이 되는 학습 과정, 기억에서 정보를 보관하
고 검색하는 방식을 모델링하는 데 자주 쓰이는 계산 모델의 일종—옮긴이)을 통해 반박되고
있다.

제2장 창의성은 모방에서 시작한다

1   Aristides, *Classical Drawing Atelier*.

2   Pogrebin and Reyburn, "Painting Sells for $450.3 Million".

3   Cennini, *Il libro dell'arte*.

4   Aristides, *Classical Drawing Atelier*.

5   Da Vinci, *Notebooks*, 290.

6   Efland, *A History of Art Education*, 8.

7   Efland, 26.

8   Efland, 53.

9   Efland, 197.

10 Aristides, *Classical Drawing Atelier*.

11 Skinner, "A Case History in Scientific Method".

12 Sweller, "Story of a Research Program", 이 실험은 Sweller, Mawer, and Howe, "Conse-
quences of History-Cued"에서 참조.

13 Sweller, "Story of a Research Program".

14 Sweller and Levine, "Effects of Goal Specificity"; Sweller, Mawer, and Ward, "Develo-
pment of Expertise"; and Owen and Sweller, "What Do Students Learn?".

15 Owen and Sweller, "What Do Students Learn?".

16 Cooper and Sweller, "Effects of Schema Acquisition".

17 Sweller, "Story of a Research Program".

18 Miller, "Magical Number Seven, Plus or Minus Two".

19 Baddeley, *Human Memory*.

20 Ericsson and Kintsch, "Long-Term Working Memory".

21 Kintsch, *Comprehension*.

22 더 큰 노력이 더 많은 학습으로 이어진다는(단 학생들이 인지 부하 용량에 여유가 있을 때만 가능하다) 실험을 설명하기 위해 세 번째 유형의 인지 부하인 본유적 인지 부하germane load라는 개념이 제시되었다. 하지만 좀 더 최근에 스웰러를 비롯한 인지 부하 이론가들은 이 세 번째 유형이 이론적으로 불필요하며 내재적 인지 부하intrinsic load라는 말이 더 정확할 것이라고 제안했다. Kalyuga, "Cognitive Load Theory".

23 Sweller, "Story of a Research Program".

24 Jarodzka et al., "Conveying Clinical Reasoning".

25 Piaget, "Piaget's Theory".

26 Klahr and Nigam, "The Equivalence of Learning Paths".

27 Catrambone, "The Subgoal Learning Model".

28 Chi et al., "Self-Explanations".

29 Da Vinci, *Notebooks*.

30 Kalyuga, "Expertise Reversal Effect".

31 Kirschner, "Epistemology or Pedagogy".

제3장 성공은 최고의 스승이다

1 Kelly, "Advice I Wish I Had Known".

2 Hermann, *Helen Keller*, 208.

3 Hermann, 9.

4 Hermann, 13.

5 Keller, *Story of My Life*, 24.

6 Keller, 25.

7 Keller, 26.

8 Hermann, *Helen Keller*, 342.

9 Girma, *Haben*.

10 Hermann, *Helen Keller*, 11.

11 키스 스타노비치Keith Stanovich가 읽기와 지능 발달의 연관성에 관한 이론을 처음 내놓았다. Stanovich, "Matthew Effects in Reading".

12 Ritchie, Bates, and Plomin, "Does Learning to Read Improve Intelligence?".

13 US Department of Education, NCES, "Adult Literacy in the United States".

14 US Department of Education, NCES, "What PIAAC Measures".

15 Jones, "Americans Reading Fewer Books".

16 Adams, *Beginning to Read*, 70.

17   Adams, 486.

18   Adams, 69.

19   Adams, 223.

20   Adams, 178.

21   Juel and Roper-Schneider, "Influence of Basal Readers".

22   Bloom, "The 2 Sigma Problem".

23   Guskey, *Implementing Mastery Learning*.

24   Bloom, "Learning for Mastery".

25   Hattie, *Visible Learning*, 170.

26   Hattie, 205.

27   Adams, *Beginning to Read*.

28   Atkinson and Birch, *Introduction to Motivation*, 16.

29   Bandura, *Social Learning Theory*, 4.

30   Bandura, 78.

31   Bandura, 81.

32   Newman and Principe, *Alchemy Tried in Fire*.

33   Bernstein, "The Mind of a Mathematician".

34   Adams, *Beginning to Read*, 176.

제4장 경험은 때로는 지식의 적이다

1   Polanyi, *The Tacit Dimension*.

2   Maddox, *Rosalind Franklin*, 161.

3   Maddox, 14.

4   Maddox, 169.

5   Maddox, 203.

6   Polanyi, *The Tacit Dimension*.

7   Poincare, *Science and Method*, 181.

8   De Groot, *Thought and Choice in Chess*.

9   닐 샤니스Neil Charness가 시행한 체스의 전문성에 관한 현대 연구에서는 데흐로트의 연구보다 큰 표본 크기와 더 방대한 기술 수준이 사용되었는데, 탐색의 깊이에서 차이가 발견되었다. 하지만 중급자 단계부터 탐색 수준의 깊이에 차이가 없는 것으로 나타났으므로 이는 더 높은 수준의 플레이어들의 능력을 설명하는 데 부적합하다. Ericsson and Smith, *General Theory of Expertise*, 44.

10   Chi, Glaser, and Farr, *Nature of Expertise*, xvii.

11   Chase and Simon, "Perception in Chess".

12   Ericsson and Smith, *General Theory of Expertise*; programming: Chi, Glaser, and Farr, *The*

Nature of Expertise; electronics: Egan and Schwartz, "Chunking in Recall of Symbolic Drawings".

13   Simon, "What Is an 'Explanation' of Behavior?".

14   Klein, Calderwood, and Clinton-Cirocco, "Rapid Decision Making on the Fire Ground".

15   Klein et al., "Option Generation in Chess".

16   Farndale, "Magnus Carlsen".

17   Hatano and Inagaki, "Two Courses of Expertise".

18   Ericsson and Smith, *General Theory of Expertise*, 43.

19   Ericsson and Smith, *General Theory of Expertise*, chapter 12.

20   Kintsch, 위의 자료.

21   제임스 왓슨은 생물학자였고, 대학 시절에 유기화학 실험실을 거의 불태울 뻔했던 일로 화학 공부를 피하게 되었다고 말했다. Watson, *The Double Helix*, 29. 물리학자였던 프랜시스 크릭은 그가 연구하고 있던 분자의 기본 요소인 DNA 핵산의 화학적 구조를 잊어버려 생화학자 어윈 샤가프 앞에서 당황한 적이 있다. Watson, 111.

22   Grice, "Logic and Conversation".

23   Watson, *The Double Helix*, 157.

24   Watson, 23.

25   Watson, 108.

26   Watson, 111.

27   Watson, 179.

28   Zuckerman, *Scientific Elite*, 113.

29   Beth, Klein, and Hoffman, *Working Minds*, 167.

30   Beth, Klein, and Hoffman, 11.

31   Beth, Klein, and Hoffman, 14.

32   Beth, Klein, and Hoffman, 71.

33   Zsambok and Klein, *Naturalistic Decision Making*, 136.

34   LeFevre and Dixon, "Do Written Instructions Need Examples?".

35   Beth, Klein, and Hoffman, *Working Minds*, 229.

36   Simon, *Administrative Behavior*, 243.

제5장 난이도의 스위트 스폿을 찾아라

1   Ericsson and Pool, *Peak*.

2   Consuela, *Octavia Butler*, ix.

3   Canavan, *Octavia E. Butler*, 37.

4   Consuela, *Octavia Butler*, 3.

5   Consuela, 52.

6 Butler, "Positive Obsession".

7 Consuela, *Octavia Butler*, 221.

8 Consuela, 137.

9 Consuela, 53.

10 Consuela, 20.

11 Canavan, *Octavia E. Butler*, 84.

12 Bereiter and Scardamalia, *The Psychology of Written Composition*.

13 Consuela, *Octavia Butler*, 52.

14 Consuela, 37.

15 이 버전의 인용문은 널리 퍼져 있지만 정확한 출처를 찾을 수 없었다. 1961년에 헤밍웨이가 지금은 없어진 《뉴욕 저널-아메리칸》New York Journal-American에서 진행한 인터뷰에서 비슷한 말을 했다고 한다. 그러나 초기 전기작가 찰스 앤드루 펜턴Charles Andrew Fenton에 따르면 헤밍웨이는 좀 더 예술적이지 않고 친구에게 하는 듯한 말투로 그와 비슷한 언급을 했다고 한다. "난 죽을 때까지 (글쓰기의) 견습생이지. 결코 통달했다고 말할 수 없을 거야. 하지만 이걸 통달한 사람은 아무도 없고, 더 잘할 수 있는 사람도 없어." Fenton, *The Apprenticeship of Ernest Hemingway*.

16 Consuela, *Octavia Butler*, 3.

17 Bjork and Bjork, "Desirable Difficulty".

18 Roediger III and Butler, "Critical Role of Retrieval Practice".

19 Dempster, "The Spacing Effect".

20 Anderson, *Learning and Memory*, 239.

21 Consuela, *Octavia Butler*, 77.

22 Carroll, "Using Worked Examples".

23 Consuela, *Octavia Butler*, 53.

24 Mayer, "Should There Be a Three-Strikes Rule?".

25 Kirschner, Sweller, and Clark, "Why Minimal Guidance During Instruction Does Not Work".

26 Anderson, Reder, and Simon, "Applications and Misapplications".

27 Kapur, "Productive Failure".

28 Sinha and Kapur, "Evidence for Productive Failure".

29 Schwartz and Martin, "Inventing to Prepare for Future Learning".

30 Ashman, Kalyuga, and Sweller, "Problem-Solving or Explicit Instruction?".

31 Glogger-Frey, "Inventing a Solution and Studying a Worked Solution".

32 Matlen and Klahr, "Sequential Effects of High and Low Instructional Guidance".

33 Oxford Reference, "Zone of Proximal Development".

34 Kintsch, *Comprehension*, 324.

35 McNamara and Kintsch, "Learning from Texts".

322

36   Kalyuga, "Expertise Reversal Effect".

37   Consuela, *Octavia Butler*, 217.

38   Butler, "Positive Obsession".

39   Merrienboer and Paas, "Automation and Schema Acquisition".

40   Bereiter and Scardamalia, *The Psychology of Written Composition*.

제6장 마음은 근육이 아니다

1   Singley and Anderson, *Transfer of Cognitive Skill*, 26.

2   Federal Trade Commission, "Lumosity to Pay $2 Million".

3   Federal Trade Commission, "Stipulated Final Judgment".

4   Ritchie, *Intelligence*.

5   Owen et al., "Putting Brain Training to the Test".

6   Watrin, Hulur, and Wilhelm, "Training Working Memory for Two Years".

7   Noack et al., "Cognitive Plasticity in Adulthood and Old Age".

8   Melby-Lervag, Redick, and Hulme, "Working Memory Training Does Not Improve
      Performance".

9   Plato, *Plato's Republic*, 298.

10   로크는 형식도야 이론의 창시자로 널리 알려져 있다. Dewey, *Democracy and Education* 참고.
      그러나 실제로 교육에 대한 로크의 견해는 좀 더 복잡했다. Hodge, *John Locke and Formal
      Discipline* 참고.

11   Woodworth and Thorndike, "The Influence of Improvement".

12   Thorndike, "Mental Discipline".

13   Thorndike, *Educational Psychology*, 90.

14   Thorndike, *The Principles of Teaching*, 240.

15   Thorndike, 241.

16   Thorndike, 246.

17   Sala and Gobet, "Does Far Transfer Exist?".

18   VanLengen, "Does Instruction in Computer Programming Improve Problem-Solving
      Ability?".

19   Meikeljohn, "Is Mental Training a Myth?".

20   Woodworth and Thorndike, "The Influence of Improvement".

21   Thorndike, "The Effect of Changed Data upon Reasoning".

22   Judd, "The Relation of Special Training and General Intelligence".

23   Wertheimer, *Productive Thinking*.

24   Anderson and Lebiere, *The Atomic Components of Thought*.

25   Anderson, *Learning and Memory*, 323.

26 DeKeyser, "Beyond Explicit Rule Learning".

27 Swain, "Communicative Competence".

28 Anderson, *Rules of the Mind*, 195.

29 McClelland and Rumelhart, *Parallel Distributed Processing*.

30 Brewer, "Bartlett's Concept of the Schema".

31 Logan, "Instance Theory".

32 Gick and Holyoak, "Analogical Problem Solving".

33 Singley and Anderson, *Transfer of Cognitive Skill*, 23.

34 Cheng et al., "Pragmatic versus Syntactic Approaches".

35 Cheng et al., 위의 자료.

36 Reed, Dempster, and Ettinger, "Usefulness of Analogous Solutions".

37 Whitehead, "Aims of Education".

38 Fong, Krantz, and Nisbett, "Effects of Statistical Training".

39 Singley and Anderson, *Transfer of Cognitive Skill*, 23.

40 Chi, Feltovich, and Glaser, "Representation of Physics Problems".

41 Karpicke, "Metacognitive Control".

42 Karpicke and Blunt, "Retrieval Practice".

43 Bassok and Holyoak, "Pragmatic Knowledge and Conceptual Structure".

44 Anderson, Reder, and Simon, "Situated Learning and Education".

45 그레그 애슈먼은 정신에 대한 비유를 다음과 같이 제안했다. "우리는 정신을 도서관 책장으로, 지식을 그 책장에 깔끔하게 끼워진 책으로 보는 것이 아니라 정신을 지식으로 만들어진 도구의 총체로 봐야 할 것이다. 우리는 지식으로 생각한다. 지식은 정신이다." Ashman, *Explicit Teaching*, 12.

46 Thorndike, *The Principles of Teaching*, 247~248.

제7장 반복 후에 변화가 중요하다

1   Berliner, *Thinking in Jazz*, 20.

2   Davis and Troupe, *Miles*.

3   Berliner, *Thinking in Jazz*, 390.

4   Berliner, 57.

5   Owens, *Bebop*, 12.

6   Berliner, *Thinking in Jazz*, 305.

7   Berliner, 20.

8   Berliner, 99.

9   Berliner, 155.

10 Berliner, 165.

11   Berliner, 242.

12   Berliner, 239.

13   Berliner, 248.

14   Battig, "Facilitation and Interference".

15   Shea and Morgan, "Contextual Interference Effects".

16   Magill and Hall, "A Review of the Contextual Interference Effect".

17   Merrienboer, de Croock, and Jelsma, "The Transfer Paradox".

18   Pan et al., "Interleaved Practice".

19   Nakata and Suzuki, "Mixed Grammar Exercises Facilitates Long-Term Retention".

20   Berliner, *Thinking in Jazz*, 240.

21   Berliner, 141.

22   Berliner, 115.

23   Berliner, 120.

24   Berliner, 207.

25   Berliner, 155.

26   Hatala, Brooks, and Norman, "Practice Makes Perfect".

27   Eglington and Kang, "Interleaved Presentation".

28   Kang and Pashler, "Learning Painting Styles".

29   Birnbaum et al., "Why Interleaving Enhances Inductive Learning".

30   Goldstone, "Isolated and Interrelated Concepts".

31   Engelmann and Carnine, *Theory of Instruction*, 123.

32   Berliner, *Thinking in Jazz*, 214.

33   Berliner, 232.

34   Berliner, 232.

35   Berliner, 166.

36   Berliner, 236.

37   Berliner, 238.

38   Richard Feynman, "Knowing versus Understanding", YouTube, May 18, 2012, 5:36, www.youtube.com/watch?v=NM-zWTU7X-k.

39   Newell and Simon, *Human Problem Solving*, 59.

40   Marrow, *The Practical Theorist*, viii.

41   Wulf and Shea, "Principles".

42   Gao et al., "Effects of Speaker Variability".

43   Likourezos, Kalyuga, and Sweller, "The Variability Effect".

44   Berliner, *Thinking in Jazz*, 159.

45   Walk That Bass, "Bebop Explained", YouTube, May 24, 2019, 17:54, www.youtube.com/watch?v=gEwWjJ7c0u4.

46 Beth, Klein, and Hoffman, *Working Minds*, 134.

47 Davis and Troupe, *Miles*, 61.

48 Kornell and Bjork, "Learning Concepts and Categories".

제8장 질은 양에서 나온다

1 Pauling, "Crusading Scientist".

2 History.com, "Thomas Edison".

3 Josephson, "Edison", 401.

4 Heydenreich, "Leonardo da Vinci".

5 Brown, "Famous Picasso Paintings".

6 Quetelet, *Treatise on Man*.

7 Dean Simonton, *Personal Communication*.

8 Simonton, *Greatness*, 184.

9 원래 사이먼튼은 동등 확률의 규칙을 제안했지만 역사적 자료의 최근 분석 결과를 반영하기 위해 동등 확률 기준선으로 바꾸었다. 창조적 성공의 동등한 잠재력은 기여도의 범위가 현저하게 다를 수 있는 분야(예를 들어 시와 오페라)와 달리, 과학 논문 등 최소 출판 가능 단위least-publishable unit의 표준이 있는 분야에서 가장 분명하게 드러난다.

10 Price, *Little Science, Big Science*.

11 Zuckerman, *Scientific Elite*, 145.

12 Davis, "Creativity in Neurosurgical Publications".

13 Simon, "How Managers Express Their Creativity".

14 Einstein, "Physics and Reality".

15 Hayes, "Cognitive Processes in Creativity".

16 Josephson, *Edison*, 35.

17 Bacon, *Novum Organon*.

18 Ogburn and Thomas, "Are Inventions Inevitable?".

19 Merton, "Singletons and Multiples".

20 Sternberg, *Handbook of Creativity*, chapter on "Implications of a Systems Perspective for the Study of Creativity," 313~35.

21 Simonton, *Greatness*, 110.

22 Edison Innovation Foundation, "Famous Quotes".

23 Edison Innovation Foundation, 위의 자료.

24 Diamond, *Guns, Germs, and Steel*.

25 Csikszentmihalyi, "Creativity and Genius".

26 Campbell, "Blind Variation".

27 Greenwald, "30 Life-Changing Inventions".

28 Souriau, *Théorie de l'Invention*, 45.

29 Josephson, Edison, 235.

30 Josephson, 345.

31 Josephson, 199.

32 Henderson, "Semaglutide".

33 Ghofrani, Osterloh, and Grimminger, "Sildenafil".

34 Wertheimer, *Productive Thinking*.

35 Sternberg, *Handbook of Creativity*, 10.

36 Josephson, *Edison*, 79.

37 Howes, "Age of Invention".

38 실제 이야기는 이보다 덜 극적이다. 에디슨은 결혼식 날에 일하기 위해 실험실로 향하기는 했지만 저녁때쯤 돌아왔다고 회상했다. Josephson, *Edison*, 87.

39 Simonton, *Greatness*, 139.

40 Isaacson, *Einstein*, 217.

41 Simonton, *Greatness*, 139.

42 Simonton, 139.

43 Matthews, Helmreich, and Beane, "Pattern A".

44 Josephson, *Edison*, 364.

45 Armstrong, *Seinfeldia*, 191.

46 Kanigel, *Apprentice to Genius*, 190.

47 Zuckerman, *Scientific Elite*, 229.

48 Feynman, "Surely You'e Joking".

49 Newport, *Deep Work*.

제9장 경험이 많다고 전문가는 아니다

1 Kahneman, "Don't Blink!".

2 World Series of Poker, "2007 World Series of Poker Europe".

3 PokerListings, "Best Poker Moments".

4 Imir, "Annette Obrestad".

5 Annette Obrestad, "My Story | Get to know me… like for REAL…", YouTube, October 18, 2018, 18:37, www.youtube.com/watch?v=mk-0CmsIVFg.

6 Hendon Mob, "Norway All Time Money List".

7 Magyar, *Greatest Stories in Poker History*, 18.

8 Magyar, 22.

9 Twain, *Life as I Find It*.

10 Magyar, *Greatest Stories in Poker History*, 44.

11 Kiger, "Nixon's WWII Poker Game".

12 Brunson, *Super System*.

13 PokerListings, "About Chris Moneymaker".

14 Negreanu, "Daniel Negreanu Teaches Poker".

15 Grove and Meehl, "Comparative Efficiency".

16 Meehl, *Clinical versus Statistical Prediction*, 24.

17 Grove and Meehl, "Comparative Efficiency".

18 Chi, Glaser, and Farr, *Nature of Expertise*, chapter on "Expertise and Decision Under Uncertainty".

19 Kahneman, Tversky, and Slovic, "Judgements".

20 Kahneman and Klein, "Conditions for Intuitive Expertise".

21 Tetlock, *Expert Political Judgment*.

22 Tetlock, xx.

23 Tetlock, xi.

24 Quote Investigator, "One-Handed Economist".

25 Tetlock and Gardener, *Superforecasting*, 18.

26 Tetlock and Gardener, 278.

27 Tetlock and Gardener, 200.

28 Tetlock and Gardener, 14.

29 Tetlock and Gardener, 243.

30 Benson and Onkal, "The Effects of Feedback".

31 Yong, "Real Wisdom of the Crowds".

32 Mercier and Sperber, *Enigma of Reason*.

33 Moshman and Geil, "Collaborative Reasoning".

제10장 연습은 현실과 맞닿아야 한다

1 Holmes, *The Essential Holmes*, 45.

2 Aviation Safety Network, "ASN Accident Description".

3 NSC Injury Facts, "Deaths by Transportation Mode".

4 White, *Medieval Technology and Social Change*.

5 Crowley, "The Guns of Constantinople".

6 Morley, "Earning Their Wings".

7 Morley, 53.

8 Morley, 81.

9 Morley, 44.

10 Morley, 73.

11   Morley, 72.

12   Morley, 94.

13   McKenna, "Robert Smith-Barry".

14   Morley, "Earning Their Wings", 95.

15   Morley, 95.

16   Morley, 97.

17   Morley, 111.

18   Morley, 111.

19   Morley, 117.

20   Morley, 118.

21   McKenna, "Robert Smith-Barry".

22   Mavin and Murray, "Simulated Practice".

23   Reijnoudt and Sterk, *Tragedie Op Tenerife*.

24   Boyle, "Medical School Enrollments Grow".

25   Wise, Hopkin, and Garland, *Handbook of Aviation Human Factors*, 440.

26   Wise, Hopkin, and Garland, 440.

27   US Air Force, "Link Trainer".

28   Wise, Hopkin, and Garland, *Handbook of Aviation Human Factors*, 443.

29   Roscoe, "Incremental Transfer Effectiveness".

30   Jacobs et al., "Flight Simulator Training Research".

31   Carretta and Dunlap, "Transfer of Training Effectivness".

32   Rantanen and Talleur, "Incremental Transfer".

33   Wise, Hopkin, and Garland, *Handbook of Aviation Human Factors*, 442.

34   Lintern, Roscoe, and Sivier, "Display Principles".

35   Wise, Hopkin, and Garland, *Handbook of Aviation Human Factors*, 441.

36   Wenger, *Communities of Practice*.

37   Spaeth, "What a Lawyer Needs to Learn".

38   Lave and Wenger, *Situated Learning*.

39   Lave and Wenger, 30.

40   Lave and Wenger, 78.

41   Kleiner and Vorotnikov, "At What Cost?".

42   Spoken by Sir Patrick in Shaw's play *The Doctor's Dilemma*.

43   Brennan, *Good Work*, 56.

44   Brennan, 67.

45   Brennan, 68.

46   Heckman, Humphries, and Kautz, *The Myth of Achievement Tests*.

47   Kanigel, *Apprentice to Genius*, 99.

48   Hirsch, *Cultural Literacy*.

제11장 개선의 길은 직선이 아니다

1   Quote Investigator, "It Is Better to Know".

2   Eden, "Stroke of Madness".

3   Dethier, "Tiger Woods' First-Ever TV Appearance".

4   Harmon and Eubanks, *The Pro*, 161.

5   Harmon and Eubanks, 163.

6   Eden, "Stroke of Madness".

7   Eden, 위의 자료.

8   Harmon and Eubanks, *The Pro*, 166.

9   Fitts and Posner, *Human Performance*.

10   Wulf, Lauterbach, and Toole, "The Learning Advantages".

11   Bernshteïn, *Co-ordination and Regulation of Movements*.

12   Luchins, "Einstellung".

13   Duncker, "On Problem Solving".

14   Gardener, *Unschooled Mind*.

15   DiSessa, "Unlearning Aristotelian Physics".

16   Voss et al., "Informal Reasoning".

17   Willingham, Hughes, and Dobolyi, "The Scientific Status of Learning Styles Theories".

18   Kubricht, Holyoak, and Lu, "Intuitive Physics".

19   Thaden-Koch, Dufresne, and Mestre, "Coordination of Knowledge".

20   Brown and VanLehn, "Repair Theory".

21   Rosenshine and Stevens, *Handbook of Research on Teaching*.

22   Marcus et al., "Overregularization in Language Acquisition".

23   Pinker and Morey, *The Language Instinct*.

24   Patel and Groen, "Developmental Accounts".

25   Siegler, *Emerging Minds*.

26   Planck, *Scientific Autobiography*.

27   Britannica, "Albert Einstein's Perspective".

28   Ericsson and Pool, 위의 책.

29   Ericsson, *Development of Professional Expertise*, 417.

30   Wieman and Perkins, "Transforming Physics Education".

31   Jimoyiannis and Komis, "Computer Simulations in Physics".

32   Kahneman, *Thinking, Fast and Slow*.

33   Masters and Maxwell, "The Theory of Reinvestment".

제12장 두려움은 마주할수록 약해진다

1   Rachman, *Fear and Courage*, 38.

2   Titmuss, *Problems of Social Policy*, 4.

3   Titmuss, 6.

4   Stanley Balwin, "A Fear for the Future", speech before the House of Commons of the United Kingdom, November 10, 1932.

5   Titmuss, *Problems of Social Policy*, 9.

6   Titmuss, 19.

7   Titmuss, 20.

8   Rachman, *Fear and Courage*, 20.

9   Vernon, "Psychological Effects of Air-Raids".

10   Stokes, "War Strains and Mental Health".

11   Janis, *Air War and Emotional Stress*, 112.

12   Vernon, "Psychological Effects of Air-Raids".

13   Panter-Downes, *London War Notes*.

14   Janis, Air *War and Emotional Stress*, 65.

15   Janis, 112.

16   Saigh, "Pre-and Postinvasion Anxiety in Lebanon".

17   Clark, "Panic".

18   James, *Principles of Psychology*, vol. 2, 704.

19   Janis, *Air War and Emotional Stress*, 123.

20   Seligman, "Phobias and Preparedness".

21   Mineka and Zinbarg, "A Contemporary Learning Theory".

22   Mowrer, *Learning Theory and Behavior*.

23   Bouton, "Context, Ambiguity and Unlearning".

24   Vervliet, Craske, and Hermans, "Fear Extinction and Relapse".

25   Vernon, "Psychological Effects of Air-Raids".

26   Craske et al., "Maximizing Exposure Therapy".

27   Locke, *Thoughts Concerning Education*, 109.

28   Marks, *Fears, Phobias, and Rituals*, 457.

29   Wolpe, *Psychotherapy by Reciprocal Inhibition*.

30   Marks, *Fears, Phobias, and Rituals*, 459.

31   Abramowitz, Deacon, and Whiteside, *Exposure Therapy*, 15.

32   Marks, *Fears, Phobias, and Rituals* 459.

33   Foa et al., "A Comparison of Exposure Therapy"; Ramnero, "Is There Room for Cognitive Interventions?"; Feske and Chambless, "Cognitive Behavioral versus

Exposure Only Treatment"; Marks, *Fears, Phobias, and Rituals*.

34 Hofmann and Asmundson, "Mindfulness-Based Therapy".

35 LeDoux, *Anxious*, 259.

36 Hofmann, "Cognitive Processes During Fear".

37 Siegel and Warren, "Less Is Still More".

38 Wolitzky-Taylor et al., "Treatment of Specific Phobias".

39 Gould et al., "Treatment for Social Phobia".

40 Gould et al., "Generalized Anxiety Disorder".

41 Gould, Otto, and Pollack, "Panic".

42 Balkom et al., "Obsessive Compulsive Disorder".

43 Van Etten and Taylor, "Comparative Efficacy of Treatments".

44 Abramowitz, Deacon, and Whiteside, *Exposure Therapy*, 353. 이전에 인용한 메타분석에는 퇴사에 관한 내용도 포함되어 있다.

45 Abramowitz, Deacon, and Whiteside, 351.

46 Abramowitz, Deacon, and Whiteside, 87.

47 Abramowitz, Deacon, and Whiteside, 82.

48 Abramowitz, Deacon, and Whiteside, 115.

49 Abramowitz, Deacon, and Whiteside, 119

50 Rachman, *Fear and Courage*, 59.

51 Vernon, "Psychological Effects of Air-Raids".

52 Rachman, *Fear and Courage*, 7.

53 Rachman, 225.

나오며 우리는 더 잘하는 사람이 될 수 있다

1 Cowen, "Learn Like an Athlete".

2 Chi, Feltovich, and Glaser, "Representation of Physics Problems".

3 cBarnett and Kowslowski, "Adaptive Expertise".

4 Ayres, "Impact of Reducing Cognitive Load".

5 Carlson, Khoo, and Elliot, "Component Practice".

6 부분 과제 연습법과 전체 과제 연습법의 효과를 비교하는 연구들을 더 자세히 요약한 내용이 궁금하다면 위킨스Wickens 외 와이트먼Wightman과 린턴Lintern, 파비아니Fabiani의 검토 연구를 참고하길 바란다. 과제가 복잡할수록 부분 과제 연습법이, 과제가 통합적일수록 전체 과제 연습법이 효과적이라는 관점을 제시하는 제임스 네일러James Naylor와 조지 브릭스George Briggs의 이론도 추천한다.

7 Kluger and DeNisi, "The Effects of Feedback Interventions".

참고문헌

Abramowitz, Jonathan S., Brett J. Deacon, and Stephen P. H. Whiteside. *Exposure Therapy for Anxiety: Principles and Practice*. New York: Guilford Press, 2011.

Adams, Marilyn Jager. *Beginning to Read: Thinking and Learning About Print*. Cambridge, MA: Bradford Books, 1994.

Anderson, John. *Learning and Memory: An Integrated Approach*. New York: Wiley, 2000.

———. *Rules of the Mind*. New York: Psychology Press, 2014.

Anderson, John, and Christian J. Lebiere. *The Atomic Components of Thought*. New York: Psychology Press, 2014.

Anderson, John, Lynne Reder, and Herbert Simon. "Applications and Misapplications of Cognitive Psychology to Mathematics Education." 1999. Accessed June 26, 2023. https://files.eric.ed.gov/fulltext/ED439007.pdf.

———. "Situated Learning and Education." *Educational Researcher* 25, no. 4 (1996): 5-11.

Aristides, Juliette. *Classical Drawing Atelier: A Contemporary Guide to Traditional Studio Practice*. New York City: Watson-Guptill, 2011.

Armstrong, Jennifer Keishin. *Seinfeldia: How a Show About Nothing Changed Everything*. New York: Simon & Schuster, 2017.

Ashman, Greg. *The Power of Explicit Teaching and Direct Instruction*. Thousand Oaks, CA: Corwin, 2020.

Ashman, Greg, Slava Kalyuga, and John Sweller. "Problem-Solving or Explicit Instruction: Which Should Go First When Element Interactivity Is High?" *Educational Psychology Review* 22 (2020): 229-47.

Atkinson, John William, and David Birch. *Introduction to Motivation*. 2nd ed. New York: Van Nostrand, 1978.

Autor, David, Caroline Chin, Anna M. Salomons, and Bryan Seegmiller. "New Frontiers: The Origins and Content of Work 1940-2018." *NBER Working Paper Series*, 2022.

Aviation Safety Network. "ASN Accident Description." Accessed June 27, 2023. http://aviation-safety.net/database/record.php?id=19770327-0.

Ayres, Paul. "Impact of Reducing Cognitive Load on Learning in a Mathematical Domain." *Applied Cognitive Psychology* 20, no. 3 (2006): 287–98.

Bacon, Francis. *Novum Organon*. 1620.

Baddeley, Alan. *Human Memory: Theory and Practice*. Hove, UK: Psychology Press, 1997.

Balkom, Anton J. L. M. van, Patricia van Oppen, Alexander W. A. Vermeulen, Richard van Dyck, Mary C. E. Nauta, and Harne C. M. Vorst. "A Meta-Analysis on the Treatment of Obsessive Compulsive Disorder: A Comparison of Antidepressants, Behavior, and Cognitive Therapy." *Clinical Psychology Review* 14, no. 5 (1994): 359–81.

Bandura, Albert. *Social Learning Theory*. Englewood Cliffs, NJ: Prentice-Hall, 1977.

Barnett, Susan M., and Barbara Kowslowski. "Adaptive Expertise: Effects of Type of Experience and the Level of Theoretical Understanding It Generates." *Thinking & Reasoning* 8, no. 4 (2002): 237–67.

Bassok, Miriam, and Keith Holyoak. "Pragmatic Knowledge and Conceptual Structure: Determinants of Transfer Between Quantitative Domains." In *Transfer on Trial: Intelligence, Cognition, and Instruction*, edited by Douglas Detterman and Robert Sternberg, 68–98. Norwood, NJ: Ablex, 1993.

Battig, William. "Facilitation and Interference." In *Acquisition of Skill*, edited by Edward Bilodeau, 215–45. New York: Academic Press, 1966.

Benson, P. George, and Dilek Onkal. "The Effects of Feedback and Training on the Performance of Probability Forecasters." *International Journal of Forecasting* 8, no. 4 (1992): 559–73.

Bereiter, Carl, and Marlene Scardamalia. *The Psychology of Written Composition*. Mahwah, NJ: Erlbaum, 1987.

Berliner, Paul. *Thinking in Jazz: The Infinite Art of Improvisation*. Chicago: University of Chicago Press, 2009.

Bernshteĭn, Nikolaĭ Aleksandrovich. *The Co-ordination and Regulation of Movements*. New York: Pergamon Press, 1967.

Bernstein, Mark F. "The Mind of a Mathematician." *Princeton Alumni Weekly*, November 13, 2019. Accessed June 26, 2023. https://paw.princeton.edu/article/mind-mathematician.

Beth, Crandall, Gary Klein, and Robert R. Hoffman. *Working Minds: A Practitioner's Guide to Cognitive-Task Analysis*. Cambridge, MA: MIT Press, 2006.

Birnbaum, Monica, Nate Kornell, Elizabeth Bjork, and Robert Bjork. "Why Interleaving Enhances Inductive Learning: The Roles of Discrimination and Retrieval." *Memory & Cognition* 41 (2013): 392–402.

Bjork, Robert, and Elizabeth Bjork. "Desirable Difficulty in Theory and Practice." *Journal of Applied Research in Memory and Cognition* 9 (2020): 475–479.

Bloom, Benjamin. "Learning for Mastery." *Evaluation Comment* 1, no. 2 (1968).

———. "The 2 Sigma Problem: The Search for Methods of Group Instruction as Effective as One-to-One Tutoring." *Educational Researcher* 13, no. 6 (1984): 4-16.

Bouton, Mark. "Context, Ambiguity and Unlearning: Sources of Relapse After Behavioral Extinction." *Biological Psychiatry* 52, no. 10 (2002): 976-86.

Boyle, Patrick. "Medical School Enrollments Grow, but Residency Slots Haven't Kept Pace." Association of American Medical Colleges, September 3, 2020. Accessed June 27, 2023. https://www.aamc.org/news/medical-school-enrollments-grow-residency-slots-haven-t-kept-pace.

Boyle, Robert. 1662. *New Experiments Physico-Mechanicall, Touching the Spring of Air, and Its Effects.* Oxford: H. Hall, Printer to the University, for T. Robinson.

Brennan, Jason. *Good Work If You Can Get It: How to Succeed in Academia.* Baltimore: Johns Hopkins University Press, 2020.

Brewer, William F. "Bartlett's Concept of the Schema and Its Impact on Theories of Knowledge Representation in Contemporary Cognitive Psychology." In *Bartlett, Culture and Cognition,* edited by Akiko Saito, 69-89. London: Psychology Press, 2000.

Britannica. "Understand Albert Einstein's Perspective of Disagreement About the Element of Uncertainty of Quantum Theory." Accessed June 27, 2023. https://www.britannica.com/video/186825/indeterminacy-element-interpretation-quantum-mechanics-objections-Niels.

Brown, Forrest. "Famous Picasso Paintings: 7 Works That Captured Our Imagination." CNN, February 3, 2020. Accessed June 27, 2023. https://www.cnn.com/style/article/famous-picasso-paintings/index.html.

Brown, John Seely, and Kurt VanLehn. "Repair Theory: A Generative Theory of Bugs in Procedural Skills." *Cognitive Science* 4, no. 4 (1980): 379-426.

Brunson, *Doyle. Doyle Brunson's Super System: A Course in Power Poker.* Las Vegas, NV: B&G, 1978.

Butler, Octavia. "Positive Obsession." In *Bloodchild and Other Stories,* 125-35. New York: Seven Stories Press, 2005.

Campbell, Donald. "Blind Variation and Selective Retention in Creative Thought as in Other Knowledge Processes." *Psychological Review* 67, no. 6 (1960): 380-400.

Canavan, Gerry. Octavia E. Butler. Urbana: University of Illinois Press, 2016.

Caplan, Bryan. *The Case Against Education: Why the Education System Is a Waste of Time and Money.* Princeton, NJ: Princeton University Press, 2018.

Carlson, Richard A., Boo Hock Khoo, and Robert G. II Elliot. "Component Practice and Exposure to a Problem-Solving Context." *Human Factors: The Journal of the Human Factors and Ergonomics Society* 32, no. 3 (1990): 267-86.

Carretta, Thomas, and Ronald Dunlap. "Transfer of Training Effectivness in Flight Simulation 1988 to 1997." United States Air Force Research Laboratory, 1998.

Carroll, William. "Using Worked Examples as an Instructional Support in the Algebra Classroom." *Journal of Educational Psychology* 86, no. 3 (1994): 360-67.

Catrambone, Richard. "The Subgoal Learning Model: Creating Better Examples So That Students Can Solve Novel Problems." *Journal of Experimental Psychology: General* 127, no. 4 (1998): 355.

Cennini, Cennino. *Il libro dell'arte*. Translated by Daniel V. Thompson. New York: Dover, 1954.

Chase, William, and Herbert Simon. "Perception in Chess." *Cognitive Psychology* 4, no. 1 (1973): 55-81.

Cheng, Patricia W., Keith Holyoak, Richard Nisbett, and Lindsay Oliver. "Pragmatic versus Syntactic Approaches to Training Deductive Reasoning." *Cognitive Psychology* 18, no. 3 (1986): 293-328.

Chi, Michelene, Miriam Bassok, Matthew W. Lewis, Peter Reinmann, and Robert Glaser. "Self-Explanations: How Students Study and Use Examples in Learning to Solve Problems." *Cognitive Science* 13, no. 2 (1989): 145-82.

Chi, Michelene, Paul Feltovich, and Robert Glaser. "Categorization and Representation of Physics Problems by Experts and Novices." Cognitive Science 5, no. 2 (1981): 121-52.

Chi, Michelene, Robert Glaser, and Marshall Farr. *The Nature of Expertise*. Hillsdale, NJ: Erlbaum, 1988.

Choudhry, Niteesh K., Robert H. Fletcher, and Stephen B. Soumerai. "Systematic Review: The Relationship Between Clinical Experience and Quality of Health Care." *Annals of Internal Medicine* 142, no. 4 (2005): 260-73.

Clark, Lee. "Panic: Myth or Reality?" *Contexts* (Fall 2022): 21-26.

Clark, Richard E. "Antagonism Between Achievement and Enjoyment in ATI Studies." *Educational Psychologist* 17, no. 2 (1982): 92-101.

Consuela, Francis. *Conversations with Octavia Butler*. Jackson: University Press of Mississippi, 2009.

Cooper, Graham, and John Sweller. "Effects of Schema Acquisition and Rule Automation on Mathematical Problem-Solving Transfer." *Journal of Educational Psychology* 79, no. 4 (1987): 347-62.

Cornelius, Adam, dir. *Ecstasy of Order: The Tetris Masters*. 2021.

Cowan, Nelson. "The Magical Number 4 in Short-Term Memory: A Reconsideration of Mental Storage Capacity." *Behavioral and Brain Sciences* 24, no. 1 (2001): 87-114.

Cowen, Tyler. "Learn Like an Athlete, Knowledge Workers Should Train." *Marginal Revolution*, July 12, 2019. Accessed June 28, 2023. https://marginalrevolution.com/marginalrevolution/2019/07/learn-like-an-athlete-knowledge-workers-should-train.html.

Craske, Michelle G., Michael Treanor, Christopher C. Conway, Tomislav Zbozinek, and Bram

Vervliet. "Maximizing Exposure Therapy: An Inhibitory Learning Approach." *Behavioral Research and Therapy* 58 (2014): 10–23.

Crowley, Roger. *The Guns of Constantinople*. July 30, 2007. Accessed June 27, 2023. https://www.historynet.com/the-guns-of-constantinople/.

Csikszentmihalyi, Mihalyi. "Creativity and Genius: A Systems Perspective." In *Genius and the Mind*, by Andrew Steptoe, 39–66. New York: Oxford University Press, 1988.

Da Vinci, *Leonardo. Leonardo's Notebooks: Writing and Art of the Great Master*. Edited by H. Anna Suh. New York: Black Dog & Leventhal, 2013.

Davis, Martin, Yuri Matijasevič, and Julia Robinson. "Hilbert's Tenth Problem. Diophantine Equations: Positive Aspects of a Negative Solution." American Mathematical Society, 1976.

Davis, Miles, and Quincy Troupe. *Miles: The Autobiography*. New York: Simon & Schuster, 1989.

Davis, Richard. "Creativity in Neurosurgical Publications." *Neurosurgery* 20, no. 4 (1987): 652–63.

De Groot, Adrianus Dingeman. *Het denken van den schaker* (Thought and choice in chess). Amsterdam: N.V. Noord-Hollandsche Uitgevers Maatschappij, 1946.

DeKeyser, Robert. "Beyond Explicit Rule Learning: Automatizing Second Language Morphosyntax." *Studies in Second Language Acquisition* 19, no. 2 (1997): 195–221.

Dempster, Frank N. "The Spacing Effect: A Case Study in the Failure to Apply the Results of Psychological Research." *American Psychologist* 43, no. 8 (1988): 627.

Dethier, Dylan. "What Tiger Woods' First-Ever TV Appearance (at Age 2!) Really Taught Us." Golf, March 24, 2020. Accessed June 27, 2023. https://golf.com/news/tiger-woods-youtube-project-first-tv-appearance/.

Dewey, John. *Democracy and Education*. New York: Macmillan, 1916.

Diamond, Jared. *Guns, Germs, and Steel: The Fates of Human Societies*. New York: Norton, 1997.

DiSessa, Andrea A. "Unlearning Aristotelian Physics: A Study of Knowledge-Based Learning." *Cognitive Science* 6, no. 1 (1982): 37–75.

Duncker, Karl. "On Problem Solving." *Psychological Monographs* 58, no. 5 (1945): i–113.

Eden, Scott. "Stroke of Madness." ESPN, January 13, 2013. Accessed June 27, 2023. https://www.espn.com/golf/story/_/id/8865487/tiger-woods-reinvents-golf-swing-third-career-espn-magazine.

Edison Innovation Foundation. "Famous Quotes by Thomas Edison." 2020. Accessed June 27, 2023. https://www.thomasedison.org/edison-quotes.

Efland, Arthur D. A History of Art Education. New York: Teachers College Press, 1990. Egan, Dennis, and Barry Schwartz. "Chunking in Recall of Symbolic Drawings." *Memory & Cognition* 7 (1979): 149–58.

Eglington, Luke, and Sean Kang. "Interleaved Presentation Benefits Science Category

Learning." *Journal of Applied Research in Memory and Cognition* 6, no. 4 (2017): 475–85.

Einstein, Albert. "Physics and Reality." Translated by Jean Piccard. *Journal of the Franklin Institute* 221, no. 3 (1936): 349–82.

Engelmann, Siegfried, and Douglas Carnine. *Theory of Instruction: Principles and Applications.* New York: Irvington, 1982.

Ericsson, K. Anders. *Development of Professional Expertise: Toward Measurement of Expert Performance and Design of Optimal Learning Environments.* Cambridge: Cambridge University Press, 2009.

Ericsson, K. Anders, and Walter Kintsch. "Long-Term Working Memory." *Psychological Review* 102, no. 2 (1995): 211–45.

Ericsson, K. Anders, and Robert Pool. *Peak: Secrets from the New Science of Expertise.* Houghton Mifflin Harcourt, 2016.

Ericsson, K. Anders, and Jacqui Smith. *Toward a General Theory of Expertise: Prospects and Limits.* Cambridge: Cambridge University Press, 1991.

Ericsson, K. Anders, Ralf T. Krampe, and Clemens Tesch-Romer. "The Role of Deliberate Practice in the Acquisition of Expert Performance." *Psychological Review* 100, no. 3 (1993): 363.

Fabiani, Monica, Jean Buckley, Gabriele Gratton, Michael G. H. Coles, Emanuel Donchin, and Robert Logie. "The Training of Complex Task Performance." *Acta Psychologica* 71, no. 1–3 (1989): 259–99.

Farndale, Nigel. "Magnus Carlsen: Grandmaster Flash." *Guardian*, October 19, 2013. Accessed June 26, 2023. https://www.theguardian.com/sport/2013/oct/19/magnus-carlsen-chess-grandmaster.

Federal Trade Commission. "Lumosity to Pay $2 Million to Settle FTC Deceptive Advertising Charges for Its 'Brain Training' Program." Press release, January 5, 2016. Accessed June 26, 2023. https://www.ftc.gov/news-events/news/press-releases/2016/01/lumosity-pay-2-million-settle-ftc-deceptive-advertising-charges-its-brain-training-program.

———. "[Proposed] Stipulated Final Judgment and Order for Permanent Injunction and Other Equitable Relief." January 8, 2016. Accessed June 26, 2023. https://www.ftc.gov/system/files/documents/cases/160105lumoslabsstip.pdf.

Fenton, Charles Andrew. *The Apprenticeship of Ernest Hemingway.* New York: Farrar, Straus & Young, 1954.

Feske, Ulrike, and Dianne L. Chambless. "Cognitive Behavioral versus Exposure Only Treatment for Social Phobia: A Meta-Analysis." *Behavior Therapy* 26, no. 4 (1995): 695–720.

Feynman, Richard. *"Surely You're Joking, Mr. Feynman!" Adventures of a Curious Character.* New York: Norton, 1985.

"Feynman: Knowing versus Understanding." Video, YouTube, May 17, 2012. Accessed June 27, 2023. https://www.youtube.com/watch?v=NM-zWTU7X-k.

Fitts, Paul Morris, and Michael Posner. *Human Performance*. Belmont, CA: Brooks/Cole, 1967.

Foa, Edna, Constance Dancu, Elizabeth Hembree, Lisa Jaycox, Elizabeth Meadows, and Gordon P. Street. "A Comparison of Exposure Therapy, Stress Inoculation Training, and Their Combination for Reducing Posttraumatic Stress Disorder in Female Assault Victims." *Journal of Consulting and Clinical Psychology* 67, no. 2 (1999): 194-200.

Fong, Geoffrey, David Krantz, and Richard Nisbett. "The Effects of Statistical Training on Thinking About Everyday Problems." *Cognitive Psychology* 18 (1986): 253-92.

Free to Choose. Performed by Milton Friedman, 1980.

Gaming Historian. *The Story of Tetris*. February 2, 2018. Accessed June 26, 2023. https://www.youtube.com/watch?v=_fQtxKmgJC8.

Gao, Yuan, Renae Low, Putai Jin, and John Sweller. "Effects of Speaker Variability on Learning Foreign-Accented English for EFL Learners." *Journal of Educational Psychology* 105, no. 3 (2013): 649.

Gardener, Howard. *The Unschooled Mind: How Children Think and How Schools Should Teach*. New York: Basic Books, 1991.

Ghofrani, Hossein, Ian Osterloh, and Friedrich Grimminger. "Sildenafil: From Angina to Erectile Dysfunction to Pulmonary Hypertension and Beyond." *Nature Reviews Drug Discovery* 5, no. 8 (2006): 689-702.

Gick, Mary, and Keith Holyoak. "Analogical Problem Solving." *Cognitive Psychology* 12 (1980): 306-55.

Girma, Haben. *Haben: The Deafblind Woman Who Conquered Harvard Law*. New York: Twelve, 2019.

Glogger-Frey, Inga, Corrina Fleischer, Lisa Gruny, Julian Kappich, and Alexander Renkl. "Inventing a Solution and Studying a Worked Solution Prepare Differently for Learning from Direct Instruction." *Learning and Instruction* 39 (2015): 72-87.

Goldsmith, Jeffrey. "This Is Your Brain on Tetris." *Wired*, May 1, 1994. Accessed June 26, 2023. https://www.wired.com/1994/05/tetris-2/.

Goldstone, Robert. "Isolated and Interrelated Concepts." *Memory & Cognition* 24 (1996): 608-28.

Gould, Robert A., Susan Buckminster, Mark H. Pollack, Michael W. Otto, and Li-ang Yap. "Cognitive-Behavioral and Pharmacological Treatment for Social Phobia: A Meta-Analysis." *Clinical Psychology: Science and Practice* 4, no. 4 (1997): 291-306.

Gould, Robert A., Michael W. Otto, and Mark H. Pollack. "A Meta-Analysis of Treatment Outcome for Panic Disorder." *Clinical Psychology Review* 15, no. 8 (1995): 819-44.

Gould, Robert A., Michael W. Otto, Mark H. Pollack, and Liang Yap. "Cognitive Behavioral and

Pharmacological Treatment of Generalized Anxiety Disorder: A Preliminary Meta-Analysis." *Behavior Therapy* 28, no. 2 (1997): 285–305.

Green, John. "Why Are Humans Suddenly Getting Better at Tetris?" Video, YouTube, October 18, 2018. Accessed June 26, 2023. https://www.youtube.com/watch?v=twS0SrDg-fc.

Greenwald, Morgan. "30 Life-Changing Inventions That Were Totally Accidental." BestLife, September 25, 2018. Accessed June 27, 2023. https://bestlifeonline.com/acidental-inventions/.

Grice, H. P. "Logic and Conversation." In *Speech Acts*, by Peter Cole and Jerry L. Morgan, 41–58. Leiden: Brill, 1975.

Grove, William, and Paul Meehl. "Comparative Efficiency of Informal (Subjective, Impressionistic) and Formal (Mechanical, Algorithmic) Prediction Procedures: The Clinical-Statistical Controversy." *Psychology*, Public Policy, and Law 2 (1996): 293–323.

Guskey, Thomas R. *Implementing Mastery Learning, 3rd ed.* Thousand Oaks, CA: Corwin, 2023.

Haier, Richard, Sherif Karama, Leonard Leyba, and Rex E Jung. "MRI Assessment of Cortical Thickness and Functional Activity Changes in Adolescent Girls Following Three Months of Practice on a Visual-Spatial Task." *BMC Research Notes* 2, no. 174 (2009): 174.

Harmon, Claude "Butch," Jr., and Steve Eubanks. *The Pro: Lessons from My Father About Golf and Life.* New York: Crown, 2006.

Hatala, Rose, Lee Brooks, and Geoffrey Norman. "Practice Makes Perfect: The Critical Role of Mixed Practice in the Acquistion of ECG Interpretation Skills." *Advances in Health Sciences Education* 8 (2003): 17–26.

Hatano, Giyoo, and Kayoko Inagaki. "Two Courses of Expertise." *Child Development and Education in Japan* (1986): 262–72.

Hattie, John. *Visible Learning: A Synthesis of Over 800 Meta-Analyses Relating to Achievement.* New York: Routledge, 2008.

Hayes, John. "Cognitive Processes in Creativity." In *Handbook of Creativity*, edited by J. A. Glover, R. R. Ronning, and C. R. Reynolds, 135–45. New York: Plenum, 1989.

Heckman, James J., John Eric Humphries, and Tim Kautz. *The Myth of Achievement Tests: The GED and the Role of Character in American Life.* Chicago: University of Chicago Press, 2013.

Henderson, Laura. "Semaglutide: A Medical Expert's Guide." myBMI, January 23, 2023. https://my-bmi.co.uk/medical-therapy/history-of-semaglutide.

Hendon Mob. "Norway All Time Money List." June 26, 2023. Accessed June 27, 2023. https://pokerdb.thehendonmob.com/ranking/209/.

Henrich, Joseph. *The Secret of Our Success.* Princeton, NJ: Princeton University Press, 2015.

Hermann, Dorothy. *Helen Keller: A Life.* New York: Knopf, 1998.

Herrmann, Esther, Josep Call, Maria Victoria Hernandez-Lloreda, Brian Hare, and Michael Tomasello. "Humans Have Evolved Specialized Skills of Social Cognition: The Cultural

Intelligence Hypothesis." *Science* 317, no. 5843 (2007): 1360–66.

Heydenreich, Ludwig Heinrich. "Leonardo da Vinci: Italian Artist, Engineer, Scientist." *Britannica, June* 14, 2023. Accessed June 27, 2023. https://www.britannica.com/biography/Leonardo-da-Vinci.

Hirsch, E. D. *Cultural Literacy: What Every American Needs to Know.* New York: Vintage, 1988.

History.com. "Thomas Edison." November 9, 2009. Accessed June 27, 2023. https:// www.history.com/topics/inventions/thomas-edison.

Hodge, Frederick Arthur. *John Locke and Formal Discipline.* Lynchburg, VA: Bell, 1911.

Hofmann, Stefan G. "Cognitive Processes During Fear Acquisition and Extinction in Animals and Humans: Implications for Exposure Therapy and Anxiety Disorders." *Clinical Psychology Review* 28, no. 2 (2008): 199–210.

Hofmann, Stefan G., and Gordon J. G. Asmundson. "Acceptance and Mindfulness-Based Therapy: New Wave or Old Hat?" *Clinical Psychology Review* 28, no. 1 (2008): 1–16.

Holmes, Oliver Wendell, Jr. *The Essential Holmes.* Edited by Richard A. Posner. Chicago: University of Chicago Press, 1992.

Howes, Anton. "Age of Invention: Upstream, Downstream." Age of Invention, January 21, 2021. Accessed June 27, 2023. https://www.ageofinvention.xyz/p/age-of-invention-upstream-downstream.

Imir, Zvon. "Annette Obrestad Poker Journey: The 18-Year-Old Poker Queen of Europe." My Poker Coaching. Accessed June 27, 2023. https://www.mypokercoaching.com/annette-obrestad/.

Isaacson, Walter. *Einstein: His Life and Universe.* New York: Simon & Schuster, 2007.

Jacobs, John, Carolyn Prince, Robert Hays, and Eduardo Salas. "A Meta-Analysis of the Flight Simulator Training Research." Naval Training Systems Center, Human Factors Division, August 1990.

James, William. *The Principles of Psychology.* Vol. 2. New York: Henry Holt, 1890.

Janis, Irving. *Air War and Emotional Stress: Psychological Studies of Bombing and Civilian Defense.* New York: McGraw-Hill, 1951.

Jarodzka, Halszka, Thomas Balslev, Marcus Nystrom Kenneth Holmqvist, Katharina Scheiter, Peter Gerjets, and Berit Eika. "Conveying Clinical Reasoning Based on Visual Observation via Eye-Movement Modelling Examples." *Instructional Science* 40 (2012): 813–827.

Jimoyiannis, Athanassios, and Vassilis Komis. "Computer Simulations in Physics Teaching and Learning: A Case Study on Students' Understanding of Trajectory Motion." *Computers & Education* 36, no. 2 (2001): 183–204.

Jones, Jeffrey M. "Americans Reading Fewer Books Than in Past." Gallup, January 10, 2022. Accessed June 26, 2023. https://news.gallup.com/poll/388541/americans-readingfewer-books-past.aspx.

Josephson, Matthew. *Edison: A Biography*. New York: McGraw-Hill, 1959.

Judd, Charles Hubbard. "The Relation of Special Training and General Intelligence." *Educational Review* 36 (1908): 28-42.

Juel, Connie, and Diane Roper-Schneider. "The Influence of Basal Readers on First Grade Reading." *Reading Research Quarterly* 20 (1985): 134-52.

Kahneman, Daniel. "Don't Blink! The Hazards of Overconfidence." *New York Times*, October 19, 2011. Accessed June 27, 2023. https://www.nytimes.com/2011/10/23/magazine/dont-blink-the-hazards-of-confidence.html.

———. *Thinking, Fast and Slow*. New York: Farrar, Straus & Giroux, 2011.

Kahneman, Daniel, and Gary Klein. "Conditions for Intuitive Expertise: A Failure to Disagree." *American Psychologist* 64, no. 6 (2009): 515.

Kahneman, Daniel, Amos Tversky, and P. Slovic. "Judgements of and by Representativeness." In *Judgement Under Uncertainty: Heuristics and Biases*. Cambridge: Cambridge University Press, 1982.

Kalyuga, Slava. "Cognitive Load Theory: How Many Types of Load Does It Really Need?" *Educational Psychology Review* 23, no. 1 (2011): 19.

———. "Expertise Reversal Effect and Its Implications for Learner-Tailored Instruction." *Educational Psychology Review* 19 (2007): 509-39.

Kang, Sean, and Harold Pashler. "Learning Painting Styles: Spacing Is Advantageous When It Promotes Discriminative Contrast." *Applied Cognitive Psychology* 26, no. 1 (2012): 97-103.

Kanigel, Robert. *Apprentice to Genius: The Making of a Scientific Dynasty*. Baltimore: Johns Hopkins University Press, 1993.

Kapur, Manu. "Productive Failure." *Cognition and Instruction* 26 (2008): 379-424.

Karpicke, Jeffrey. "Metacognitive Control and Strategy Selection: Deciding to Practice Retrieval During Learning." *Journal of Experimental Psychology: General* 138, no. 4 (2009): 469.

Karpicke, Jeffrey, and Janelle Blunt. "Retrieval Practice Produces More Learning Than Elaborative Studying with Concept Mapping." *Science* 331, no. 6018 (2011): 772-75.

Keller, Helen. *The Story of My Life*. New York: Doubleday, Page, 1903.

Kelly, Kevin. "103 Bits of Advice I Wish I Had Known." Technium, April 28, 2022. Accessed June 26, 2023. https://kk.org/thetechnium/103-bits-of-advice-i-wish-i-had-known/.

Kiersz, Andy. "Any Rubik's Cube Can Be Solved in 20 Moves, but It Took Over 30 Years for Anyone to Figure That Out." *Business Insider*, January 18, 2019. Accessed June 26, 2023. https://www.businessinsider.com/rubiks-cube-gods-number-steps-to-solve-any-cube-2019-1.

Kiger, Patrick J. "How Nixon's WWII Poker Game Helped Bankroll His First Run for

Congress." History.com, February 19, 2019. Accessed June 27, 2023. https://www. history.com/news/richard-nixon-campaign-funds-wwii-poker.

Kintsch, Walter. *Comprehension: A Paradigm for Cognition*. Cambridge: Cambridge University Press, 1998.

Kirschner, Paul A. "Epistemology or Pedagogy, That Is The Question." In *Constructivist Instruction: Success or Failure?*, by Sigmund Tobias and Thomas Duffy, 144-58. New York: Routledge, 2009.

Kirschner, Paul, John Sweller, and Richard E. Clark. "Why Minimal Guidance During Instruction Does Not Work: An Analysis of the Failure of Constructivist, Discovery, Problem-Based, Experiential, and Inquiry-Based Teaching." *Educational Psychologist* 41, no. 2 (2006): 75-86.

Klahr, David. *Exploring Science: The Cognition and Development of Discovery Processes*. Cambridge, MA: MIT Press, 2000.

Klahr, David, and Milena Nigam. "The Equivalence of Learning Paths in Early Science Instruction: Effects of Direct Instruction and Discovery Learning." *Psychological Science* 15, no. 10 (2004): 661-67.

Klein, Gary A., Roberta Calderwood, and Anne Clinton-Cirocco. "Rapid Decision Making on the Fire Ground." *Proceedings of the Human Factors Society Annual Meeting* 30, no. 6 (1986): 576-80.

Klein, Gary, Steve Wolf, Laura Militello, and Caroline Zsambok. "Characteristics of Skilled Option Generation in Chess." *Organizational Behavior and Human Decision Processes* 62, no. 1 (1995): 63-69.

Kleiner, Morris M., and Evgeny S. Vorotnikov. "At What Cost? State and National Estimates of the Economic Costs of Occupational Licensing." Institute for Justice, 2018.

Kluger, Avraham, and Angelo DeNisi. "The Effects of Feedback Interventions on Performance: A Historical Review, a Meta-Analysis, and a Preliminary Feedback Intervention Theory." *Psychological Bulletin* 119, no. 2 (1996): 254-84.

Kornell, Nate, and Robert Bjork. "Learning Concepts and Categories: Is Spacing the 'Enemy of Induction'?" *Psychological Science* 19, no. 6 (2008): 585-92.

Kubricht, James R., Keith Holyoak, and Hongjing Lu. "Intuitive Physics: Current Research and Controversies." *Trends in Cognitive Science* 21, no. 10 (2017): 749-59.

Langley, Pat, Herbert A. Simon, Gary L. Bradshaw, and Jan M. Zytkow. *Scientific Discovery: Computational Explorations of the Creative Processes*. Cambridge, MA: MIT Press, 1987.

Lave, Jean, and Etienne Wenger. *Situated Learning: Legitimate, Peripheral Participation*. Cambridge: Cambridge University Press, 1991.

LeDoux, Joseph. *Anxious: Using the Brain to Understand and Treat Fear and Anxiety*. New York: Penguin Books, 2015.

LeFevre, Jo-Anne, and Peter Dixon. "Do Written Instructions Need Examples?" *Cognition and Instruction* 3, no. 1 (1986): 1–30.

Likourezos, Vicki, Slava Kalyuga, and John Sweller. "The Variability Effect: When Instructional Variability Is Advantageous." *Educational Psychology Review* 31 (2019): 479–97.

Lintern, Gavan, Stanley Roscoe, and Jonathan Sivier. "Display Principles, Control Dynamics, and Environmental Factors in Pilot Training and Transfer." *Journal of Human Factors and Ergonomics Society* 32, no. 3 (1990): 299–317.

Locke, John. *Some Thoughts Concerning Education*. London, 1693.

Logan, Gordon. "Toward an Instance Theory of Automatization." *Psychological Review* 95, no. 4 (1988): 492–527.

Luchins, Abraham. "Mechanization in Problem Solving: The Effect of Einstellung." *Psychological Monographs* 45, no. 6 (1942): i–95.

Maddox, Brenda. *Rosalind Franklin: The Dark Lady of DNA*. New York: Harper Perennial, 2003.

Magill, Richard, and Kellie Hall. "A Review of the Contextual Interference Effect in Motor Acquisition." *Human Movement Science* 9, no. 3–5 (1990): 241–89.

Magyar, Marton. *The 50 Greatest Stories in Poker History*. Las Vegas, NV: Huntington Press, 2021.

Marcus, Gary, Steven Pinker, Michael Ullman, Michelle Hollander, T. John Rosen, Fei Xu, and Harald Clahsen. "Overregularization in Language Acquisition." *Monographs of the Society for Research in Child Development* (1992): i–178.

Marks, Isaac. *Fears, Phobias, and Rituals: Panic, Anxiety and Their Disorders*. Oxford: Oxford University Press, 1987.

Marrow, Alfred. *The Practical Theorist: The Life and Work of Kurt Lewin*. New York: Basic Books, 1969.

Masters, Rich, and Jon Maxwell. "The Theory of Reinvestment." *International Review of Sport and Exercise Psychology* 1, no. 2 (2008): 160–83.

Matlen, Bryan, and David Klahr. "Sequential Effects of High and Low Instructional Guidance on Children's Acquisition of Experimentation Skills: Is It All in the Timing?" *Instructional Science* 41 (2013): 621–34.

Matthews, Karen, Robert Helmreich, and William Beane. "Pattern A, Achievement Striving, and Scientific Merit: Does Pattern A Help or Hinder?" *Journal of Personality and Social Psychology* 39, no. 5 (1980): 962.

Mavin, Timothy J., and Patrick S. Murray. "The Development of Airline Pilot Skills Through Simulated Practice." In *Learning Through Practice: Models, Traditions, Orientations and Approaches*, edited by Stephen Billet. Dordrecht, Netherlands: Springer, 2010.

Mayer, Richard. "Should There Be a Three-Strikes Rule Against Pure Discovery Learning?" *American Psychologist* 59, no. 1 (2004): 14–19.

McClelland, James, David E. Rumelhart, and PDP Research Group. *Parallel Distributed Processing*.

Cambridge, MA: MIT Press, 1986.

McKenna, David. "Robert Smith-Barry: The Man Who Taught the World to Fly." BBC, February 23, 2013. Accessed June 27, 2023. https://www.bbc.co.uk/news/uk-england-21321362.

McNamara, Danielle, and Walter Kintsch. "Learning from Texts: Effects of Prior Knowledge and Text Coherence." *Discourse Processes* 22, no. 3 (1996): 247-88.

Meehl, Paul. *Clinical versus Statistical Prediction: A Theoretical Analysis and Review of the Evidence.* Minneapolis: University of Minnesota Press, 1954.

Meikeljohn, Alexander. "Is Mental Training a Myth?" *Educational Review* 37 (1908): 126-41.

Melby-Lervag, Monica, Thomas S. Redick, and Charles Hulme. "Working Memory Training Does Not Improve Performance on Measures of Intelligence or Other Measures of 'Far Transfer': Evidence from a Meta-Analytic Review." *Perspectives on Psychological Science* 11, no. 4 (2016): 512-34.

Mercier, Hugo, and Dan Sperber. *The Enigma of Reason.* Cambridge, MA: Harvard University Press, 2017.

Merriënboer, Jeroen Van, and Fred Paas. "Automation and Schema Acquisition in Learning Elementary Computer Programming: Implications for the Design of Practice." *Computers in Human Behavior* 6 (1990): 273-89.

Merrienboer, Jeroen van, Marcel de Croock, and Otto Jelsma. "The Transfer Paradox: Effects of Contextual Interference on Retention and Transfer Performance of a Complex Cognitive Skill." *Perceptual and Motor Skills* 84 (1997): 784-86.

Merton, Robert. "Singletons and Multiples in Scientific Discovery: A Chapter in the Sociology of Science." *Proceedings of the American Philosophical Society* 105, no. 5 (1961): 470-86.

Miller, George A. "The Magical Number Seven, Plus or Minus Two: Some Limits on Our Capacity for Processing Information." *Psychological Review* 63, no. 2 (1956): 81-97.

Mineka, Susan, and Richard Zinbarg. "A Contemporary Learning Theory Perspective on the Etiology of Anxiety Disorders: It's Not What You Thought It Was." *American Psychologist* 61, no. 1 (2006): 10-26.

Morley, Robert Michael. "Earning Their Wings: British Pilot Training 1912-1918." MA thesis, University of Saskatchewan, 2006.

Moshman, David, and Molly Geil. "Collaborative Reasoning: Evidence for Collective Rationality." *Thinking & Reasoning* 4, no. 3 (1998): 231-48.

Mowrer, O. Hobart. Learning Theory and Behavior. New York: John Wiley, 1960.

Nakata, Tatsuya, and Yuichi Suzuki. "Mixed Grammar Exercises Facilitates Long-Term Retention: Effects of Blocking, Interleaving, and Increasing Practice." *Modern Language Journal* 103, no. 3 (2019): 629-47.

Naylor, James C., and George E. Briggs. "Effects of Task Complexity and Task Organization on the Relative Efficiency of Part and Whole Training Methods." *Journal of Experimental Psychology* 65, no. 3 (1963): 217–24.

Negreanu, Daniel. "Daniel Negreanu Teaches Poker." MasterClass, October 2020. Accessed June 27, 2023. https://www.masterclass.com/classes/daniel-negreanu-teaches-poker.

Neisser, Ulric. *Cognition and Reality: Principles and Implications of Cognitive Psychology.* San Francisco: W. H. Freeman, 1976.

Newell, Allen, and Herbert Simon. *Human Problem Solving.* Englewood Cliffs, NJ: Prentice-Hall, 1972.

Newman, William R., and Lawrence Principe. *Alchemy Tried in Fire: Starkey, Boyle, and the Fate of Helmontian Chymistry.* Chicago: University of Chicago Press, 2002.

Newport, Cal. *Deep Work: Rules for Focused Success in a Distracted World.* New York: Grand Central, 2016.

Noack, Hannes, Martin Lovden, Florian Schmiedek, and Ulman Lindenberger. "Cognitive Plasticity in Adulthood and Old Age: Gauging the Generality of Cognitive Intervention Effects." *Restorative Neurology and Neuroscience* 27 (2009): 435–53.

NSC Injury Facts. "Deaths by Transportation Mode." 2023. Accessed June 27, 2023. https://injuryfacts.nsc.org/home-and-community/safety-topics/deaths-by-transportation-mode/.

Obrestad, Annette. "My Story." Video, YouTube, October 13, 2018. Accessed June 27, 2023. https://www.youtube.com/watch?v=mk-0CmsIVFg.

Ogburn, William, and Dorothy Thomas. "Are Inventions Inevitable? A Note on Social Evolution." *Political Science Quarterly* 37, no. 1 (1922): 83–98.

Owen, Adrain M., Adam Hampshire, Jessica A. Grahn, Robert Stenton, Said Dajani, Alistair S. Burns, Robert J. Howard, and Clive G. Ballard. "Putting Brain Training to the Test." *Nature* 465, no. 7299 (2010): 775–78.

Owen, Elizabeth, and John Sweller. "What Do Students Learn While Solving Mathematics Problems?" *Journal of Educational Psychology* 77, no. 3 (1985): 272–84.

Owens, Thomas. *Bebop: The Music and Its Players.* Oxford: Oxford University Press, 1996.

Oxford Reference. "Zone of Proximal Development." Accessed June 26, 2023. https://www.oxfordreference.com/display/10.1093/oi/authority.20110803133528287;jsessionid=77DCED74A08B38309BD994609A081496.

Pan, Steven, Jahan Tajran, Jarrett Lovelett, Jessica Osuna, and Timothy Rickard. "Does Interleaved Practice Enhance Foreign Language Learning? The Effects of Training Schedule on Spanish Verb Conjugation Skills." *Journal of Educational Psychology* 111, no. 7 (2019): 1172.

Panter-Downes, Mollie. *London War Notes.* New York: Farrar, Straus & Giroux, 1971.

Patel, Vimla, and Guy Groen. "Developmental Accounts of the Transition from Medical

Student to Doctor: Some Problems and Suggestions." *Medical Education* 25, no. 6 (1991): 527–35.

Pauling, Linus. Interview by Robert Richter of WGBH-Boston in *Linus Pauling, Crusading Scientist*, video, 1977.

Piaget, Jean. "Piaget's Theory." In *Carmichael's Manual of Child Psychology*, vol. 1, edited by Paul H. Mussen. New York: Wiley, 1970.

Pinker, Steven, and Arthur Morey. *The Language Instinct: How the Mind Creates Language*. New York: William Morrow, 1994.

Planck, Max. *Scientific Autobiography and Other Papers*. New York: Philosophical Library, 1949.

Plato. *Phaedrus, in Complete Works*, edited by J. M. Cooper. Indianapolis: Hackett, 1997.

Plato. *Plato's Republic*. Translated by Benjamin Jowett. Altenmunster, Germany: Jazzybee Verlag Jurgen Beck, n.d.

Pogrebin, Robin, and Scott Reyburn. "Leonardo da Vinci Painting Sells for $450.3 Million, Shattering Auction Highs." New York Times, November 15, 2017. Accessed June 26, 2023. https://www.nytimes.com/2017/11/15/arts/design/leonardo-da-vinci-salvator-mundi-christies-auction.html.

Poincare, Henri. *The Foundations of Science: Science and Hypothesis, the Value of Science, Science and Method*. New York: Science Press, 1913.

PokerListings. "About Chris Moneymaker." 2011. Accessed June 27, 2023. https:// web.archive.org/web/20110822203101/http://www.pokerlistings.com/poker-player_chris-moneymaker.

———. "Best Poker Moments-Annette Obrestad Shares Secrets of Blind Online Poker Win." Video, YouTube, November 11, 2021. Accessed June 27, 2023. https:// www.youtube.com/watch?v=ROE0uB51E0w.

Polanyi, Michael. *The Tacit Dimension*. Garden City, NY: Doubleday, 1966.

Price, Derek J. de Solla. *Little Science, Big Science*. New York: Columbia University Press, 1963.

Principe, Lawrence. *The Secrets of Alchemy*. Chicago: University of Chicago Press, 2012.

Quetelet, Adolphe. *A Treatise on Man and the Development of His Faculties*. Edinburgh, 1842.

Quote Investigator. "Can't Somebody Bring Me a One-Handed Economist?" April 10, 2019. Accessed June 27, 2023. https://quoteinvestigator.com/2019/04/10/one-handed/.

———. "It Is Better to Know Nothing Than to Know What Ain't So?" May 30, 2015. Accessed June 27, 2023. https://quoteinvestigator.com/2015/05/30/better-know/.

Rachman, Stanley J. *Fear and Courage*. San Francisco: W. H. Freeman, 1990.

Ramnero, Jonas. "Exposure Therapy for Anxiety Disorders: Is There Room for Cognitive Interventions?" In *Exposure Therapy: Rethinking the Model*, Refining the Method, edited by Peter Neudeck and Hans-Ulrich Wittchen, 275–97. New York: Springer, 2012.

Rantanen, Esa M., and Donald A. Talleur. "Incremental Transfer and Cost Effectivness of

Ground-Based Flight Trainers in University Aviation Programs." *Proceedings of the Human Factors and Ergonomics Society Annual Meeting* (2005): 764-68.

Rawlings, Bruce S. "After a Decade of Tool Innovation, What Comes Next?" *Child Development Perspectives* 16, no. 2 (2022): 118-24.

Reed, Stephen K., Alexandra Dempster, and Michael Ettinger. "Usefulness of Analogous Solutions for Solving Algebra Word Problems." *Journal of Experimental Psychology: Learning, Memory, and Cognition* 11, no. 1 (1985): 106-25.

Reijnoudt, Jan, and Niek Sterk. *Tragedie Op Tenerife*. Kampen, Netherlands: Kok, 2002.

Ritchie, Stuart. *Intelligence: All That Matters*. London: Quercus, 2016.

Ritchie, Stuart J., Timothy C. Bates, and Robert Plomin. "Does Learning to Read Improve Intelligence? A Longitudinal Multivariate Analysis of Identical Twins from Age 7 to 16." *Child Development* 86, no. 1 (2015): 23-36.

Roediger, Henry L., III, and Andrew C. Butler. "The Critical Role of Retrieval Practice in Long-Term Retention." *Trends in Cognitive Science* 15, no. 1 (2011): 20-27.

Roscoe, Stanley. "Incremental Transfer Effectiveness." *Human Factors* 13, no. 6 (1971): 561-67.

Rosenshine, Barak, and Robert Stevens. "Teaching Functions." In *Handbook of Research on Teaching*, 3rd ed., edited by M. C. Wittrock, 376-91. New York: Macmillan, 1986.

Rowland, Christopher. "The Effect of Testing versus Restudy on Retention: A Meta-Analytic Review of the Testing Effect." *Psychological Bulletin* 140, no. 6 (2014): 1432-63.

Saelee, Joseph. "First Ever Level 34 in NES Tetris." Video, YouTube, February 15, 2020. Accessed June 26, 2023. https://www.youtube.com/watch?v=rWMUYBinriw.

———. "284 Lines (Full Video)." Video, YouTube, February 15, 2020. Accessed June 26, 2023. https://www.youtube.com/watch?v=L7SRuMG6AJc.

Saigh, Philip A. "Pre-and Postinvasion Anxiety in Lebanon." *Behavior Therapy* 15, no. 2 (1984): 185-90.

Sala, Giovanni, and Fernand Gobet. "Does Far Transfer Exist? Negative Evidence from Chess, Music, and Working Memory Training." *Current Directions in Psychological Science* 26, no. 6 (2017): 515-20.

Schonbrun, Zach. "A New Generation Stacks Up Championships in an Old Game: Tetris." *New York Times*, December 28, 2021. Accessed June 26, 2023. https://www.nytimes.com/2021/12/28/sports/tetris-game.html.

Schwartz, Daniel, and Taylor Martin. "Inventing to Prepare for Future Learning: The Hidden Efficiency of Encouraging Original Student Production in Statistics Instruction." *Cognition and Instruction* 22, no. 2 (2004): 129-84.

Seligman, Martin. "Phobias and Preparedness." *Behavior Therapy* 2, no. 3 (1971): 307-20.

Shaw, George Bernard. *The Doctor's Dilemma*. First presented 1906.

Shea, John, and Robyn Morgan. "Contextual Interference Effects on the Acquisition,

Retention, and Transfer of a Motor Skill." *Journal of Experimental Psychology: Human Learning and Memory* 5, no. 2 (1979): 179.

Siegel, Paul, and Richard Warren. "Less Is Still More: Maintenance of the Very Brief Exposure Effect 1 Year Later." *Emotion* 13, no. 2 (2013): 338–44.

Siegler, Robert S. *Emerging Minds: The Process of Change in Children's Thinking*. Oxford: Oxford University Press, 1998.

Simon, Herbert. *Administrative Behavior*. New York: Macmillan, 1947.

———. "How Managers Express Their Creativity." *Engineering Management International* 4 (1986): 71–76.

———. "What Is an 'Explanation' of Behavior?" *Psychological Science* 3, no. 3 (1992): 150–61.

Simonton, Dean. *Greatness: Who Makes History and Why*. New York: Guilford Press, 1994. Singh, Simon. Fermat's Last Theorem. London: Fourth Estate, 1997.

Singley, Mark, and John Anderson. *The Transfer of Cognitive Skill*. Cambridge, MA: Harvard University Press, 1989.

Sinha, Tanmay, and Manu Kapur. "When Problem Solving Followed by Instruction Works: Evidence for Productive Failure." *Review of Educational Research* 91, no. 5 (2021): 761–98.

Skinner, Burrhus Frederic. "A Case History in Scientific Method." *American Psychologist* 11, no. 5 (1956): 221.

Souriau, Paul. Theorie de l'Invention. Paris: Hachette, 1881.

Spaeth, Edmund B., Jr. "What a Lawyer Needs to Learn." In *Tacit Knowledge in Professional Practice: Researcher and Practitioner Perspectives*, edited by Robert J. Sternberg and Joseph A. Horvath, 38–57. Mahwah, NJ: Lawrence Erlbaum, 1999.

Stanovich, Keith. "Matthew Effects in Reading: Some Consequences of Individual Differences in the Acquisition of Literacy." *International Literacy Association* 21, no. 4 (1986): 360–407.

Sternberg, Robert J., and James C. Kaufman, eds. *The Cambridge Handbook of Creativity*. Cambridge: Cambridge University Press, 1999.

Stokes, A. B. "War Strains and Mental Health." *Journal of Nervous and Mental Disease* 101, no. 3 (1945): 215–19.

Swain, Merrill. "Communicative Competence: Some Roles for Comprehensible Input and Comprehensible Output in Its Development." In *Input in Second Language Acquisition*, edited by Susan M. Gass and Carolyn G. Madden. New York: Newbury House, 1985.

Sweller, John. "Story of a Research Program." *Education Review* 23 (2016).

Sweller, John, and Matt Levine. "Effects of Goal Specificity on Means–Ends Analysis and Learning." *Journal of Experimental Psychology: Learning, Memory and Cognition* 8, no. 5 (1982): 463–74.

Sweller, John, Robert Mawer, and Walter Howe. "Consequences of History–Cued and Means–End Strategies in Problem Solving." *American Journal of Psychology* 95, no. 3 (1982): 455–

83.

Sweller, John, Robert F. Mawer, and Mark R. Ward. "Development of Expertise in Mathematical Problem Solving." *Journal of Experimental Psychology: General* 112, no. 4 (1983): 639–61.

Tetlock, Philip. *Expert Political Judgment: How Good Is It? How Can We Know?* Princeton, NJ: Princeton University Press, 2006.

Tetlock, Philip, and Dan Gardener. *Superforecasting: The Art and Science of Prediction.* Toronto: Signal, 2015.

Thaden–Koch, Thomas C., Robert Dufresne, and Jose Mestre. "Coordination of Knowledge in Judging Animated Motion." *Physical Review Special Topics: Physics Education Research* 2, no. 2 (2006).

Thorndike, Edward. *Educational Psychology.* New York: Lemke & Buechner, 1903.

———. "The Effect of Changed Data upon Reasoning." *Journal of Experimental Psychology* 5, no. 1 (1922): 33.

———. *Human Learning.* New York: Century, 1931.

———. "Mental Discipline in High School Studies." *Journal of Educational Psychology* 15, no. 1 (1924): 1.

———. *The Principles of Teaching: Based on Psychology.* New York: A.G. Seiler, 1906.

Titmuss, Richard. *Problems of Social Policy.* London: His Majesty's Stationery Office, 1950.

Tricot, Andre, and John Sweller. "Domain–Specific Knowledge and Why Teaching Generic Skills Does Not Work." *Educational Psychology Review* 26, no. 2 (2014): 265–83.

Twain, Mark. *Life as I Find It.* Edited by Charles Neider. New York: Harper & Row, 1977.

US Air Force. "Link Trainer." May 13, 2022. Accessed June 27, 2023. https://web.archive.org/web/20120124230852/http://www.nationalmuseum.af.mil/factsheets/factsheet_print.asp?fsID=3371.

US Department of Education. National Center for Education Statistics. "Adult Literacy in the United States." September 17, 2019. Accessed June 26, 2023. https:// web.archive.org/web/20200730223012/https:/nces.ed.gov/datapoints/2019179.asp.

———. "What PIAAC Measures." 2019. Accessed June 26, 2023. https://nces.ed.gov/surveys/piaac/measure.asp.

Van Etten, Michelle, and Steven Taylor. "Comparative Efficacy of Treatments for Post–Traumatic Stress Disorder: A Meta–Analysis." *Clinical Psychology and Psychotherapy* 5, no. 3 (1998): 126–44.

VanLengen, Craig A. "Does Instruction in Computer Programming Improve Problem–Solving Ability?" CIS Educator Forum 2, no. 2 (1990): 11–15.

Vernon, Philip. "Psychological Effects of Air–Raids." *Journal of Abnormal and Social Psychology* 36, no. 4 (1941): 457.

Vervliet, Bram, Michelle G. Craske, and Dirk Hermans. "Fear Extinction and Relapse: State of the Art." *Annual Review of Clinical Psychology* 9 (2013): 215–48.

Voss, James F., Jeffrey Blais, Mary L. Means, Terry R. Greene, and Ellen Ahwesh. "Informal Reasoning and Subject Matter Knowledge in the Solving of Economics Problems by Naive and Novice Individuals." *Cognition and Instruction* 3, no. 4 (1986): 269–302.

Walk That Bass. "Bebop Explained." May 24, 2019. Accessed June 27, 2023. https:// www.youtube.com/watch?v=gEwWjJ7c0u4.

Watrin, Luc, Gizem Hülür, and Oliver Wilhelm. "Training Working Memory for Two Years-No Evidence of Latent Transfer to Intelligence." *Journal of Experimental Psychology: Learning, Memory and Cognition* 48, no. 5 (2022): 717–33.

Watson, James. The Double Helix. New York: Atheneum, 1968.

Wenger, Etienne. *Communities of Practice: Learning, Meaning, and Identity*. Cambridge: Cambridge University Press, 1999.

Wertheimer, Max. *Productive Thinking*. New York: Harper, 1959.

White, Lynn, Jr. *Medieval Technology and Social Change*. Oxford: Clarendon Press, 1962.

Whitehead, Alfred North. *The Aims of Education*. New York: Macmillan, 1929.

Wickens, Christopher D., Shaun Hutchins, Thomas Carolan, and John Cumming. "Effectiveness of Part-Task Training and Increasing-Difficulty Training Strategies: A Meta-Analysis Approach." *Human Factors: The Journal of the Human Factors and Ergonomics Society* 55, no. 2 (2012): 461–70.

Wieman, Carl, and Katherine Perkins. "Transforming Physics Education." *Physics Today* 58, no. 11 (2005): 36.

Wightman, D. C., and G. Lintern. "Part-Task Training of Tracking in Manual Control." Naval Training Equipment Center, 1984.

Willingham, Daniel T., Elizabeth M. Hughes, and David G. Dobolyi. "The Scientific Status of Learning Styles Theories." *Teaching of Psychology* 42, no. 3 (2015): 266–71.

Wise, John A., V. David Hopkin, and Daniel J. Garland. *Handbook of Aviation Human Factors*. 2nd ed. Boca Raton, FL: CRC Press, 2010.

Wolitzky-Taylor, Kate B., Jonathan D. Horowitz, Mark B. Powers, and Michael J. Telch. "Psychological Approaches in the Treatment of Specific Phobias: A Meta-Analysis." *Clinical Psychology Review* 28, no. 6 (2008): 1021–37.

Wolpe, Joseph. *Psychotherapy by Reciprocal Inhibition*. Stanford, CA: Stanford University Press, 1958.

Woodworth, Robert, and Edward Thorndike. "The Influence of Improvement in One Mental Function upon the Efficiency of Other Functions." *Psychological Review* 8, no. 3 (1901): 247.

World Series of Poker. "2007 World Series of Poker Europe." September 2007. Accessed June

27, 2023. https://web.archive.org/web/20080417044214/http://www.worldser-
iesofpoker.com/tourney/updates_pn.asp?tourneyID=3572&groupid=316.

Wulf, Gabriele, and Charles Shea. "Principles Derived from the Study of Simple Skills Do Not
Generalize to Complex Skill Learning." *Psychonomic Bulletin & Review* 9, no. 2 (2002):
185–211.

Wulf, Gabriele, Barbara Lauterbach, and Tonya Toole. "The Learning Advantages of an
External Focus of Attention in Golf." *Research Quarterly for Exercise and Sport* 70, no. 2
(1999): 120–26.

Yong, Ed. "The Real Wisdom of the Crowds." *National Geographic*, January 31, 2013. Accessed
June 27, 2023. https://www.nationalgeographic.com/science/article/the-real-wisdom-
of-the-crowds.

Zsambok, Caroline, and Gary Klein. *Naturalistic Decision Making*. Mahwah, NJ: Erlbaum, 1997.

Zuckerman, Harriet. *Scientific Elite: Nobel Laureates in the United States*. New Brunswick, NJ:
Transaction, 1977.